王瑶 著

爸爸
补习班

一个父亲的育儿笔记
Parenting
notes
of
a father

江苏凤凰文艺出版社
JIANGSU PHOENIX LITERATURE AND
ART PUBLISHING, LTD

图书在版编目(CIP)数据

爸爸补习班:一个父亲的育儿笔记 / 王瑶著. —南京:江苏凤凰文艺出版社,2019.9
ISBN 978-7-5594-3018-2

Ⅰ.①爸… Ⅱ.①王… Ⅲ.①幼儿教育-家庭教育
Ⅳ.①G781

中国版本图书馆CIP数据核字(2018)第232595号

爸爸补习班:一个父亲的育儿笔记
王 瑶 著

出 版 人	张在健
责任编辑	万馥蕾 张 黎
装帧设计	马海云
责任印制	刘 巍
出版发行	江苏凤凰文艺出版社
	南京市中央路165号,邮编:210009
网 址	http://www.jswenyi.com
印 刷	江苏凤凰通达印刷有限公司
开 本	718毫米×1000毫米 1/16
印 张	21.5
字 数	300千字
版 次	2019年9月第1版 2019年9月第1次印刷
书 号	ISBN 978-7-5594-3018-2
定 价	39.80元

江苏凤凰文艺版图书凡印刷、装订错误可随时向承印厂调换

序

我与本书的作者王瑶先生素昧平生，是父亲参与育儿的主题使我对这本书产生了最初的兴趣。在西方文化中，父亲育儿的现象也许是一种越来越普遍的现象，但在中国文化中，育儿至今仍被看作是女性的专职工作。鉴于父亲参与育儿对儿童成长的重要性，作为一名幼教工作者有责任呼吁更多的中国父亲参与到育儿中来。在全文拜读了王瑶先生写的这本书以后却有了不少意外的惊喜。

首先是非常感动，其次是非常敬佩。感动的是他与大多数父亲的传统理念不一样，不仅可以做到辞去自己的高薪工作专职育儿，更令人感动的是他能在育儿过程中投入体力、情感与智慧，不断地学习和思考，能够理论联系实际并从中悟出很多颇有价值的育儿的理念和方法，并愿意写出来与大家分享。我相信，读了这本书的父母会有很多感悟和收获！

已有研究表明，父亲参与育儿，不仅对孩子的成长来说必不可少，且对婚姻关系和家庭幸福有着积极长远的影响。王瑶先生则更进了一步，即父亲在育儿的过程中同时在向孩子学习，受到来自孩子的教育。在父亲参与育儿方面，王瑶先生无疑给中国的父亲和母亲们树立了一个优秀的榜样！令人敬佩的是他不仅仅从一位父亲的视角去看待和实践育儿的过程，还能从更为深刻和宽广的教育理论和社会文化的视角来分析育儿过程，这种视角在很多方面甚至已经超越了不少专职的学前教育工作者。

我非常推崇作者在本书中提出的一些儿童观和育儿观，这些儿童观和育儿观充分反映了当前我国学前教育理念的主流价值观，它值得广大的家长、幼儿教师，特别是父亲们的关注和实践。

首先是如何看待儿童的问题。长期以来,传统的中国文化把孩子看作是父母自己的私有财产,要求孩子对父母的绝对服从和顺从。尽管随着现代化的进程,这种对孩子的所有权的观念有所改观,但仍可以从育儿、升学、职业选择、婚姻等问题上反映出来。儿童是一个独立的、拥有平等权利的个体,成人对儿童的尊重是科学育儿的一个首要前提,本书作者在这方面提供了很好的榜样。

正如作者所言:"这是一本满怀着对孩子的最崇高的敬意,描述笔者是如何在孩子的教育下不断地成长,并因此感悟出当如何对成人、对社会进行教育的书。"不仅如此,在此基础上,作者能从孩子的视角来选择材料和环境,他的体会是"我们认为孩子会喜欢看的,却未必是孩子喜欢看的",因而主张要"追随孩子的眼光",并能虚心向孩子学习,接受来自孩子的教育。

其次是儿童与父母之间建立可靠的依恋关系的重要性,特别是在儿童3岁以前,这种关系的重要性怎么强调都不过分。自20世纪中叶开始的西方大量心理学研究表明,有关儿童与成人之间依恋关系的质量在很大程度上会影响到儿童的成长,这种影响甚至会贯穿人的一生,包括成人后的各种人际关系、婚姻质量、与自己孩子的关系等。

因而,我对作者提出的"自己的孩子一定要自己亲手把他带大"的观点非常认同,这也是父母爱孩子的重要体现,因为这是建立儿童与父母之间好的依恋关系的基本条件。反观如今的许多年轻父母,他们把育儿的重任推给自己的父母,有的只是在周末才与孩子见面。据统计资料表明,上海有70%的儿童是由祖父母或外祖父母负责照顾。这种现象对孩子与父母的成长都是一种重大损失。作者指出:"爷爷奶奶辈无论在育儿观念上,还是在生活方式上都与子女辈有着显著的差异,这些差异都使得这种传统的育儿环境既不利于孩子的成长,甚至也不利于作为核心的新生代家庭的和谐。"对作者在本书中提出的对3岁前的儿童要"多抱"的育儿方法也非常认同。3岁前的儿童很需要皮肤接触、近距离的爱的情感交流和语言刺激,得体的"抱"刚好提供了所有这些必需的刺激。

序

在宏观的社会文化改革和制度建设层面,本书作者也提出了一些很好的建议。如把社区变成真正的具有社会学意义的共同体。幼儿园在其中是否可以起到一种引领的作用,不仅是对孩子,更是对家长、社区展开教育,是否可以为中国的社会治理找到一个新的可行的角度。又如"把0—3岁孩子的教育问题纳入整个国家计划中,并在其中对家庭(父母、祖父母、保姆、老大和老二)、幼儿园(早教机构)、社会等之间的相互关系展开深入思考和顶层设计",还有"企事业单位应该允许父母中有一方停薪留职在家带0—3岁的孩子,以解决这些家庭的后顾之忧"。正如作者在书中呼吁的那样,幼儿教育不是个人的行为,而是整个社会的责任。

这本书不仅可以作为儿童的父母,特别是育有二胎孩子的父母的育儿参考书,可以作为家长培训、高校学前教育专业学生的家庭和社区教育课程的参考书,还可以为大型商业建筑或住宅小区中公共社区建设的设计理念和实践提供有价值的参考建议。

周 欣

2018年7月 于华东师范大学

自序：一场从"爱"到"亲"的双向教育

在笔者看来：

这是一个大家对孩子的教育充满热情，但对0—4岁时期的教育问题讨论不足的时代。

这是一个父亲在幼儿教育中基本缺席，很多母亲在进行"丧偶式育儿"的时代。

这是一个到处都是幼儿园，但对幼儿园的真正价值缺乏认知的时代。

这是一个允许生二胎，但很多人不想生、不敢生二胎的时代。

由此：

这本书不敢说后无来者（通过这本书，笔者是期待更多的来者），但绝对是前无古人。

因为从过去到现在、从东方到西方，在所有的育儿书籍乃至教育著作中，我们看不到一本是由一个父亲写的、专门针对0—4岁的孩子，真实记录自己的育儿经历，特别是描述养育二孩的体会，既讨论这个时期的幼儿教育、也讨论这个时期的幼儿园教育，更讨论这背后的针对成人乃至社会的教育的书。

而这正是你现在看到的这本书所描述的内容。

它是一个父亲放弃百万年薪，在四年时间里，辗转珠海、厦门、昆明、西双版纳四个城市，养育哥哥（王恩之，0—4岁）和妹妹（王乐之，0—2岁）的生活记录和生命感悟。

这是一个私人的记录，但并不是一本私人笔记。因为从记录这本笔记开始，笔者就越来越认识到，这不是一本留给自己或者自己孩子的笔记，而是一本写给所有的父母（准父母）、所有的幼儿园、所有的教育工作者乃至写给这个社会的书。

本书记录孩子的两个成长阶段。

一个是哥哥的0—3岁（妹妹的0—1岁）。通过记录一个本来不想做父亲的人，一直拖到40岁才当上父亲，在珠海和厦门两地养育两个孩子中的喜怒哀乐，首先是希望所有的男性读者在看完这本书后，愿意成为一个父亲，愿意成为一个多花时间去陪伴孩子的父亲，甚至愿意成为生了一个孩子，还愿意再生一个孩子的父亲！

作为一名资深的企业文化顾问，在这样的一场人生感悟中，笔者也从一个父亲的角度，发展出一套独特的针对0—3岁孩子的依恋育儿法，里面包括孩子性、抱子禅、父亲的作用、二孩的价值、爱的双向教育、爱的双向投资、爱的三次机会、爱的三方共赢等过去很少有人涉及的育儿理念，并在这个过程中展开了对恩、爱、家、人、生命、自然、杀子与弑父等文化概念的深入思考。

一个是哥哥的3—4岁（妹妹的1—2岁）。在这个阶段，笔者让哥哥从昆明的幼儿园退学，专门去西双版纳上了一家在热带雨林中实施蒙台梭利教育，更致力打造"亲"的价值系统的幼儿园。

作为一名资深的企业战略顾问，笔者也在这样的一场人生转换中，从企业战略层面，对幼儿园在今天的管理现状和发展方向做了一番深入思考，特别是对幼儿园这个机构在推动社会整合和文化传播中的独特价值完成了一次全新发现，也因此把依恋育儿法进一步发展成"亲·爱育儿法"。

通过这样一场从"爱"到"亲"的育儿之旅，也让笔者发现"亲·爱育儿法"的价值不仅在于育儿，也在于对中国的文化问题和社会问题的解决之道的探索。

在孩子的0—3岁阶段，本书最大的价值是发现了父子关系的价值，发现这是每个家庭都会面临的问题，也是整个社会文化的深层结构问题。这个问题处理得好，不仅为未来社会问题的解决做一准备，也能为今天文化问题的解决做一努力。

在孩子3岁以后，本书最大的价值是发现了幼儿园的价值。既从生活方式和价值系统角度重新发现幼儿园，更从与家庭、社区乃至社会的关系角度重新认知幼儿园。这样的发现与认识,既为今天的社会治理找到新的角度,也为明天的文化发展注入新的价值。

虽然是资深的企业战略和文化顾问,但笔者一直认为,自己做的其实是教育工作,是通过企业这个平台来展开面向社会,特别是面向这个社会的成人的教育。而对改造今天的社会和文化来说,这是比传统意义上的学校教育更有价值、更加急需的教育。

这是因为,"比教育孩子更为重要的是教育成人"。本书同样是在这一教育理念下展开的教育感悟。只不过,笔者在这本书里不是教育者,而是被教育者,是在全然地接受两个孩子(恩之和乐之)对我的教育。

意大利教育家蒙台梭利常说,"只有虚心地向儿童学习,才能让成年人变得更加伟大。然而奇怪的是,在人类创造的全部奇迹中,我们发现只有'儿童的奇迹'始终没有受到关注"。蒙台梭利进而指出,"儿童才是成人之师,甚至是成人之父"。

这同样是本书的观点,也因此成为本书的与众不同之处——它的副标题叫作"一个父亲的育儿笔记",其实并没有太多的育儿方面的内容,更多的却是记录笔者如何虚心地向两个孩子学习,去一次次发现和感受儿童的奇迹的经历。

本书是一本育儿书籍,更是一本教育著作。它真正关注的是对成人的教育问题,而它得出的结论却可能推动一场教育革命,因为这是教育主体、教育对象、教育阵地、教育方式、教育内容的一场革命。

古罗马诗人朱维诺尔说过,"应该把最崇高的敬意献给儿童"。这正是一本满怀着对孩子的最崇高的敬意,描述笔者是如何在孩子的教育下不断地成长,并因此感悟出当如何对成人、对社会进行教育的书。这本书是我用生命写成的笔记,也是生命由孩子带给我的礼物。

"天无私覆,地无私载。"孩子本是天地的孩子,恩之和乐之这两个孩子不但来到我身边,还带给我这样一个巨大的礼物。我自然不敢藏私,要把这份礼物用心捧出来,一方面以之向天下的孩子致敬,一方面把它献给天下的父母(准父母),献给天下的幼儿园,献给天下的教育工作者,献给这个社会!

目录 CONTENTS

	序		1
	自序：一场从"爱"到"亲"的双向教育		4

PART 1 　珠海　　2014年1月—2015年1月
2014年

1月2日	努力对得起一份信任	3
1月26日	父子关系的几种模式	3
2月20日	珍惜这样的机会	7
3月2日	战胜肠绞痛	9
3月6日	感恩孩子	10
3月9日	我们不过是受"生命"所托	13
3月23日	回到爱的怀抱	17
3月25日	让孩子以自己的方式成长	18
4月11日	一个非理性的父亲	20
5月4日	爱是恒久忍耐	21
5月12日	快乐的源泉	23
5月24日	做一个旁观者	25
5月26日	真正不安的是你自己	29
6月7日	重获爱的启蒙	32
6月15日	正确对待辅食	35
6月24日	全空间育儿	37
7月2日	半岁的意义	41
7月5日	教育的开始	43

	7月7日	父亲的自我成长	45
	7月17日	郑重地生活	47
	8月10日	找回丢失的情感	49
	8月21日	想念与依恋	51
	8月25日	如何选用婴儿用品	52
	9月6日	孩子对"抱"的依恋	55
	9月20日	你如何,孩子便如何	56
	9月30日	明显的自我意识	57
	10月12日	为人父母必须经历的事	59
	10月21日	教育,从抱在怀里开始	61
	11月6日	付出和欣赏	62
	11月25日	惠州行,通往文化的阶梯	66
	12月13日	新成长:理解语言	69
2015年	1月2日	陪伴见证成长	69
PART 2	厦门	2015年1月—2017年4月	
2015年	1月7日	做个内心柔软的爸爸	73
	2月13日	对爸爸的依恋	74
	2月20日	只有一种恩	77
	3月22日	听话的阶段	77
	4月18日	进入二胎时代	79
	5月1日	善解人意的宝宝	81
	5月16日	多陪陪孩子	83
	6月14日	注意自己的言行	84
	6月19日	惜字如金	85
	7月5日	爱的交流	86
	8月5日	爱和信任的基础	87

目 录

8月17日	孩子的本能	90
10月4日	恩之的四大娱乐	92
10月12日	儿童意识的发展	95
11月10日	月亮姐姐的香蕉	101
12月2日	得女乐之	103
12月15日	抱在头三天，在家照蓝光	105
12月28日	孩子这么小，我想多抱抱	109

2016年

1月20日	二孩父母的巅峰体验	112
1月28日	陪娃睡觉三步曲	114
2月12日	"抱子禅"	115
2月18日	生命教育	118
2月19日	陪伴是最有价值的财富	120
3月2日	论爸爸更适合抱小孩	125
3月18日	爱的双向教育	127
3月19日	适合中国人的"抱子禅"	132
3月31日	这棵树在跳舞，童心说	136
4月2日	二孩问题的社会学思考	140
4月5日	手推车里的"漫游者"	142
4月20日	安顿自己的心灵	143
4月21日	卢梭论父亲	145
5月5日	孩子心中的家	147
5月9日	斗智斗勇与顺其自然	149
5月12日	学会静待"突然"	151
5月20日	社区空间的孩子性	152
5月30日	纸巾成了哥哥的玩具	153
6月7日	最好的生日礼物	154
6月22日	父母的心理素质	155

	6月26日	父亲在依恋关系建立中的重要作用	157
	7月10日	原生家庭与成长关键期	163
	7月20日	尊重孩子的观察	165
	8月4日	让孩子陪伴孩子	169
	8月28日	做儿子的最佳玩伴	171
	8月30日	恶魔期的孩子	172
	9月6日	爬行期的教育	175
	9月14日	泉州行,对文化的亲近	176
	9月21日	哥哥对家的理解	177
	10月1日	兄妹的性格差异	179
	10月19日	四元关系的依恋	181
	10月29日	二孩的依恋关系	183
	11月3日	福州行,一代站在一代的肩膀上	186
	11月5日	孩子是成人之师	187
	11月10日	哥哥的秩序感	189
	12月2日	妹妹抓周	190
	12月11日	回到儿童那里去	191
	12月17日	反思,见其过而内自讼	192
	12月27日	父子关系的三个层次	194
	12月30日	育儿:观念比方法更重要	196
2017年	1月2日	哥哥三岁,我的依恋育儿法	199
	1月8日	关注孩子的心理	205
	1月13日	成长需要他者	207
	1月18日	爱的三方共赢	209
	1月30日	孩子的词汇来源	214
	2月4日	孩子是成人之父	218
	2月23日	自我中心的误区	220

目 录

3月5日	潮汕行，文化的神奇	222
3月22日	租房记，社区的真正含义	225
4月11日	慢慢走，缓缓归	228

PART 3　昆明　2017年5月—2017年8月

5月16日	入园困难	235
5月23日	情绪爆发	237
5月30日	如何选择童书	238
6月9日	游戏的真正目的	242
6月12日	有趣的性格差异	244
6月25日	可怕的肠套叠	246
7月17日	王父四迁：去西双版纳	248
8月2日	孩子是他自己生命的主人	251
8月16日	父亲育儿：爱的双向投资	252

PART 4　西双版纳　2017年8月—2018年1月

8月24日	森林里有座幼儿园	259
8月28日	哥哥对妹妹的影响	262
9月2日	家长是最需要学习的	264
9月6日	幼儿园的自然教育	269
9月15日	幼儿园的音乐教育	272
9月22日	逛菜场的乐趣	273
10月7日	不同的语言能力	274
10月9日	成长的代价	276
10月17日	幼儿园的生活教育	278
10月20日	幼儿园的教师角色	280
10月27日	幼儿园与社区教育	282
11月18日	亲子活动让人与人更亲密	286

11月26日	育儿没有经验只有遗憾	289
11月28日	幼儿园与社会治理	292
12月2日	妹妹的"生日节":陪伴不会太长	295
12月8日	哥哥"恋爱":爱的连接与成长	297
12月12日	幼儿园的生活方式	299
12月23日	幼儿园的价值系统	303
12月28日	幼儿园的教育理念	308

2018年 1月2日　亲·爱育儿法:育儿就是育己　　313

　　代后记:清迈游学记　　321

珠海

📍

2014 年 1 月
—
2015 年 1 月

你们的孩子,都不是你们的孩子。
乃是"生命"为自己所渴望的儿女。
他们是凭借你们而来,却不是从你们而来,
他们虽和你们同在,却不属于你们。

你们可以给他们以爱,却不可给他们以思想。
因为他们有自己的思想。
你们可以荫庇他们的身体,却不能荫庇他们的灵魂。
因为他们的灵魂,是住在"明日"的宅中,那是你们在梦中也不能想见的。
你们可以努力去模仿他们,却不能使他们来像你们。

——纪伯伦《先知》

1月2日　努力对得起一份信任

2014年1月2日,儿子王恩之在胎龄36周4天时于珠海市人民医院出生,体重5.8斤,身长49厘米。出生时哭声洪亮有力,新生儿评分10分。他虽然早产近一个月,但是很健康,医生说不用住保温箱,我和妈妈都很欣慰(从恩之出生开始,我就称恩之的妈妈为"妈妈"。本书中如无特殊说明,"妈妈"均是指恩之的妈妈)。

当我抱着恩之小小的身体,看着他睁开眼睛看我一眼,然后带着深深的信任沉沉睡去的时候,心里就觉得沉甸甸的,觉得自己抱着的不是一个孩子,而是一份重如泰山的信任。

婴儿是带着爱出生的,他在母亲的子宫里全然地与爱在一起,与整个世界在一起。而当他出生,他就进入了一个全然陌生的世界,也面对一个全然陌生的我。

他无惧地把自己交到我的怀抱中,并在我的怀里安然睡去,这是一种何等的信任。我在心里不停发誓,要在未来的日子里,努力照顾好恩之,要努力对得起他的这份信任。

1月26日　父子关系的几种模式

1月22日,恩之开始有些鼻塞,呼吸时也有些憋气,小嘴巴还不时吐一些小泡泡出来,妈妈赶紧找来松田道雄的《育儿百科》对症查阅,看完我们都很担心。虽然还未满月,天气又很冷,不宜带这么小的孩子出门,但我们最终还是决定带他去医院看看。

我们先去了离家特别近的一家医院,儿科医生是一位新毕业的研究生,她还没有给这么小的婴儿看过病,因此特别紧张,非常不自信,只建议我们去买个雾化机,然后开些利巴韦林给恩之做雾化。我们照做了(后来才知道利巴韦林已经禁止给6个月以下婴儿使用）。

1月23日，恩之的症状还是没有缓解，我们很不放心，又带去他出生的珠海市人民医院新生儿科看病，医生是一位经验丰富的主任医师，但他对恩之的检查实在谈不上细致耐心，匆匆看了下就做出要住院的诊断。

对于初为人父的我来说，实在不敢轻易接受这个诊断，决定暂时先带着孩子回家。然后我又跑去珠海市妇幼医院仔细调查了住院环境以及医生看病情况，发现这里的新生儿科更完善和人性化。于是我赶紧回家接恩之到妇幼医院的新生儿科。

医生经过一系列的检查，确诊恩之是新生儿肺炎、肠胀气和黄疸过高，并明确告知我们必须住院。我和妈妈听后心情都异常沉重，很不舍得恩之去住院，心想如果可以，真愿意自己去替他生这一场病。

恩之在1月24日上午10点半正式入院。想着这么小的宝宝要独自在医院里待10天，冷的时候没有妈妈温暖的怀抱，饿的时候没有妈妈温热的乳房，哭的时候没有妈妈温柔的安抚，妈妈开始在一边无声哭泣。

只见她把恩之紧紧地抱在怀里，脸轻轻地贴在恩之的小脸上来回摩挲，很是不舍，但又无能为力。她只好抓紧时间，在恩之还没有被送进新生儿隔离病房前，给他多吃一点奶。

终于，我办妥一切入院手续，主管护士过来抱恩之，妈妈这下忍不住了，失声痛哭起来。我搂着她的肩膀安慰说，医生会照顾好我们的儿子的。

护士打开恩之的包被，脱下他的小衣服，尿不湿也换成了医院里专门准备的尿不湿。我看着他光溜溜的小身体被装进医院带拉链的袋子一样的襁褓里，看着护士再次抱起他要进入病房时，再也顾不上什么大男人形象，泪汪汪地看着恩之，进而失声痛哭起来。

作为一个40岁的男人，作为一个极其理性的咨询顾问，我已经有几十年没有哭过，甚至都怀疑自己不会哭了。没想到这天，我就这么完全控制不了地大哭起来。而且从这天开始，我每次去医院看恩之或者给他送奶的时候，都会感觉鼻子酸酸、眼眶湿湿，总是忍不住很想哭。

恩之住院后，妈妈自是更加思念。看着他留在家里的小衣服，闻着他留下的婴儿香气，她就会热泪盈眶，我去医院送奶时她也再三让我拜托护士拍点恩之的照片带回来给她看。

为了多产奶，让恩之住院期间也有妈妈的奶喝，她在悲痛的心情下，依旧强迫自己好好吃饭喝汤，每隔3个小时就用吸奶器挤一次奶，然后由我分3次送去医院。

有时为了让恩之喝口新鲜的妈妈奶，我得在凌晨睡意正浓时起床把奶送过去。比如今天凌晨5点多，我就出发去医院给他送奶了。一路就在想，自己这么做，好像也很辛苦，却并没有觉得是基于所谓父亲的责任，因为一旦讲"责任"，似乎就是要我做，而不是我要做。更没有觉得自己为恩之做了多大的付出或者牺牲，乃至希望恩之将来要报答我的恩情。

我这么做仅仅是因为觉得，他在芸芸众生中，选择投生到我们家，成为我的孩子，还是一个这么乖的孩子，这对我们来说，是很大的一种光荣，一种幸运。因此总担心自己不能照顾好他，总怕自己有什么做得不到位而对不起他的地方。

所以，恩之这个名字，并不是对他说，更不是希望他将来要感恩于我，而是对我这个作为父亲的人在说，是希望我要感恩于恩之，并尽量照顾好他。

每到探望时间，我便透过巨大的透明隔离窗，看着他小小的身体躺在高高的有些透明的婴儿病床上，两只小手都戴着防抓手套，身上只穿着纸尿裤，足底和脑门上都留有输液管。他孤零零地躺在那里，如果不是偶尔抬下小脚丫，舞动一下小手臂，真的会让人以为是一件婴儿制成的展品。

我轻轻地呼唤着他的名字，虽然他听不见。每当这时，我更是充满伤感和自责。倒不是担心医院照顾不好他，而是觉得他这么小的小人儿，刚来到我的身边，现在又不得不孤零零地一个人待在医院里，是因为我做得不够好，没有照顾好他，辜负了他的信任，才让他受到这么些苦。

在早上9点35分写下上述文字时，眼泪又多次夺眶而出。想起我曾经研究过的胡适、鲁迅的父子观，发现他们主要还是从现代价值的角度去强调父亲对子女的责任，以及批判传统的父母希望子女报恩或者孝顺并因此不肯解放子女的思想。在他们的文字表达中，出现更多的是属于现代价值中的自由、责任、权利、义务这些词语。

比如，鲁迅在《我们怎么做父亲》中讲的是："对于子女，义务思想需加多，而权利思想大可切实核减，以准备改作幼者本位的道德……觉醒的父母，完全应该是义务的、利他的、牺牲的，很不易做，而在中国尤不易做。"

胡适在《我的儿子》中说："你既来了，我不能不养你教你，那是我对人道的义务，并不是待你的恩谊。将来你长大时，莫忘了我怎样教训儿子：我要你做一个堂堂的人，不要你做我的孝顺儿子。"

鲁迅、胡适他们这样做，有其深刻的时代背景与文化背景。因为正如孙隆基在《中国文化的深层结构》中所言，中国千年的文化本质是一种"杀子的文化"，背后则是一种"孝顺的文化""报恩的文化"。

孙隆基举了"二十四孝"中著名的"郭巨埋儿"的故事——在大饥荒来临的时候，郭巨为了保证父母有饭吃，就把刚出生的儿子活埋掉，省下饭给快要老死的父母吃。这个故事在我们今天看来是残忍的，但在过去的中国，却是孝道的代表，是受到礼赞的。

新儒学大师唐君毅先生在《说中国人文中之报恩精神》所言，"中国人文中之报恩精神最基本之表现是报父母之恩"，"依中国文化之传统说，人养子是为承宗祀，以尽孝，亦即为报父母之恩之一方式"。也正因为养子纯粹是基于报父母恩之目的，那自然就可以在这一"神圣"目的之下，对孩子的生命予取予夺了。

对于高举新文化运动大旗，致力于完成现代意义的"人"的启蒙的鲁迅、胡适来说，自然需要从这样一个角度去探讨父与子的关系，并试图从这个角度来完成对中国文化的深层结构的一个颠覆。

鲁迅、胡适所展开的这样一个颠覆，在孙隆基的书中，被称为"弑父"。他认为这是西方父子关系的特点，也就是孩子在成长过程中，必须将上一代对自己性格的塑造逐渐铲除，以便让独立的"自我"得以浮现。所谓"弑父"，就是"必须使每一代都成为不受到上一代牵扯的独立单元"。

可是，父与子之间，难道不可能有真正的爱？那种把父与子紧紧连接在一起的爱？那种在紧密的连接中，不束缚彼此，但也不割裂彼此，甚至去成就彼此的爱？我想，上天既然把恩之赐予我，我就一定要努力从中探索出一种不一样的文化或者说关系来。

虽然我才刚刚走上这样一场全新的"父子关系探索之旅"，但感觉上，我现在作为父亲的感悟，已经和鲁迅、胡适他们不大一样。我更多的是从生命价值出发，因此并不觉得我养育恩之是自己的义务或单纯的牺牲。我恰恰觉得应该感恩的是我自己，应该是我要努力去回报恩之从那个大爱的世界中来到我身边，成为我儿子的这份恩情。

作为一个21世纪的父亲，我首先站在鲁迅、胡适等20世纪的父亲所倡导的现代价值的基础上，自然不会希望我的儿子去做一个"报恩的儿子"。但与这些一百年前的父亲不同的是，我还将去探索他们过去所没有思考的生命价值，去努力成为一个"感恩的父亲"！

2月20日　珍惜这样的机会

我可怜的恩之，人生的第一个除夕夜是在医院度过的。除夕之夜长辈要给晚辈包红包，但因为恩之不在，我们只好把要给他的压岁钱包好，放在家里的枕头下面，给他一个远远的饱含深情也饱含愧疚的祝福。

好在他在2月1日（正月初二）上午终于出院，并让自己的满月之日（2月2日）得以在家里度过。他出院那天我们一家人比过年还开心。家里有了恩之，好像快乐和幸福都变得切实可见了。

而到了今天，他已经50天大了。出生50天的恩之也确实长大了，2月17日我们带他去妇幼做体检，他已经有10斤重，56厘米长了，就连放屁都很有力量，感觉要把你托着他屁股的手冲开似的。

记得我在医院抱着刚出生的他，那个时候觉得他好小、好轻，真的是捧在手里怕掉了，放在嘴里怕化了。因此抱他的时候我总是小心翼翼的，就怕一不小心碰着他了、伤着他了。而现在把他抱在怀里时已经是沉甸甸的感觉了，自然也不会担心伤着他。

新生儿肺炎住院前恩之是一个很乖的宝宝，除了吃奶就是安静地躺在床上睡觉，少有哭闹。但出院后他变得很黏人，睡觉得趴在妈妈胸口才能睡会儿踏实觉。

想着他刚刚出生就独自在医院长达10天的住院经历，一定给他留下了异常悲伤的记忆，我便无比心疼。因此现在抱着他，倒是不担心碰着他，而只是担心会扰了他的好梦。因此我总是想尽办法让他睡得舒服些。比如我站着抱的时候就轻轻晃动让他睡着，坐着抱的时候则一动也不动保持安静。总希望他能多睡些，睡得更熟些，睡得更久一些。

也许是新生儿肺炎后呼吸道还没有完全恢复的缘故，他睡觉爱打呼噜，像个大男人一样地打呼噜。我今天抱着他软软的小小身体，听着他的呼噜声，就在心里想，要珍惜这样的机会。因为过不了多久，这个男人就不会让你抱着睡了，而我也自然不会去抱着一个打呼噜的男人睡了。坐公共汽车甚至在其他场合，我常常听到男人打呼噜的声音，这让我实在受不了。而现在，一个男人打着呼噜在你身边睡，自己内心却是如此之幸福，总希望他呼噜声不要停，一直这么乖乖地睡着。这样的事情就只能发生在父亲对儿子的关系上，而且是还在幼年的儿子身上。

还有一件事，也只能是发生在我和孩子身上了，那就是观察恩之的便便。因为恩之自出院后肠胃不是很好，他的大便经常不正常。你很难想象一个原本有洁癖的大男人，现在却经常拿着恩之拉有大便的尿不湿仔细端详，甚至因为他终于拉了正常的大便而高兴。

为了方便妈妈喂奶，我单独睡一个房间。我现在每天早上去跟他们母子俩问安时的口头禅就是两句，"晚上睡觉乖不乖呀？""有没有拉大便呀？"。当听说他拉了便便，我都要把已经卷好并扔入垃圾桶的尿不湿捡起来，翻开看看里面的大便的情况。

3月2日　战胜肠绞痛

今天是二月初二,龙抬头的日子,也是恩之满两个月的日子。

满了两个月的恩之,明显更健康了。睡眠好一些了,晚上能落床睡觉了,不再需要趴在妈妈的胸口,白天也没有再发生肠绞痛的现象。

这个所谓的肠绞痛在上个月整整折磨了恩之一个月,也困扰了我们一个月。肠绞痛有的书上也叫作"黄昏痛",往往发生在婴儿出生后4个月内,4个月后症状会自行缓解直到完全消失。这个病的特点是,每到黄昏时分,婴儿的肚子就会发生绞痛,然后哭闹不停,并且难以安抚。

每当恩之的肠绞痛发作时,我们个个如临大敌,经常需要轮流抱着他不停地走动,要采用诸如飞机抱(让婴儿面朝下,大人一只手托着他的胸部,另一只手托着他的肚子,然后让他像一架小飞机一样不停地在空中慢慢地飞来飞去)等姿势好稍微缓解一下他的疼痛。

有时妈妈会在傍晚6点之前,在他的肠绞痛还没有正式发作时,用背带背着他去海滨泳场的沙滩上来回慢跑。只见她背着恩之从沙滩的这一头深一脚浅一脚地慢慢跑到沙滩的那一头,然后再折回。这样来来回回跑很多趟,一跑就近一小时。或许是这样的慢慢跑动有利于他的肠道蠕动,有时伴随着几个响亮的屁,恩之就会明显舒服很多。

就这样,我们与这个磨人的肠绞痛斗智斗勇长达一个月。幸运的是随着恩之的成长,肠绞痛的症状也渐渐消失了。

与此同时,恩之的脾气也渐长。他如果想吃母乳了,简直是一秒都不能耽搁。妈妈的动作稍微慢一点点,他就开始发脾气,哇哇大哭,两只小手不停抓扯妈妈胸前的衣服,然后小嘴不停哑吧哑吧,以此表示抗议。我也由此发现这孩子的脾气一定是很急的。

今天早上,我第一次抱着恩之去了海滨泳场,一边在沙滩上散步,让恩之伴着海浪声入睡,一边也向大海祈祷,希望大海能给予恩之如它一样宽广的胸怀和宁静的心灵,特别是舒缓一下恩之的脾气。

总的来看,恩之现在是发育得不错的。今天下午去游泳,体重都有11.6斤了,正好是出生时的2倍重。

现在托着他的屁股,真正体会到浑圆的感觉,感觉屁股结实而有弹性。

恩之的手也长大了,现在吃奶的时候,他已经可以用两只小手熟练地上下捧着妈妈的乳房了。我经常观察到他一边咕嘟咕嘟有滋有味地吸着奶,一边用小小的手来回摩挲着妈妈的乳房,一副非常幸福满足的样子。我想婴儿的幸福感以及安全感就是这样慢慢建立起来的吧。

他的眼睫毛也长长了,刚出生时由于眼睫毛还没长出来,总是卡在眼皮里,常常流眼泪,现在就没有这样的情况了。

最重要的是,他的情绪更稳定了。今天去游泳全程没哭,还面带微笑,以至于游泳馆的几个工作人员都说这是恩之去那里游泳以来最乖的一次。

3月的恩之,看来真的是龙抬头了。

3月6日 感恩孩子

恩之的听力一直很好,因此也特别容易受到惊扰。有时他明明在呼呼熟睡,但外面稍微大一点的声音都能吓得他身体突然一颤,嗖地一下把小手举起来,伴随着一阵急速的呼吸后才渐渐安静下来。

有的育儿书上说,2个月大的婴儿的视力大约能看清妈妈喂奶时的表情,也就是几十厘米的距离。而今天,我和他爷爷都发现和确认,恩之一定能看到几米以外的事物了。当时我们站在离他大概两三米远的地方逗他,我们惊喜地发现他已经可以追踪我们的动静了:当我们走动时他的眼光能随着我们移动,当我们走到他身体的另一侧时,他甚至能转动他的小脑袋来看我们。

也许是因为新生儿肺炎住院期间大量输入抗生素破坏肠道环境的缘故,恩之出院后肠胃一直不好,排便也因此不正常。便形不好,色泽不佳,有时一天拉稀8至10次不等,有时则几天不拉。

今天他已经是第5天没有拉便便了,给他吃了妈咪爱和双歧杆菌都没有用,肚子胀得跟个小鼓似的。我们都很着急,但又没有更好的办法,只能听老人的安慰,认为他是"攒肚"了。

就在我们足足等待5天后的今天下午,他一如既往地吃饱喝足后在睡午觉。睡了一阵后,便听见他在那里哼哼唧唧。妈妈赶紧去抱他,不一会儿便传来妈妈惊喜的声音:"哇,好多呀!爸爸,快来看呀!恩之拉便便了!"

我跑进去一看,恩之果然拉了一泡自出生以来量最大的巨无霸便便。因为他是平躺着睡觉时拉的便便,这堆质地黏稠的大便不仅兜满了整张尿不湿,而且还溢出来一直污染了整个背部的衣服。

拉屎拉尿对每一个有孩子的家庭来说,实在是再正常不过的平凡时刻。但由于整整经过了5天等待,恩之拉这一泡"巨屎"在我眼里却颇具"历史性时刻"的巨大意义,我甚至认为这个时刻比很多历史时刻带给我的欣喜都更为巨大。

初为人父时,我最喜欢的是蒙田的这句话,"作为一个父亲,最大的乐趣就在于:在其有生之年,能够根据自己走过的路来启发教育子女"。

现在想来,作为父亲的我们,走过的道路中真正记得的并不多,特别是其中所谓历史性的时刻更不多,而且往往间隔时间都很长。恰恰是我们的孩子,特别是在他们刚刚出生的这段时间,可能每天都在发生着历史性时刻,都在发生着某项质变,有着某个第一次,并以这样的历史时刻给我们以无尽欣喜。

为人父母后,我们总想着要以自己走过的那些路去教育子女,但他们长大后,其实未必愿意听,也未必能从中得到什么教益。而他们在自己幼年的成长中,每天所发生的变化带给我们的幸福感却是实实在在的。"桃李不言,下自成蹊";小子不言,父已欣喜。

当我写下这个笔记之初,骨子里还是希望自己能带给孩子更多的价值或者说幸福;但到现在,我首先感受到的,其实反倒是孩子带给我们的快乐——就像他爷爷奶奶一样,现在也是每天在感受着恩之带给他们的快乐。

这几天他们在给孩子做运动,每天在沙发上把恩之揉来揉去。恩之似乎也很享受这个过程,但更享受的明显是爷爷、奶奶,他们一直在那里笑个不停。奶奶甚至说"孩子是揉大的"。在孩子这个"被揉大的"过程中,似乎是我们照顾着他们长大了,但其实却是他们在精神上不断给予着他们的爷爷奶奶、爸爸妈妈以快乐的生活,甚至是生活的意义。

就好像爷爷说道,"等小孩长到六七个月后就更好玩了,因为那个时候他就可以和你互动了"。这话也再次说明,首先是孩子在用他的成长给着我们快乐,而不是我们一直标榜的父母给孩子成长的快乐。

我再次想到"恩之"这个名字的含义。我确实应该向孩子感恩,感恩有个孩子来到我身边给我快乐,而不是在孩子长大后,去炫耀自己曾经对孩子有多大的恩情,并因此希望孩子向自己报恩,孝顺自己。

我以前没有做过父亲。所以,当我的父母乃至中国很多老人表达诸如"养儿方知父母恩"之类的观点的时候,我自然无从辩驳。但到了今天,我可以确定地说,在养育孩子的过程中,他们一定是夸大了自己给孩子的恩,却忘记了很大程度上其实是孩子在给他们快乐,他们甚至是为了获得这样的快乐才去养育一个孩子的。

更不用说很多孩子的出生,本来就是父母出于传宗接代的考虑,甚至本身就是父母性欲的产物了。在那里,全然都是利己的动机,全然没有征求过孩子的意见,自然更加谈不上半点对孩子所谓的恩了。

三国时孔融说:"父之于子,当有何亲?论其本意,实为情欲发耳!子之于母,亦夏奚为?譬如物寄瓴中,出则离矣!"现在看来,他这段话,前半部分确实是事实,很多人成为父母,只不过是因为一时的情欲发作而已。

但这段话的后半部分也确实有问题。因为孩子并不像放在瓶子中的一个东西,出来后就会与父母分离。孩子在出生后根本无法与父母相离,而父母们认为对孩子有恩往往也是发生在孩子出生后的这个阶段。我们现在需要去辨析的就是,在孩子出生后,孩子与父母之间,到底谁才是真正施恩的主体?

如果我们把"恩"仅仅视为是物质层面的东西,那自然是父母给孩子恩,但如果我们认识到,"恩"其实是精神层面、价值层面的东西,或者说把"恩"和"幸福"画等号,认识到"施恩就是给予幸福"的话,那么在孩子出生后,一定是孩子施恩于我们的比我们施恩于他的更多。

老人们爱讲"养儿方知父母恩","感父母之恩"是中国的代际关系最为核心的主题,也是构成所谓"孝顺"乃至传统儒家伦理最为核心的理念基础。我们当初给孩子取名为"恩之",没想到无意中触及"恩"这个中国传统社会关系的核心。而通过养育恩之的过程,我慢慢感悟到,"养儿方知父无恩",甚至"养儿方知子之恩"。

总的来看,在中国的传统文化里,"恩"这个字给人的感觉是如此沉重甚至是如此功利,因为很多人今天的施恩无非是在等待对方他日的报恩,这样的恩就很难让人有幸福可言。

而正如著名的思想家奥古斯汀所言,"幸福生活不是自我满足,而是恩典满足人"。或者像那首著名的基督教歌曲《奇异恩典》所歌颂,"奇异恩典,如此甘甜"。

真正的"恩"应该是如此甘甜,让人幸福。从这个意义上说,我们作为父亲母亲、爷爷奶奶,真正应该感激的是孩子给我们的"恩",因为那才是真正的"恩",是让我们快乐与幸福的"恩"!

在这一点上,作家王朔的认识就是很不错的,他说"我跟我女儿说,我将来不要你养。说实在的,你给我的快乐,早就超出我养你花的这点钱了"。这正是我今天的观点。

3月9日　我们不过是受"生命"所托

今天重读前面的笔记,然后又正好阅读到冰心译的纪伯伦《先知》之《论孩子篇》,无疑更有感触。整个诗篇分成三段,第一段是:

> 于是一个怀中抱着孩子的妇人说:先知请给我们谈孩子。
>
> 他说:

> 你们的孩子,都不是你们的孩子。
> 乃是"生命"为自己所渴望的儿女。
> 他们是凭借你们而来,却不是从你们而来,
> 他们虽和你们同在,却不属于你们。

这段话正是我这本笔记一开始的感悟,那就是我们的孩子,其实是"生命"的孩子。这里的"生命"也就是大爱,是世界的本体,孩子在出生那一刻,其实是"生命"或者说"爱"把他们从他手中托付给了我们,我们不过是受托来照顾孩子。

孩子从来就不属于我们——我们不是孩子的所有者,而是受"生命"所托的照顾者。我们应该感恩的是"生命"愿意把这个孩子托付给我们,感恩"生命"选择了我们来托付他的孩子。

这也是我们对孩子应该有的第一个认识,就是孩子并不是我们的孩子,他们虽然是我们所生,却并不是从我们这里而来;他们虽然和我们在一起,但并不属于我们。这段话的后面两句的英文原文是"they come through you but not from you, and though they are with you, yet they belong not to you"。

这里很关键的就是这个单词 through(冰心先生翻译成"凭借",我觉得更好的翻译应该是"通过")。也就是说,孩子仅仅是通过我们这个"管道"而来,成为我们所生的孩子;但他的源头或者说起点并不在我们这里。所以,他是通过(through)我们而来,却不是从(from)我们而来,我们仅仅是孩子从爱的世界来到这个人间世界所通过的一个管道而已。

第二段是:

> 你们可以给他们以爱,却不可给他们以思想。
> 因为他们有自己的思想。
> 你们可以荫庇他们的身体,却不能荫庇他们的灵魂。
> 因为他们的灵魂,是住在"明日"的宅中,那是你们在梦中也不能想见的。

你们可以努力去模仿他们，却不能使他们来像你们。

第二段正揭示出今天中国的子女教育的问题所在，今天父母的问题恰恰是一方面想给孩子思想，想制约孩子的思想；另一方面却根本给不了孩子"爱"，甚至在扼杀孩子本来就有的"爱"。因为孩子本来就是"爱"的孩子。

这就是奥修在《爱》这本书中，一开始就讲到的：

当我们出生之时，便被充分赋予了爱与被爱的权利。每个孩子都是带着满满的爱出生的，他们完全知道爱是什么，不需要告诉孩子爱是什么。但是会有问题是因为父母不知道爱是什么。

每个孩子生来就是爱，孩子是用我们称之为"爱"的东西所制作的，然而，父母却无法给予爱，他们的父母从来没有真正爱过他们。

要注意的是，奥修这里的爱是所谓的"大爱"，是真正的"爱"——我们今天的父母早就失去了这样的"爱"，早就没有这样的"爱"的能力。这段话与这首诗里讲的"你们可以给他们以爱，却不可给他们以思想"并不矛盾，因为这里讲的父母给他们的爱，是一般意义上的爱，也就是那种对孩子进行抚养与照顾的爱。至于真正的"爱"，那种与生命、与灵魂在一起的"大爱"，是无法从父母那里给出，却要在孩子那里去寻得的。

所以，真正的现实是父母们早就不知道"爱"是什么，而孩子却是带着满满的"爱"而来。作为父母，首先要做的恰恰是从孩子那里去得到"爱"，或者说学习"爱"，然后再努力为孩子创造一个"爱"的环境，让孩子始终保有这份"爱"，也让我们因此获得这份"爱"。因为正如奥修所说："爱只能在爱里面成长。爱需要一个爱的环境——这是最重要的基本要素。"

现在的问题是，今天的父母恰恰是在行动上不断扼杀"爱"，而在理念上又没有认识到，首先应该感恩孩子给我们带来"爱"，让我们有机会可以重新获得"爱"。

在我看来，"恩"其实就是"爱"。我们给孩子取名叫作"恩之"，其实最初就是想叫"爱之",只是这个词容易谐音成"艾滋",不大好,我们才改作"恩之",因为爱就是恩,恩就是爱。

我们相信,恩之正是带着"爱"而来,并首先把这份"爱"给到他的爸爸妈妈,让我们重新去获得"爱"。我们不是"养儿方知父母恩",而是"养儿方知天地爱""养儿重获天地爱"。

这样看来,面对孩子其实应该是我们努力去模仿他们,去向他们学习"爱";而不是倒过来,让他们像我们,因为我们早就没有"爱"了。

这个段落由此表达了第二个关于孩子的重要认识,那就是,首先,每个孩子都是带着"爱"而来,而每个大人其实都没有爱,或者说,每个孩子所拥有的那种爱,是"we cannot visit, not even in your dreams(就是说,这种爱不仅我们在生活中再也看不到,而且哪怕是做梦你也看不到)"。因此,我们能做的不是让孩子们变得和我们一样,而是要倾尽全力,变得像他们一样,也就是"you may strive to be like them, but seek not to make them like you"。所以,抚养孩子的过程,其实是我们向孩子学习,接受他们的教育的过程。

第三段是:

> 因为生命是不倒行的,也不与"昨日"一同停留。
> 你们是弓,你们的孩子是从弦上发出的生命的箭矢。
> 那射者在无穷之中看定了目标,也用神力将你们引满,使他的箭矢迅速而遥远地射了出去。
> 让你们在射者手中的"弯曲"成为喜乐吧,
> 因为他爱那飞出的箭,也爱那静止的弓。

父母不过是弓,我们因为孩子而弯曲,这种"弯曲"也是一种喜乐。

孩子是箭,我们是弓,我们都是生命的弓箭,我们都是生命的孩子。所以,让今天的孩子享受孩子作为箭的乐趣,而我们——过去的孩子、今天的父母,应该享受因为"箭"而让我们成为"弓"的乐趣,让我们得以通过"弓"这种形式,重回"生命"也就是"爱"的怀抱，重新找回做"生命"的孩子的乐趣。

因为"生命"爱着那箭，也爱着那弓，两者都是"生命"的孩子；当我们明白自己不过是"弓"，我们才可以真正找到那"爱"；当我们明白自己不过是"弓"，我们就应该感谢那"箭"，是那"箭"让我们得以有重新回到生命的怀抱的机会！

3月23日　回到爱的怀抱

恩之出生以来黄疸一直偏高，虽然新生儿肺炎期间照了蓝光降下去了，但回到家后皮肤又变得黄黄的。

我们对妇幼保健院医生讲的晒太阳降黄疸一说有着迷之信任，所以，恩之爷爷奶奶经常带他去海滨公园晒太阳，我有空时也会背着他出去晒太阳。虽然恩之出生时皮肤很白，但由于晒太多太阳，现在皮肤越来越黑，甚至被邻居们戏称为"煤老板"。

在我家去海滨公园的路上有一排高大的芒果树，海滨公园一角也有几棵。这个季节正是芒果花怒放的季节，风一吹花粉迎风飘扬，对花粉过敏的人来说简直就是灾难。

前两天恩之爷爷奶奶带他去海滨公园晒太阳，回来后他就不停打喷嚏，小手不停地揉搓眼睛和鼻子，肉嘟嘟的小脸蛋上也长出很多红色的疹子，看上去非常可怜。妈妈猜测他是花粉过敏了，于是带他去皮肤科检查，果然是过敏反应。医生开了些药，同时强调避开过敏原。

所以，这两天我就只能带他去没有芒果树的海滨泳场晒太阳。我背着他在松软的沙滩上来回踱步，三月里海风温暖湿润，海浪欢快地拍打着岸边。我低头看他时，他已经睡着了。我发现，恩之很享受在沙滩上听着涛声入眠。因为在这种情况下，他睡得很熟，而当我背着他，在海滨泳场喷水池的凳子上睡的时候，他明显就睡得有点不安稳。

我用背带将恩之面对面背在我的胸前，这样既能让恩之在海边晒太阳，同时又不让阳光晒着他的眼睛。如此一来，我就需要一直正面迎接阳光，我的眼睛很快就有些受不了，只好把眼睛闭上。

当我闭上眼睛时，缤纷的世界就被我屏蔽在外，只竖着耳朵感受大海的声音。当我听见海浪由远及近，或激昂或温柔地拍打着岸边时，我才意识到自己已经很久没有这样安静地面朝大海，倾听大海，或者说很久没有这样静心过了。原本是为了背着儿子让他好好享受一段晒太阳睡大觉的好时光，现在反而却成了我闭上眼睛静听大海，享受静谧的冥想时光。

我们都喜欢去看海。然而，当我们去看大海的时候，常常是作为观察者。这个时候仅仅是你在看大海，大海虽在你的面前，但你和海是分离的。而当我们闭上眼睛的时候，才会体会到自己与大海连为一体，才会感到大海从四面八方把自己包围起来，感到自己彻底地融在大海之中，感到自己这个小我（self）彻底地进入到那个大我或者说大爱（SELF）之中——这个时候，我们不再管"海"叫作"海"，而把它叫作"爱"。我们听着海浪那极其丰富而多元的声音，也因此感受到爱的丰富与多元。

要感谢恩之。当我把他放到爱的怀抱的时候，我也因此得以进入爱的怀抱。是恩之让我重新找到了与"爱"的联系，让我重新感受"海"，获得"爱"。

事实上，当我这样背着恩之的时候，他总是喜欢斜跨在我胸前，就像一把大大的钥匙。现在想来，恩之确实就是带领我进入"爱"之门的那把钥匙。

3月25日　让孩子以自己的方式成长

只有自己养育过孩子，才会知道，很多我们过去认为的不好的习惯，对孩子来说，恰恰是一项重要的发育指标，或者说是一个重要的成长过程。

比如啃手，我们过去往往觉得，小婴儿啃手是不好的。所以当看到婴儿在啃手时，温和的大人会说"宝宝不要吃手手哦"，强势的大人甚至会直接去把小婴儿正啃得津津有味的小手拿开，并很凶地说"宝宝不要吃手！"。

事实上，按照《美国儿科学会育儿百科》一书的说法，啃手是小婴儿的一项重要的发育技能。书中这样描述孩子学会啃手指的过程：

"婴儿会顽强地不断努力将手塞进嘴里,不过一开始大多不会成功,即使他的手指偶尔能到达目的地,但很快就会无力地放下。到4个月大时,他终于掌握了这种游戏,可以将大拇指塞进嘴里想吃多久就吃多久。"

没想到,我们的恩之才2个多月大,在今天就基本掌握了这个游戏的要领。其实在前两天,恩之的奶奶就发现了他有这个动作,只不过她当时还是以老观念来看待恩之的这一项技能。看见恩之啵啵地吸着手指,口水把袖子都弄湿了,她虽然觉得甚是可爱,但还是把恩之的小手从他的嘴巴里拿了出来,并说:"不要啃手手,都臭了!"不过恩之当然不听她的,过会儿继续把小手往嘴巴里送。

妈妈在孩子还没有出生前就买了《美国儿科学会育儿百科》这本书来读,所以知道啃手对于小婴儿的重要意义。妈妈赶紧跟奶奶解释,但奶奶还是固执地说:"那你让他啃嘛!袖子都啃得湿答答的了!"

我只好把这本书找出来,把相关章节读给奶奶听,她终于明白啃手对小婴儿来说不仅是再正常不过的事,而且还是婴儿能力的体现。

今天,当奶奶再次看见恩之啃手,并且见证恩之是如何在很短时间内就成功完成这个4个月大的婴儿才能完成的动作后,她不仅没有再出手阻止,而且还颇为自家孙子的能干感到自豪。

说实话,我不仅自豪,甚至还为恩之的执着而感动。听妈妈说其实很多天以来,恩之每天早上一睁开眼睛就开始练习啃手。当然由于手臂力量不足,加上协调能力欠佳,他都没有成功。然而今天,他经过几次尝试后终于啃上手了。

我观察了很久,他有时只能把小拳头送到下巴附近,有时则又举得太高了。但他铆足了力气,颇有不达目的不罢休的气势。只见他把小拳头先送到脸颊,再从脸颊慢慢地往嘴巴方向挪动,由于太用劲,脸颊上的肉肉都因拳头推挤而堆在一起了。与此同时,他用力转动脖子,尽力让嘴巴靠近小拳头。就这样,在手臂与脖子协同努力下,他终于成功地啃上手了!

看着他啵啵啵地吸溜着小手,如此陶醉,如此心无旁骛,我就在想,如果一个大人能一直陪伴孩子,并亲眼见证他是如何啃上手的努力过程,就绝不会因为自己心中的固见(很多时候甚至是谬见),在孩子投入地享受啃手的过程时去打断他。因为这完全是孩子在以自己的方式享受自己的成长。

所以我们才说"让孩子成为孩子",这意味着要发自内心地让孩子以他们自己的方式成长。千万不要以我们自认为正确的方式去干预,去限制孩子的成长。

恩之最近还在经历另一个"成长",那就是他会认人了。他心情不好的时候,不仅不让爷爷奶奶抱,就连我也抱不住。比如今天晚上,我从妈妈手里接过他,他很有些不情愿。当他看着妈妈进去浴室关上门,看不见妈妈的身影后,他就开始哇哇大哭起来。我怎么安抚都不能让他平静。而妈妈洗好澡从浴室出来,他立即破涕为笑,伸出双臂向妈妈索抱。

看见小小的他如此"排斥"我,而我平日也没少照顾他,给他的爱一点也不比妈妈给的少,作为父亲的我心里多少有些失落。但转瞬我的内心又为之欣慰起来,因为"会认人"也是婴儿智力发育、情感发育的体现,这恰恰证明恩之正在健康成长,他已经有能力根据体味、声音、动作等要素来综合认知和判断事物了,虽然现在这些事物还仅限于他最熟悉的亲人。

陪伴孩子真的是一件很有意思的事情,前提是你得用心去陪伴,因为这可能会激发你的很多思考,甚至颠覆你的很多认知。我将通过笔记的形式,继续感知恩之的成长,继续感悟恩之的成长,也继续感恩于恩之的成长。

4月11日　一个非理性的父亲

恩之今天正好100天,我很高兴他平安度过了出生后最为脆弱的前3个月。婴儿满100天,是一件特别值得纪念的事,有的地方甚至把这一天叫作"百岁日"。好多人家都在这一天大宴宾客,既为了庆祝孩子的健康成长,同时也表达大人们对孩子健康长寿的美好祝福。

我和妈妈在珠海少有亲朋,没有办法大宴宾客,只有去影楼花了几千元钱给恩之拍了百日照,以此来表达对他的祝贺,也为他祈福。希望我的儿子恩之能健健康康、平平安安、长命百岁。

今天正好还看到知乎的一个讨论："第一次得知自己为人父母的时候是什么感觉？"有知友希望问得详细点："到底是孩子出生时还是得知太太怀孕时？"

得分最高的回答是："我觉得两者没有区别吧。因为从怀孕那一刻起，生命即存在了。从那一刻起孩子就已经开始接收母体的供养了，父亲也有义务和责任来照顾母子，不管你想不想，这已经是为人父母了。"

但根据我的经验来看，这个问题绝对是有区别的。在生命没有降生的时候，在我们没有真正接触到这个小生命的时候，他是会做很多理性的思考和分析的。但从他真正捧着这个小生命开始，可能就从此全然变成非理性的了。

对这个问题我是有很大的发言权的，因为我过去是个不育主义者，总觉得孩子对自己没有什么价值，甚至认为有了孩子后全是成本的投入和精力的付出。这样拖到40岁的时候，才有了恩之。在得知妈妈怀上恩之的时候，我也并无太多的欣喜，更多地感受到的是责任和压力，甚至想到孩子的到来将对我现有的生活方式造成冲击，就有一种莫名的恐惧。

但从恩之出生的那一刻开始，我这个绝对理性的人，突然变得多情而感性了。事实上，我也是从恩之出生后，才开始记录与恩之有关的文字的，而这些文字很多都是非理性的话语。

回到知乎的这个讨论话题，可以发现，这个高分回答中里面用的都是理性的词语——"义务"和"责任"，而这样的词语，在妻子怀孕的时候，准父亲是一定会思考的。可当孩子出生后，在我看来，这个话题已经不再是重点，因为当准父亲真正成为父亲后，就必然变成一个非理性的父亲了。

可以这样说，从知道妻子怀孕开始，是"你当上了父亲"，或者说是"第一次得知自己要当父亲"，而孩子出生后，你"真正做了父亲"，是"第一次真正做了父亲"。"当上父亲"和"做了父亲"，在一个父亲的心中，其实是两个截然不同的阶段，里面有着两种完全不同的认识论。

5月4日　爱是恒久忍耐

恩之的爷爷奶奶因为需要回去照顾我92岁高龄的爷爷，于4月29日返回四川老家,从此由我和妈妈两个人来照顾恩之。

爷爷奶奶在的时候,他们一有空就带恩之出去玩,我很少有机会带他出去闲逛,也就没有发现恩之到底有多喜欢在外面待着。

等他们走后,我才发现,恩之每天必须至少出去两趟才开心。像今天,由于外面下雨,无法到公园里散步,他就一直闹腾不停。上午我或是抱着,或是用车推着,来来回回到我家楼下的大堂去了三次,依然不能让他满意,大概因为他觉得这不是真正的散步。

下午雨停后,我赶紧抱他去海滨泳场溜达。我能真切感觉到他的开心——他的头靠在我胸前,贪婪地左边看一下,然后又转过来右边看一下,就这样一路交替着看,似乎要把今天上午的损失弥补回来似的。

我和妈妈都觉得恩之已经展现出一个自然主义者的气质了。他很喜欢在自然里散步,也很享受在自然里旁观。一片晃动的树叶,一朵盛开的杜鹃,一阵滚滚的波涛,都能让他饶有兴味地看很久。

他很不喜欢待在家里,甚至也不是很喜欢与陌生人交流,特别是很怕去人多的地方。在5月2日那天,妈妈用背带背着他到海滨泳场玩,由于"五一"长假,沙滩上人山人海,恩之一看见这样的阵仗,立马就哇哇大哭起来了。妈妈把他放下来抱在怀里,他也还是哭。妈妈只好带他到人少的地方,他才渐渐安静下来。甚至平日里,小区里有的老人见他可爱,走近了想逗他玩,或伸出手来想抱抱他,他都会哇哇大哭起来。总之,在面对陌生人时他是紧绷的,而在自然面前他则是放松的。

说到这里,想起妈妈还讲到,最近我们家窗外的烟墩山上飞来一只鸟,每天都会在固定的时间里停在我家窗外的树上唱歌。如果它的歌声是有歌词的话,那段歌词在妈妈听来就是"呵呵呵,自然主义者""呵呵呵,自然主义者"。不知道我们的恩之在将来是否真的会成为一个自然主义者呢?

今天去影楼确定恩之百日照的设计稿的时候,原稿上面莫名其妙地放了两段韩文,我将其替换为我最喜欢的这段来自《新约·哥林多前书》中关于"爱"的话:

爱是恒久忍耐,又有恩慈;爱是不嫉妒,爱是不自夸,不张狂,不做害羞的事,不求自己的益处,不轻易发怒,不计算人的恶,不喜欢不义,只喜欢真理;凡事包容,凡事相信,凡事盼望,凡事忍耐;爱是永不止息。

　　不管恩之将来是否是一个自然主义者,都希望他能学会爱,懂得爱,如他的名字所言,懂得爱是恩慈。同时,要克服他现在展现出的性格焦躁的缺点,懂得爱是恒久忍耐,不轻易发怒。

5月12日　快乐的源泉

　　现在恩之已经熟练掌握了啃手的要领,啃手成了他最热衷的娱乐节目。几乎可以说,除了睡觉吃奶外,他都在啃手。在家里无聊了啃手,外出散步时也啃手。有的时候,路上碰到一些熟悉的热心的女士看见恩之啃手,总要忍不住上来把他的手从嘴巴里拉出来,还要加一句:"小宝贝,不要啃手喔。"每当这时我都会为他解围:"没有关系的,让他啃吧。"

　　他是如此用心地啃着手,又是如此享受啃手带来的乐趣。他啃手时并不满足于只啃某个手指头,而是把手捏成小拳头往嘴巴里塞,然后将两片小嘴唇紧紧地贴在拳头上,同时啵啵啵地用力吸着,好像手上沾着世间最最甘美的乳汁。这样一来,他啃手的声音听起来就很响了。

　　在妈妈做饭和收拾家务时,恩之就由我来照看了。我常常在不太忙或者恩之特别哭闹的时候带他去外面走走,也逐渐晋升成了他的最佳玩伴。在他的潜意识里,似乎已经形成了爸爸陪他玩、陪他逛,妈妈陪他睡觉、给他吃奶的角色分工。

　　这段时间因天天下暴雨(昨天晚上甚至下了一场特大暴雨,连客厅都漏水了,我们不得不用恩之的尿不湿来进行防洪),我们已经很久没有带恩之去户外散步了。我想他虽然小,但长时间待在家里,也一定会很烦闷吧。

　　果然,今天早上当我从外面买菜回家后,原本乖乖躺在妈妈怀里的他,一直盯着我看,见我并没有要抱他的意思,他竟然哭起来了,似乎是要提醒我们,"现在是该爸爸带我去散步的时间了"。我赶紧从妈妈手里接过他,他果然就不哭了。我抱着他下了楼,在大堂闲逛了一会儿,然后又到我家对面的君怡花园小区走了一圈,已经好几天没有出门闲逛的恩之东看看、西瞅瞅,手舞足蹈,很是高兴。

最近我发明了一个与恩之互动的锻炼项目,先把他放在床上,然后我弯下腰伏在他身前,让他用脚踢我的肚子、胸等身体部位。恩之很喜欢这种娱乐,到后来甚至形成条件反射,我一把他放在床上,他就自动把腿跷起来,随时准备踢我。

每当这时我就想到,这个阶段对恩之来说确实是一个独特的阶段,我们对这个阶段有着与其他阶段完全不同的要求。作为成人,踢父亲自然是不可以的,但现在,作为婴儿的他踢我,我却很开心。

今天早上,当我看到恩之咧开嘴,露出没有牙齿的肉肉的牙床对我笑的时候,突然想起一句话——"你的笑足以融化冰雪"。这样的笑确实足以融化冰雪,足以让人忘记疲惫,觉得幸福而又温暖。

今天,恩之还掌握了一项重要的技能,那就是他学会了啵嘴并佯装吐口水状。他是如此喜欢这项游戏,并因此展现出三种过去完全没有过的表现:

一是终于咯咯地笑出声来。在恩之满 3 个月去体检的时候,医生就特别关注他是否能笑出声来。经过医生的提醒,我们回想后发现恩之确实还不曾笑出声过,逗他的时候即便咧嘴大笑,也都是无声的。因为他是我们的第一个孩子,所以妈妈在带恩之时特别细心,细心地留意他的饮食起居,细心地关注他每个阶段的发育情况。当她从网上看到"5 个月婴儿仍笑不出声要当心自闭症"时,她吓坏了,之后有空就在网上疯狂地搜索相关信息,同时有机会就逗恩之,想办法让他笑。但无论怎么逗笑,恩之都只是安静地笑着,这让我们心里有些忧虑。但今天,当他骑在我的肚子上,与我玩这个啵嘴游戏的时候,他终于首次"打破安静",咯咯咯地笑出声来了。我和妈妈惊喜极了,为了确认,我们又几次逗他,他都是咯咯咯地欢快地笑出声音来。这欢快的笑声在我们俩听来无异于天籁之音。

二是他终于在游戏中与我们有了互动,他甚至可以主动逗我们开心了。当我们面对着他,对他啵嘴的时候,他可以欢笑着表达他的喜悦,而当我们停下来的时候,他可以主动啵嘴来逗我们。过去都是单向的,只是我们逗他,他最多是无声地笑着回应,而今天,他居然可以主动来逗我们开心了。这实在是一项了不起的技能,我由衷地为之喜悦和自豪。

三是在这样互相啵嘴的互动中,在他感觉自己输了时,他会表现得很生气。他的小脸涨得通红,一对小眉毛因为生气都竖起来了,嘴里发出呀呀愤怒的叫喊声,同时举起自己的小拳头,做出要打你的姿势。没有想到小小的恩之会如此准确又生动地表达自己愤怒的情绪,而不是一味地哭闹,这说明他在情感发育和心智发育方面也很不错哦。

这样看来,孩子确实是在以他们的成长给父母带来快乐。他们的每一次成长,哪怕是第一次笑出声,哪怕是第一次学会自如地有控制地排便,哪怕是第一次表达他的愤怒或者友好,都足以让我们欢欣鼓舞,成为我们的谈资、快乐的源泉。

5月24日　做一个旁观者

恩之从出生以来,右眼就一直有点问题,要么睁不开,要么睁开后眼眶里都被泪水蓄满了。虽然新生儿肺炎期间,市妇幼保健院的医生用眼药水简单治疗过,出院回家后我们也偶尔给他滴滴眼药水,但这个问题一直没有得到解决。以前体检的时候,儿保医生说到5个月时就会好了,但这两天我们发现他的眼睛更严重了,特别是今天早上起床的时候,他整个右眼都快被黄绿色的眼屎糊住了。我们决定抱他去妇幼保健院的眼科检查下。

有经验的医生看了后,发现恩之右眼的鼻泪管被完全堵住了,需要给他做个简单的鼻泪管疏通术。

医生告诉我们只能允许一个人留在手术室协助,我很不忍心看恩之受苦的样子，加上我手比较笨，怕协助不好，所以就只能是让妈妈在里面帮忙了。手术开始前我留在门口观望，只见医生拿来了一条白色的长长的床单似的布，娴熟地把恩之脖子以下的身体部分严严实实地缠裹了起来，被包裹起来的恩之像一条还未完全蜕化的蚕宝宝一样。恩之一定预感到将有可怕的事情要发生，他开始不安地扭动着身体，同时小声地哭了起来。不一会儿护士过来给恩之的右眼角部位注射了麻醉剂，我猜手术一定会很疼，不然不会打麻药。想到这里，我不禁又心疼起来，恨不能自己去替代他承受这一切。

果然，据妈妈后来讲起，手术看起来确实很吓人。医生先翻开他右眼的下眼睑，再用一根长达10厘米，直径约三四毫米，外形很像女生们用来挑粉刺的钢针，对准鼻泪管开口处噗的一声往上轻轻一挑，动作又快又准。然后再把针管慢慢插入鼻泪管深处，轻轻旋转一两次后，再往针管上接上装有药水的注射管，接连往鼻泪管里注射了两针筒药水，确认鼻泪管疏通后医生才拔出了注射器。针头刚一拔出，恩之的眼眶里就渗出了鲜红的血水。

虽然手术前注射了麻药，应该不至于特别疼痛，但恩之还是吓得哇哇大哭。也亏得是妈妈在一旁协助，她经过新生儿肺炎的锻炼后内心变得很是强大。若换作是我，也许我没有办法坚持看儿子做完手术。但是，恩之实在是一个小小勇士，他在手术时没有哭得撕心裂肺，手术完成后好一阵子眼角处还在往外渗着血，他也只是轻轻哭一会儿就没有再哭了。小小的恩之，却有着大大的勇气和多多的坚强。

今天我们还带恩之出门去打疫苗，这是他第二次出门打疫苗。5月16日那天则是他人生中第一次接种疫苗。本来应该在出生第一天就注射的疫苗，为何会拖了长达5个多月呢？原因除了恩之早产加上黄疸值高且持续时间久不宜注射疫苗外，重要的是我们看到《南方都市报》有一期用了好几个版面来报道疫苗的不良反应。想想那些因疫苗不良反应而致残致死的案例，我和妈妈被吓得不敢也不想带恩之去打疫苗，即便在恩之的身体状态完全允许注射疫苗的情况下也拒绝带他去打疫苗。在很长的一段时间里，我们甚至对强制要求婴儿注射疫苗颇有怨言，完全没有理性分析注射疫苗的重要性和必要性。

最后考虑到他将来入学需要有防疫手册,所以即便不情愿,也很不信任(这样的想法当然是不对的),我们还是带他去注射疫苗了。由于注射的时间晚,好多疫苗都被耽搁了,必须都要补上。那天一口气注射了乙肝和百白破,又口服了糖丸。这次恩之再一次让我们见识了他的勇敢和坚强。接连挨了两针,他也只是当时哭了一下,很快就像个没事人一样,好奇地在注射室里四处观察起来。

看来,虽然妈妈最近总是在恩之哭闹和撒娇时,边抱起他边感叹一句"我娇滴滴的儿郎哦!",但其实我们的恩之一点也不娇气,反而是颇具男子汉气概的。

说到出门,恩之现在是更喜欢出门了。现在他的脖子和腰部的力量更足,头可以抬得更高更持久,腰部也更能支撑起整个上半部身体,更加不再需要趴贴在抱着他的大人身上了。对身体更有掌控感的恩之,自然就喜欢外出散步了,因为外出意味着有更多有趣的东西可以看,更多元的声音可以听。他现在每天到点都要出趟门才会安心,否则就会哭闹不停,而一旦出了门便会舍不得回家,不在外面待足半天是不会满足的。

比如昨天下午,我抱他去君怡花园兜了近一小时,他还不过瘾。回家的路他仿佛已经熟识于心,所以当我抱着他跨出君怡花园的大门,朝我家所在的国会公寓方向走的时候,他便知道我们要回家了。果然刚到我家楼下,他见我打开大堂的门就开始哭起来了。而当我们进了电梯,他更加确信我们是要回家,哭得就更厉害了。我只好又接着抱他去君怡花园兜了一圈,直到闲逛够了,看饱了,他才心满意足地让我带他回家。

我发现,恩之看东西的眼神很专注,看什么都很认真。像去君怡花园或者海滨公园的路上,其实在我们看来,风景都是固定的,但他只要出去,就总是那么贪婪地看着,似乎永远看不够的样子。哪怕是去海滨公园路上的那排水泥墙面,他每次都歪着头看得那么认真。

"歪着头看着,好奇地观望着,且看会有什么事发生。"恩之在外面,总是这样做个好奇的旁观者,歪着头,静静地看着骑自行车的小哥哥、做游戏的小姐姐(他最喜欢看的是小哥哥和小姐姐,对和他年纪相仿的倒兴趣不大)。

"我闲步,还邀请了我的灵魂;我俯身,悠然地观察着一片草叶",如果他不是歪着头看着,那么,他一定就是低下头(有的时候甚至是很用力地弯下身子),然后一直盯着地面看,像是在寻找什么东西一样。

引号里的两段话是我最喜欢的惠特曼的《草叶集》里的两首诗。特别是第一首,摘自惠特曼的《自己之歌》,完整的句子是:"歪着头看着,好奇地观望着,且看会有什么事发生。自己身在局中而又在局外,观望着亦为之惊奇。"

作为资深企业咨询顾问,我一直以这句话作为工作的座右铭,也把它作为自己"旁观者"或者准确地说叫"介入式旁观者"这种生活方式的最好写照。

看来,恩之和他父亲一样,是欢喜做个旁观者的,不过他这个作为旁观者的父亲,资格和经验可比他多多了。所以,当他在认真地旁观这个世界的时候,自然不知道他父亲也在边上认真地旁观他呢!

后来我发现,他观察的对象根本是我们无法理解或者无法安排的。我常常按照我的想象安排他,比如突然出现只小猫,我以为他一定喜欢看,赶忙停下来,把他的头偏向猫的方向让他看,可他似乎并不感兴趣;比如,看见一陇翠竹在风中摇曳,我以为他会喜欢看,连忙抱他过去欣赏,可是他对我这样的安排似乎一点儿也不满意。

所以,我现在只能是完全根据我对他的观察,感觉他对某个物体(哪怕这个物体在我看来完全不值得一看)感兴趣,然后停下来,让他自己一个人静静地看。感觉他看烦了,把头偏过去了,我又抱着他继续走。

总之,我曾经一度试图不仅仅是做一个旁观者,而是按照我的理解,去向他推荐风景,甚至去主导他看的风景。经过几次试验后,我现在明白,我能做的就是顺其自然地让他看。我只需要做好"旁观者"兼"驾驶员",让儿子坐在我这个肉车上,而我一路旁观他的表情,让他能充满热情地一路好奇地观望。

恩之对外面世界的这样一种好奇与热爱,让我们觉得,哪怕自己再忙、再累,哪怕外面再热、再晒,只要他有需要,我们都应该抱他出去转转。人们常常讲的"回到初心",可能就是回到这样一种对事物的好奇与渴望之心中吧?

只不过,恩之可能没想到,他这个月有两次高高兴兴地出门,结果却是去挨了三针(今天是一针,5月16日是两针)。

所以,今天上午挨完针回家后,他好像突然发现家里的好,很幸福地四处看,一副很安全、很踏实的样子。于是,我跟儿子开玩笑讲:"现在知道了吧,外面虽然好,但是充满不确定性哦。家里虽然单调,一直都是这个样子,却是安全的,不会突然有个人给你打针哈。"

我和他妈妈本来以为,今天这针挨完后,儿子可能会对出门没多大兴趣,或者产生担心了,但是没想到,他下午睡了一觉醒来后,依然吵着要出门,依然欢天喜地地去君怡花园玩了一圈。

看来,儿子骨子里确实是个自然主义者,甚至还是个后现代主义者。他并不惧怕不确定性,虽然吃了不确定性的亏,但依然勇敢地去拥抱不确定性!

其实,对于父母来说,养育孩子最大的快乐也来自不确定性——如果你也是个后现代主义者,喜欢不确定性的话。因为你永远不知道,孩子明天会发生什么,就像我永远猜不到,我下一篇笔记会记录什么一样。

不过,不管发生什么,我们都应该感恩。感恩这真正的生命,它总是充满惊奇,而你永远无法预测。

5月26日　真正不安的是你自己

昨晚妈妈的喉咙突然疼痛起来,同时浑身发冷、酸痛、乏力,早上稍微退烧后还有38℃,她只好去医院看病。这是她自怀孕生孩子以来第一次生病。医生检查后发现扁桃体Ⅲ度肿大,又抽血做了化验,确认是急性扁桃体炎,会有一定传染性。为了避免传染给恩之,她只好戴起了口罩。为了让她好好休息,快快恢复体力,恩之就暂时由我来全面照顾了。

本来中午也是由我来陪他睡午觉,然而他早已习惯妈妈陪睡了,当我躺在他的旁边后,他对我很排斥,一直哭闹,要找妈妈。最后实在拗不过他,就还是由妈妈戴着口罩陪他睡觉。

恩之最近对妈妈特别依恋,当妈妈抱着他的时候,他总情不自禁地要去表达对妈妈的爱。他把小脸贴在妈妈的脸颊上,还把小嘴凑过去,在妈妈的脖子上舔个不停,吻个不停,常常弄得妈妈一脖子的口水。而我抱着他的时候,他可从来没有这样的举动。

晚上睡觉的时候,他更是希望妈妈能一直陪伴在侧。有时他很担心妈妈会离开,明明睡得迷迷糊糊的了,却还用手拽着妈妈的领口,妈妈刚想起身他便微睁开眼睛,满脸堆笑地看着妈妈,我猜他当时若会说话一定会说:"妈妈,你不要离开我好吗?拜托你了!"

我这几天要帮人写个方案,时间很紧,现在妈妈生病,我又不得不照顾恩之,原本希望孩子能乖些,好让我能挤点时间安静地把工作做完。但孩子如此不配合,我就难免有些心烦意躁,对他的哭闹就显得有些不耐烦,甚至迁怒于妈妈的生病,对她也说出过分的话——"关键时刻,你有点不给力嘛!"。

不过,当我坐下来写这篇笔记的时候,当我一边敲下这些文字,一边梳理着自己的情绪的时候,突然想到,养育孩子对每个父母来说都是很大的挑战,甚至确实是种修行。

对父母来说,带孩子都会有烦了、累了,或者生病的时候,如果再碰上孩子哭闹,手头工作又忙,就会更加烦躁,甚至可能会转而迁怒于孩子。这个时候,可能就需要父母转变认知了,不要陷入当前的烦躁情绪中,而是不着于相,想想这是孩子在帮我们修行、修心呢!

孩子始终是那个孩子,始终是如常地吃奶、睡觉、玩耍甚至哭闹。如果我们觉得孩子特别烦、不听话,那一定是我们自己最近比较烦,想人听话。

但是,孩子是无法理解我们的心情的,只能是我们自己调适自己的心情,让自己继续拥有一颗宁静而喜悦的心。

通过这样不断地调适,或许我们就可以让自己的心灵逐渐变得平静,不再轻易发生变化,做到"如如不动"了。

应该感恩那个外表不停哭闹,内心真正宁静的孩子,如果我们真的能照顾好他,那就意味着我们能照顾好自己的心灵,我们将因此同样拥有一颗真正宁静的心灵。

应该多抽出时间去陪陪我们的孩子，或者说，多抽出时间让孩子陪陪我们。中国的父母们很奇怪，年轻的时候，忙着挣钱，没有时间陪孩子，等到老了，又希望孩子多陪陪自己——可是，那个时候，我们的孩子也在忙着挣钱，没时间来陪我们了。

更重要的是，等你老了以后，陪伴你的子女完全是另一种样子了。那个时候的子女们，由于社会的长期侵蚀，已经是没有"爱"的孩子了。只有你年轻时，或者说当你的孩子像现在的恩之这样年幼时，他对你的陪伴才是灵性的陪伴，或者说是"爱"的陪伴。

这样的灵性陪伴，才是对我们成年人精神最好的舒缓剂，特别是对现代人疲惫精神最好的舒缓剂。当你疲惫时，去拥抱你的孩子，不要把他当作义务，而是看作去与"爱"做一次拥抱。如果孩子对你微笑，这样无邪的"爱"的微笑，一定会让你忘记疲惫；如果孩子在哭闹，也没有关系，这同样是他们用"爱"在帮我们修心。

所以，当"生命"或者说当"爱"把它的孩子送到我们面前，这是他在重新给我们这些已经与"爱"失去联系很久的成年人一次重新接受"爱"的教育的机会。这是多好的机会呀！"爱"始终就在你身边，你想要亲近他就可以随时亲近，想要拥抱他就可以随时拥抱。

然而，很多人却不懂得珍惜，他们有的把照看孩子看作义务，有的似乎也很爱孩子，总是想着我要多给孩子些什么——多为孩子挣钱，多给孩子买东西。这里依旧是一切以我为主，想着我要对孩子如何如何，我要教孩子如何如何，却忘记了首先是我自己在这个过程中蜕变，忘记了应该是我在这个过程中重新回到"爱"，回到"生命"之中。

如果要在中国进行"爱"的启蒙的话，最好的对象其实应该就是那些初为人父母的人。要让他们明白，他们在这个时候，应该多陪陪孩子，并因此获得"爱"，这样，等他们老了以后，反倒不需要孩子的陪伴。

那个时候的老人，完全可以在天地之间，与自然、与万物在一起，静静地与自然之"爱"在一起,静静地带着"爱"返回那个"爱"的世界。看起来休旅养老确实是老年人最好的归宿,但前提是这些老年人真正懂得"爱"。

然而今天的老年人恰恰由于少了在年轻时抚养孩子过程中获得"爱"的这个环节,因此都是没有"爱"的,或者说没有感受过"爱"的。他们也就无法在老年之时,选择这样一种回归"爱"的养老方式。

他们找不到世间大爱,只是渴望和纠缠于人间之爱,只愿意也只能选择居家养老、社区养老的方式。最终,他们活着的时候必须跟一群人在一起,哪怕死了也害怕孤单,要和很多人死在一起。他们是无法静静地以一个"人"的形式去回到那个"爱"的世界里去的。

事实上,我们每个人终其一生,有三次与"爱"发生联系的机会。

第一次机会是我们刚刚出生之时,这个时候的我们,是带着"爱"而来。可惜,由于绝大多数的父母没有"爱"或者不懂"爱",他们在对我们进行肉体照顾的同时,也让我们离"爱"越来越远,最终变得不会"爱"、没有"爱"。

第二次机会就是我们初为父母。这个时候,"爱"以孩子的名义再次来到我们面前,并重新给我们一次感受"爱"的机会。如果我们能吸取当初自己父母的教训,真正懂得如何去"爱"孩子,那我们也将重新获得"爱"。

第三次机会就是我们年老之时。如果我们在前面两次机会中都与"爱"远离,那么,在这个时候我们已经很难再感受"爱"。但如果我们在第二次机会中得以重新连接上"爱",那么,在这个时候,我们倒是可以"像个流浪汉一样越走越远,去拥抱大自然,幸福得如同拥抱娇妻",因为我们可以在自然中找到爱,并在自然中永远回到"爱"的怀抱!

6月7日　重获爱的启蒙

今天早上6点多起床后,按惯例应该是抱恩之去君怡花园转一圈的,可惜外面下雨。这样的早晨,恩之在家里是绝对待不住的,快6点的时候就已经开始在床上哼哼了。我只好抱他下楼,用妈妈的话说,至少把他抱下楼让他亲眼看见在下雨,他才会安心回来睡觉的。

下到大堂,他已经很兴奋,脑袋扭来扭去,开始四处观察,而我则继续我对恩之的观察,并因此有了新的观察体会。

过去我们鉴于恩之喜欢在外面看,把恩之定义为自然主义者。那么现在外面在下雨,我想他应该会很喜欢看下雨了(记得我小时候就是很喜欢看下雨的,常常坐在我们家屋檐下面,静静地看着行人在雨中穿梭)。

可是,当我坐在大门外面的凳子上,希望抱着他做一番雨的观察的时候,却发现他明显对观察雨乃至雨中盛开的夹竹桃没有兴趣。他依旧如同往常一样,我一坐下来,他就把腰往地面弯,很努力地看着地面。我以为他是看蚂蚁,我凳子边上确实也有几只蚂蚁在爬,可观察几次,发现他对蚂蚁不感兴趣,只是这样看着那一块块光溜溜的大理石地面。

我见他这样弯着看实在难受,于是抱他起来,回到大堂,这下我发现他真正观察的和我们认为他会观察的完全不一样。大堂里的风景是极其单调的,我以为他唯一可以观察的,要么是那幅挂在墙上的大大的绘着黄山迎客松的画,要么就是那个物业的告示——一个大大的联通宽带的广告,上面有诸如"10M 宽带、全年 960 元"之类的数字。

除此之外,似乎没有什么可以观察的了。可是,我最后发现,他对这些都没有兴趣。他有点兴趣的是那个书报箱,书报箱有很多个小格,供每家每户放自己的信件报纸之类,他会盯着这个看一会儿。而他最有兴趣的,居然是那个"禁止吸烟"的告示牌。

告示牌的上面画着一根香烟和一个禁止的标志。他先是盯着它看,看了一会儿后他竟对着它笑了。我以为我看错了,试着抱他走开,然后再兜回来,结果发现他又继续盯着这个标志看了,盯了一会儿后他又会心地笑了。

我本来想,大堂里那么单调乏味,恩之在那里一定是待不了多久的,最多逛几分钟就会烦躁了。出来的目的原本是让他在外面过过瘾,让他看见天在下雨后可以安心回家睡觉,没想他就这么着,按照自己的兴趣进行观察,我们父子俩也逛了 40 分钟左右。

看来,大人的世界和孩子的世界是完全不同的。在我看来是一段极其单调、枯燥或者说毫无风景的观光之旅,恩之却看得津津有味。如果不是我抱他回来,我想他可以在那么一个几十平方米、空荡荡的大堂看更久的——虽然我不知道他到底看到了什么。

我基于我的分析,认为儿子是个自然主义者,并因此希望多带他到大自然中,多带他去欣赏自然——我所理解的自然,只是好看的自然。在这样的自然中才能看到"自然"的"自然主义者",不过是个伪自然主义者,或者说是个理论(书本、知识层面)上的自然主义者。

在真正的自然主义者眼中,其实哪里都是自然,哪里都有"爱",随便在哪里,他都可以与之做灵性的交流。

看来,有心之人,处处是风景,处处是自然——我这个现在还无法用大脑思考,也没有受到知识污染,只能是用心去看世界的儿子,再次给他这个用眼睛看世界的父亲上了一课!

虽然都是歪着头看,虽然都是旁观者,但儿子才真正是个"旁观者"——他以心体之,体其同一,剥离万物。

我曾经在前面的笔记中认为自己有40年的旁观者的经历,水平比儿子高太多,但今天才发现,我这5个月大的孩子,才是达到了旁观的最高境界,一个我已经无法再达到的境界。

事实上,每个孩子在他们幼年时,都能达到这样的境界。我们以自己成人的眼光,去嘲笑孩子的观察,是种愚蠢,如果进一步以自己粗暴的行为,去干预孩子的观察,去阻止孩子的观察,那便是一种谋杀,是对"爱"的谋杀。无数的孩子就是在父母们这样的"谋杀中",最终失去了观察的能力,也失去了"爱"的能力。

我也曾经是个孩子,我一生下来也是爱的具足,但是随着我的成长,我早已经失去爱了。现在,我必须重新从孩子这里来获得爱的启蒙。当我们用启蒙这个词时,往往是指大人给孩子做知识启蒙,可是当我们进行这样的启蒙时,操作不当,就会让爱离孩子越来越远。我们真正应该认识到的是,在我们对孩子进行知识启蒙之前，在孩子还是幼年，还没有受到知识污染的时期，其实是孩子在给我们做着爱的启蒙。

明代文学家、书画家陈继儒在《小窗幽记》中说，"读书谁处净土，闭门即是深山"，讲的是读书的价值，能闭门读书则处处净土。在我看来，如果我们希望从自然中获得"爱"，希望展开真正的自然观察的话，其实根本不需要出门，只需要在家里观察孩子就好，因为"陪娃谁处净土，闭门即是深山"。

6月15日　正确对待辅食

在育儿问题上，日本松田道雄先生写的《育儿百科》是一本很有价值的书。该书反复提醒我们，让婴儿快乐地长大才是我们育儿的根本目的。

它提醒我们要从孩子自己本身的需要出发，而不是从我们的知识或者经验，乃至我们所认为的孩子的需要出发。

比如，过去我从各种渠道得到一个知识：孩子在4个月以后就应该吃辅食。而恩之现在已经5个多月了，妈妈还一直没有给他喂辅食。我也提醒了她好几次，但她不为所动，终于在今天翻出松田道雄先生的《育儿百科》给我看。

书中写道：

一般认为5至6个月是婴儿的断奶过渡期，可是营养只是人生的一部分，人不能只为饮食而生活，这种只重视断乳食品的说法是不妥当的；

断奶是否能成功，并不在于婴儿已长到5个月或体重已达到6千克等这些外部条件，而是取决于婴儿自身是否有想吃的愿望；

断乳食品的烹制首先要根据婴儿的实际情况决定，而不应按照食谱去做。

可见，关于断奶（或者说辅食）这个问题，松田先生的理念是一贯的，就是一切从孩子的需要出发。这个理念贯穿这个问题的整个逻辑过程，从是否要

吃辅食,何时给孩子吃辅食到给孩子吃什么辅食,乃至怎么给孩子做辅食。松田先生还特别写了这样一段告诫的话:

> 每天花三四个小时的时间为婴儿做断乳食品,是非常不明智的做法。尤其是开始的1至2个月时间里,婴儿吃的极少,不该花费一个半小时去做只给婴儿喂1次的10克米粥,这样会占去带婴儿到室外活动的时间。饮食只是人生的一部分,对婴儿来讲,在这一个半小时时间里跟着母亲到外面散步,看其他小孩玩耍或小狗奔跑,要比吃10克米粥快乐得多。断奶期里只要做好代乳食物就行的想法是错误的。应该首先考虑怎么使婴儿的人生更加快乐,以此作为出发点,选择代乳食物的制作方法。

这样看来,由于最近两个月我很忙,需要同时写三份方案,我们选择每天只是在外面买煲汤的菜(主要是排骨和鸭子两样换着买),其他的饭和菜都在外面打包回来,然后腾出妈妈做饭的时间,让她抱恩之出去转,其实是很值得的。

虽然外面买来的饭菜可能差一些,但我们自己煲汤,保证了母乳的营养,更重要的是,这让恩之有更多的时间可以出去快乐地看世界,去享受空气浴——松田先生是很提倡日光浴的。在书中,他建议我们,"出生后3周,就应该让婴儿开始接触外面的空气了","如果因为怕被传播疾病而丝毫不接触外面的空气就有些过分"。

书中还有一个例子,同样提醒着我们关注孩子自身的需求,那就是关于婴儿的"消化不良"问题。书中提到,"对婴儿的便具有想象力的母亲",总认为"理想中的便是金黄色的、质地均匀的有形便",所以,但凡看见孩子的大便不符合这个形状,就会很紧张,认为孩子一定是消化不良,就要急着带孩子去看医生,然后让医生一定要给孩子治疗这个病。

针对这种情况,松田先生说了一句很有意思的话:"请母亲不要忘了我们是在抚养婴儿,而不是在抚养便。"只要婴儿情绪很好、很健康,就不要去怀疑他得了什么"消化不良"之类的疾病。

原来,让孩子健康、快乐地成长是第一位的,这也是我们抚养孩子的出发点与归宿,是我们的唯一目的。在这个过程中,我们要随时提醒自己,不要犯各种教条主义(这是今天自认为有知识的父母容易犯的错误)或经验主义(这是今天自认为很有经验的爷爷奶奶们容易犯的错误),不可让各种手段、知识、经验淹没了目的。

6月24日 全空间育儿

最近在帮一个集团做养老产业的战略策划,目的是要提供全空间的养老解决方案。按照标准的说法,今天社会的养老格局是"9073",就是90%的居家养老、7%的社区养老、3%的机构养老(在这3%中,包括现在的养老地产,也就是找个风景优美的地方,让老人购买一个专门养老的二居所)。我们的目的就是要提供从居家养老、社区养老到休旅养老的全套解决方案。

由此想到育儿问题,其实也应该提供这样一个全空间的解决方案,在家庭、社区、休旅这三个空间中做育儿安排——但要注意的是,在孩子的不同成长阶段,这三个空间的配置(时间占比)应该有所不同。

比如,我当初在选择租珠海国会公寓这个房子的时候,很大一个原因是觉得这里离海滨公园近,想给恩之创造一个很好的娱乐空间或者说休旅环境。在我的内心中,觉得恩之的成长应该是每天一大半在家中,一小半在公园里。

现在想来,在这样的空间配置上,当时我是没有社区的概念的,或者说并没有认识到社区空间对孩子成长的价值(否则我就不会租国会公寓这样一个完全没有社区公共空间的小区了)。同时,这依旧是我从自己的喜好去推测恩之的喜好。

恩之现在对纯粹的自然风景不太感兴趣了,甚至可以说是恐惧的——记得有一天早上,我抱着他坐在海滨公园的树林里,周围没有一个人,他突然大哭不止,直到抱回家后才安静下来。

用妈妈的话说，恩之现在更喜欢的是出去社交，出去看看小朋友，或者被人逗一逗。在这个时候，哪怕是有条狗给他逗一逗，似乎都比大海、沙滩、雕塑、鲜花、绿树这些我们成人喜爱的东西更能引起他的兴趣（他好像一点不怕狗，听妈妈讲，这段时间他喜欢上了两条狗，每天看见小狗，都要先摊开双手，然后朝着狗头，在空中把手围起来，似乎要去抱小狗的样子）。

好在我们边上就是君怡花园小区，可以提供这样一个社区空间来满足恩之的需求。所以，恩之现在的生活，就是每天在国会公寓、君怡花园这两个地方穿梭。至于我当初租国会公寓时所看重的海滨公园、海滨泳场这些休旅空间，估计只有等恩之2岁左右才会在他的生活中占据一定的比例。

这也就说明一个重要问题，就是我们在设计社区的时候，孩子和老人应该是我们的重点。必须要有足够的社区公共空间，以满足老人的需要（这就是所谓的社区养老），也满足孩子的需要（这是人们所忽略的社区育儿）——要让孩子们有嬉戏的空间，也让抱着孩子的家长有交流的空间。

特别是针对孩子的社区空间设计，要有遮雨、躲太阳的空间（东南亚之所以流行底层架空的房子，就是因为那边的雨说来就来，可以让人们随时进入其中去躲雨），也要有足够通风的活动空间。现在的房地产商很不注重社区空间设计，如果他们认识到，现在正是房地产市场的青铜时代，产品必须要精雕细琢后才能值钱，而不是过去的黄金或白银时代，只要生产出来就能卖出去的话，就必须要对这个问题给予高度重视。

进一步地，如果我们要在社区中复兴邻里文化，更是要注重公共空间的营造，要给社区居民提供足够的散步和休憩空间、交流与对话空间，让社区的邻居们通过在这些空间中的互动不再做"熟悉的陌生人"。

这样一来，就更应该注重对孩子活动空间的营造，因为孩子是最好的交流工具或者说交流话题。从我们的经验看，对中国的成年人而言，即使住在一个社区哪怕是同一个楼层，在路上甚至是电梯里碰到了，也是不交流的（或者说是不方便交流的，因为找不到某个可以自然切入的话题）。但是，有了孩子就不一样了，你主动抱着孩子和人打招呼，别人主动逗孩子也因此顺便和你打招呼，都是很自然的事情。有了孩子，可能住了一年都不说话的邻居，才因此有了交流，得以认识。

像住在我们同一楼的女邻居，以前我们从不打招呼，哪怕在电梯里碰见了也不说话。但现在由于经常抱着恩之出门，当恩之看着对方的时候，我们可以很自然地说，"给阿姨笑一个"，对方自然会很友善地回应，或者很主动地来逗恩之。

在这样的交流中，邻里得以认识，甚至得以加深感情。我们这栋楼里有个2岁的小姐姐，每天都是外婆带着在玩，由于常常碰见，大家就认识了，她甚至把恩之当弟弟、当亲人一样看。听他外婆讲，有好几次她在楼下一直等着，说是要等弟弟下来一起玩；她在家里有时会很认真地听，外婆问她听什么，她说在听弟弟有没有哭。当外婆把这些话告诉我们的时候，我们自然就会觉得很温暖，觉得这样的邻里关系很温情。

有天我给妈妈讲，好像我现在成了这个社区的名人了，因为在路上常常看见有人对我笑，但其实我不认识对方。妈妈说，不是因为我是名人，而是因为恩之是名人，大家是因为恩之才认识我们的，我们是沾了恩之的光。所以，孩子确实是爱的使者，他不但可以让父母获得爱，还可以在社区里传播爱——如果社区的建设者和管理者（开发商、物业公司、居委会、业委会）认识到这一点，就自然应该在社区空间的营造乃至社区活动的设计上，给孩子的需求以更多的考量，创造更多的让孩子到社区活动的空间与机会——通过孩子在社区的活动，把整个社区、邻里关系打"湿"，从过去的冷冰冰、干巴巴变得热乎乎、湿漉漉。

总的来说，恩之现在的生活，基本就是在家庭空间和社区空间这两个空间中切换。我们努力在这两个空间中，为他提供全套娱乐解决方案，让他能够快乐地成长。现在看来，社区空间的娱乐方案是好提供的，抱着他出去，让他这看看，那看看，困了就抱着他在树荫下睡一觉（社区公共空间设计，需要在阴凉通风处设置一些长凳，让父母可以抱着孩子休息），一两个小时很容易就过去了。

反倒是在家庭空间中,这个娱乐解决方案不是很好提供。因为毕竟恩之还太小,很多都不能玩,很多也听不懂。对我们来说,每天在家里,怎么让恩之快乐地玩掉那些不睡觉的时间是件蛮不容易的事情。这对恩之自己来说也是件不容易的事情——玩不仅是他的娱乐,甚至成了他的"工作"。由于现在逐渐长大,每天不睡觉的时间越来越多,怎么把这么多时间玩过去,对恩之来说确实也是个挑战。

好在,我们努力为恩之创造新的娱乐方式,而恩之自己也不断创造自娱自乐的新方式。

总结一下,目前阶段,我们为恩之创造的娱乐方式是:

1. 在客厅里放上恩之的小床,铺上一个大的游戏毯,让恩之有更多的可以休息的空间。如果说前者是让恩之可以在上面自娱自乐的话,后者则可以让我们躺下来,和他一起互动。

2. 发现恩之喜欢听音乐后我们常常给他放各种歌曲,特别是最近流行的《小苹果》这首歌,我们一边放一边扭,他也跟着在小床上扭,很是开心。

3. 发现或者说创造更多的逗他开心的方式。比如,托着他往上举,就是一个他很喜欢、能咯咯笑出声的娱乐方式;再比如,我抱着他时,妈妈举手做"开枪"打他状,然后我抱着他或躲或"开枪"还击,也可以逗得恩之开心不已。

恩之自己也能自娱自乐,甚至能主动逗我们开心,表现在:

他会翻身了,当他在小床或者游戏毯上的时候,我们只要不看着他,他就噌的一下翻过去了。每个孩子的成长都有自己的逻辑,不可强求,有的孩子3个月就能翻身,恩之5个月的时候还不能自主翻身,我当时还有点担心。但就在这两天,他突然就会翻了,而且翻得很轻松、很快乐,没事就翻过去了。不过他现在只能翻过去,还不能翻回来,但是有了前面的经验,我已经不担心了,相信他很快就会自己翻过来的。

书和纸巾成了他打发时光的最好玩具。妈妈曾经给他买了些其他玩具,或者说买了真正的玩具,比如会出声音的小鸭子等,但他对此并不感兴趣。恰恰是我们买来本想让他学习的几本布书,他喜欢撕扯和啃它们,这成为他自娱自乐的方式之一。而他最喜欢的方式是撕扯和啃抽纸。

我们用的是那种塑料包装的抽纸,这种塑料包撕扯起来会哗哗作响(这算有动静),撕扯过程中还可以不断扯出纸巾(这算有变化),加上这种抽纸的分量他也拿得动、抱得起(这算有能力),所以它成了恩之现在最喜欢的玩具。大概两三天他就会"蹂躏"掉一包纸巾。

不过,仔细想来,这个"玩具"对他眼、手、脚的配合作用是很大的。比如,我们吃饭的时候,他坐在边上,就全靠用手抓桌上的纸巾来打发时间,他努力伸手去抓纸巾的样子,真是憨态可掬。而昨天他躺在游戏毯上,两只手抱着纸巾啃的时候,为了怕纸巾掉下去,居然把两腿跷起来挡着,聪明至极。总之,这段时间,每天找纸巾,抓纸巾,啃纸巾,扯纸巾,掉纸巾,再找纸巾已经成为他最乐此不疲的游戏。我甚至觉得,应该给纸巾厂商提个建议,让他们开发出一种专门供婴儿玩的抽纸巾,其中的关键就是强调这个纸巾外包装的可啃性(现在我还是有点担心这个塑料包装上有化学成分,每次拿出一包新纸巾给他啃时,都要先用水冲洗,再擦干净)。

我们还发现他对我们喝的瓶装农夫山泉很好奇,于是把农夫山泉瓶子也开发成他的玩具,让他每天抱着啃(有趣的是,他真的是在模仿我们,拿着瓶子从来都是啃瓶嘴而不会去啃瓶底)。现在,当他躺着时,我就把书、纸巾、瓶子一股脑摆在他身边,这三大玩具,足以让他自娱自乐玩好一会儿。

最能说明他会自娱自乐的是他自己发明的一种游戏:当他躺在床上或沙发上时,总是抓来身边的毛巾、衣服等,把自己的脸特别是眼睛蒙住,然后双手在空中乱抓,嘴里哧哧作响,做出一副被自己营造出的黑暗吓着的表情,然后又突然把蒙着眼睛的东西抓掉,睁开眼睛,做出一副舒了一口气,自己安慰自己"没事没事"的样子。他就这样,先用东西蒙着眼睛自己吓自己,再摘掉东西自己安慰自己,重复很多遍。

7月2日 半岁的意义

恩之今天半岁了,高兴!上午陪他在海滨公园拍照,中午在永和大王吃饭、拍照，下午在家拍照，然后又去君怡花园拍照，算是把他半岁前常去活动的地方都拍照留了个影。

我觉得，孩子半岁应该是他成长中最重要的日子。从出生开始，孩子的成长，先是以天为单位，后来是周，再后来是月。到了今天，他正式以"岁"为计量单位，正式和我们这些大人有了同样的计量单位。这也意味着，孩子迎来了质的变化——我们对他们，可以按照我们一样的"人"的标准来要求，或者说可以按照"人"的标准去教育了。

在恩之百天的时候，我就买来一套《澄衷蒙学堂字课图说》，准备他将来上小学的时候，作为生日礼物送给他。今天专门查了下这套书，书里对"年"这个条目这样写道：

> 凡五谷一年一熟，故《说文》以谷熟为年。年即岁也，夏曰岁、殷曰祀、周曰年、唐虞曰载，岁取星行一次，祀取四时一终，年取禾谷一熟，载取物终更始。

从上面的介绍来看，唯有半岁是可以精确知道的，至于其他的祀、年、载都是要循环一次后才能知道，因此只能用于整数计量。比如，我们无法知道哪一天正好是禾谷半熟，也因此自然无法知道哪天正好是半"年"。

唯有半岁是可以观察的，因为所谓"岁"是对星辰运行的观察。关于"岁"的条目中写着，"岁星即木星，岁星十二岁而周天，是为岁行一次"——这里讲的就是中国古代的岁星纪年法。中国古代很早就认识到木星约12年运行一周天，人们把周天分为12分，称为12次，木星每年行经一次，就用木星所在星次来纪年，《左传》《国语》中所载"岁在星纪""岁在析木"等大量记录，就是用的岁星纪年法。

古人对时间的计量同样基于对日月星辰的观察，准确说是基于测量太阳在黄道上运行的周期来判断一年的时间。

测量的方法是基于圭表，其中表是直立的柱子，圭是与表相连的石板做的尺子。古人通过对天文的观察，知道一年之内，夏至日的正午，烈日高照，表影最短；冬至日的正午，煦阳斜射，表影则最长。

然后，古人就以正午时的表影长度来确定节气和一年的长度。比如，连续两次测得表影的最长值，这两次最长值相隔的天数，就是一年的时间长度。难怪我国古人早就知道一年等于365天，甚至早在《尚书·尧典》中就指出："期，三百有六旬有六日，以闰月定四时成岁。"这里同样是把一年定义为"岁"，并精确知道闰年之岁有366天。

可见，在岁、祀、年、载这四个时间的计量方式中，只有岁是可以准确观察，并因此可以准确知道何时是其一半甚至三分之一。所以，我们今天说恩之满半岁了，是极其科学也极其有文化的说法。

《周易》的《贲卦·彖传》中称："刚柔交错，天文也。文明以止，人文也。观乎天文，以察时变。观乎人文，以化成天下。"这句话后面的意思是，我们通过对天文的考察，可以看到一年四季的变化；通过人文，就可以教化天下，让这个社会发生变化。

这也是"文化"这个概念最早在古代文献中出现。这充分说明，文化的根本精神就是"人文化成"，一定是要用真正的文化去"化"，也就是"人"要靠"文"来化成，在我看来，这样的"化"或者说"教"，必须是在半岁以后！

7月5日 教育的开始

7月3日那天带恩之去做半岁的体检，医生抱起他，让他的脚部轻触床面，发现他总是尖足。他平躺时，医生轻轻用力把他的脚面往腿部方向推，发现他的脚尖抵触力比较大，不够柔软松弛，而他的大脚趾头平日也总是往内扣。

医生说，这些都提示恩之脚腕部的肌张力偏高。让我们回家给他多做按摩，不要过早让他站立和扶走。必要时需要去康复科让医生做测评，看是否需要进一步的专业康复，以免将来脚走路会有问题。

我们自然是被吓着了，从医院回来后，就开始随时关注他的脚，一旦发现他的大脚趾头内扣,就给他扳过来。妈妈没事就给他按摩,好让他的关节更柔软一些。此外,妈妈还买来巴氏球,开始对他进行训练。

这样一来,在恩之刚半岁的时候,我们就必须要对他进行教育了——所谓"教育",其实就是"塑形"。人们讨论教育,更多的是讲如何在知识、思想、品德、性格上塑形;我们现在是对恩之的身体进行塑形,这其实同样是一种教育。

塑形的过程是痛苦的。照说,像恩之这么大的小婴儿,腿部应该很柔软,可是恩之的腿,在我们试着让他伸直的时候(尤其是他平躺着,我们试着把他的双腿抬起来伸直往头部方向拉伸靠近时),我们发现他的腿实在太僵硬了,简直跟木头没有什么区别。在这样的过程中,他的腿也根本伸不直,始终像弓一样弯着。

完全可以想象,由于他的肌肉以及关节过于紧绷,在拉伸过程中一定会疼痛无比,因此在按摩拉伸时,恩之常常痛得哇哇大哭。但即便如此,妈妈也还是一点不心软,最多动作稍微轻柔一点,但绝不会因此放弃训练。他或许也发现爸爸妈妈突然变了,以前只要他一哭,我们立马顺着他,可现在他哭得再厉害,我们都没有停下来。

很多人认为,对孩子的教育从一出生就开始,市面上也有很多所谓0岁宝宝的教育方案。但在我看来,当孩子太小的时候,是没法进行教育的,或者说,没法教,只能育。

现在想来,半岁前的恩之,是很幸福的,我们全然地由着他的性子来,一切目的都是让他快乐。没想到,恩之刚满半岁,我们就必须按照人的标准来对他进行教育了。

在这个过程中,有作为人应该有的形体、身体标准的教育,也包括作为"人"应该有的性格、思想标准的教育。为了让他爬行,我们在他前面放上抽纸和书,让他去拿,以前也做过这样的试验,但只要他一哭,我就立马放弃了。现在我们就必须让他坚持,让他"不抛弃、不放弃",虽然这个过程中,他可能会啼哭不止,但我们也只能让他坚持——因为这对他的身体养成有利,对他的性格养成也有利。

这样的教育,对他将来成为一个合格的人(甚至我和他妈妈口中常说的"完美"的人)来说,自然是必要的。不过,西方教育这个词来自拉丁语"educare",意为"引导或命令",是把学习者放在被动的位置。换句话说,当我们进行教育的时候,受教育者全然处于被动的地位,只能是按照我们的意志和方法,只能接受我们的引导甚至是命令了。

随着从恩之半岁开始的这个教育的突然展开,我们不得不把那个"爱"的恩之往人的恩之方向引导,不得不开始用人的标准对恩之展开教育。这样一来,我想,恩之的人性会越来越凸现,神性可能就会越来越少,那个在恩之身上的"爱"或许就会在这样的教育中越来越离他远去了。

我原不想这么快就展开对恩之的教育,但没想到,身体的变故使得我们必须展开这样一个进程。

7月7日 父亲的自我成长

今天看到泰国电信的一个感人广告《科技无法取代爱》,讲的是妈妈出门购物,父亲无法照看孩子,只好电话向母亲求教,虽然母亲在视频里百般努力,但孩子依旧大哭不止,父亲只好尝试着抱起孩子,结果孩子破涕为笑,而父亲则喜极而泣。

广告的核心主题讲的是再清晰的远程视频都不如一个爱的拥抱来得更为实在。但其实还表达了一个含义,就是在过去的父母与孩子(特别是幼儿)的关系中,父亲更多的是缺席,都是以母亲为主展开与孩子的联系,父亲自觉不自觉地放弃了这样的工作。

这一点在泰国、中国,甚至全世界恐怕都是一个普遍现象。现在有一个很流行的词叫作"丧偶式育儿",甚至有诸如"好爸爸是这个时代的稀缺品""世界上最没用的母婴产品是爸爸"等说法,讲的都是在妈妈们育儿过程中,自己的配偶(丈夫)好像完全不存在似的,育儿似乎完全成了妈妈的工作乃至义务。

就像这个视频里有一个细节,这位父亲在用尽各种手段,包括给孩子看动画片之类都无法让孩子安静下来后,在电话里理直气壮地责怪妈妈,"孩子需要的不是动画片,而是妈妈"。这位父亲完全把照看孩子视为妈妈的工作,却不知道孩子需要的不仅是妈妈,还有爸爸。

总的来看,中国的父亲们在育儿过程中,往往呈现出这样两种基本状态。

第一种是把育儿视为妈妈的工作,妈妈不在,那就是奶奶或外婆的工作,总之,是与自己无关的工作,是一项宁愿自己在那里看手机、打游戏也不想参与的工作。

父亲们为此寻找的理由有很多,比如,自己做不好或者自己太忙之类。更有甚者,认为陪孩子是在耽误自己的时间。当然,有这样想法的父亲现在不多,因为稍微有点知识的父亲都会明白,那些认为陪孩子是耽误自己的时间的人,将可能因此耽误孩子的一生——在孩子的成长过程中,如果缺少了父亲的陪伴,将会带来无法弥补的巨大伤害。

美国的一项调查就显示,即使是尚处于朦胧状态的婴儿,也会因为缺乏父爱而出现焦躁不安、食欲减退、抑郁易怒等"父爱缺乏综合征"的典型症状。缺乏父爱的孩子年龄越小,罹患综合征的概率更大。双亲均在但缺乏父爱的家庭中长大的孩子患"父爱缺乏综合征"的可能性更大。

少时患综合征的孩子,中学辍学率高2倍,犯罪率高2倍,女孩长大后成为单身母亲的可能性高出3倍。在没有爸爸的家庭中,孩子情绪变化较激烈,长大后较冲动,有较多的过失行为和反社会行为,缺乏自我控制,有较偏激的人格。

我想没有一个父亲敢去背负"耽误孩子一生"的罪名,所以,现在比较多的是第二种状态——嘴上认同要陪伴但实际陪伴的时候并不多。当妈妈、奶奶忙不过来的时候,他们也会去参与陪伴,但陪伴的质量并不高,你让我陪我也陪,但只不过就是陪孩子一起玩手机而已。

总之,就是在育儿过程中,父亲即使身体在场,也是关系缺席,身和心是分离的。很多父亲把这个陪伴的过程仅仅当成是一项不得不做的义务,既然交给我了,我就勉为其难地去完成它。他并没有真正地主动地用心地去参与陪伴,归根到底是他没有真正发现和认同父亲在育儿过程中的价值。

现在看来,我这篇笔记作为"一个父亲的育儿笔记",更多地就是要触及这个话题。我要以我这个父亲在育儿过程中的在场的实践,去发现父亲在育儿过程中在场的价值,以此鼓励更多的父亲参与其中。

对于父亲参与育儿对孩子所产生的价值,其实有无数的专家学者都探讨过这个话题。比如,著名的心理学家格尔迪就说过:"父亲是一种独特的存在,对培养孩子有一种特别的力量。"英国著名文学家哈伯特也说过:"一个父亲胜过一百个校长。"

心理学家麦克·闵尼更明确指出:一天中,与父亲接触不少于2小时的孩子,比那些一周以内接触不到6小时的孩子,智商更高。更有趣的是,研究人员还发现,父亲对女孩子的影响力要大于对男孩子的影响力,与父亲密切相处的女儿数学成绩更佳。

而我这本育儿笔记写到现在,自认为在上述研究的基础上有了一个重要的发现,那就是父亲在场的价值其实是双向的,也就是说,既是为了孩子,也是为了父亲自己。

就像广告里的这位父亲,当他终于勇敢地抱起自己的儿子的时候,孩子破涕为笑,他也喜极而泣,因为他不仅仅成功地解决了孩子哭闹的问题,更从中感受到了自己的成长,感受到了来自爱的巨大力量!

养育孩子,首先需要我们的父亲去克服种种困难,去抱你的孩子,用心地抱着你的孩子;这样一来你一定能感受到爱的力量,一种真正触及灵魂的,让我们得以成长的力量。

7月17日 郑重地生活

现在恩之又进入了一个新的成长阶段。过去的恩之,抱在手里是很安静的,总是静静地观察周围的世界。抱着他,你感受到的是生命的宁静之美,是一种与世界紧紧联系在一起的爱之美。现在抱着,感受到的则是生命的巨大活力。那种从生命中勃发的能量,你简直摁都摁不住。

当你抱着他时,他首先是头左右扭来扭去看,而且动作频率极快,可谓瞻之在左,忽焉在右;两只手更是不停歇,有的时候是一手按着你的肩膀,一手撑着你的胸膛,然后让自己的头立得笔直,保持一个最佳的观察视野;有的时候是两手张开,身体尽量往前凑,到处找妈妈要去投怀送抱。当然,更多的时候,则是把一只手尽量往前伸,身子也使劲往下弯,看到什么就想去抓什么——你直接把东西交给他手上还不行,他不受这轻易得来之物,必是自己努力拿到后,再一松手把它抛弃。

总之,现在抱着恩之,再也不用担心他无聊。以前他静静看,我们总担心家里的东西他看多了、看腻了,没什么好看的了,觉得他在家里玩的时光是很辛苦。现在他让这些东西都动起来了,时间就好打发了。哪怕是在家里,他每天都是好忙的样子,不断摇头观察、探头张望,发现目标后,就抬手示意,嘴里念念有词,指引你抱他过去,当到达目标后,就开始他费力的弯腰、伸手、取物、抛弃的娱乐过程……

最近在看梁漱溟的书,书中提到三种人生态度,"逐求""厌离""郑重"。他将"逐求"看作西方的生活方式,而"厌离"则是宗教的人生态度,至于"郑重"这条路,他认为最具代表性的是中国的儒家。

他特别提到,所谓"郑重",就是自觉地听从生命之自然流行,求其自然合理。"'郑重'即是将全副精神照顾当下,如儿童之能将其生活放在当下,无前无后、一心一意,绝不知道回头反看,一味听从于生命之自然的发挥","儿童对其生活,有天然之郑重与天然之不忽略,故谓之天真。真者真切,天者天然,即顺从其生命之自然流行也"。

恩之现在这个阶段,无疑正是让生命的能量自然流动,"一味听从于生命之自然的发挥"的阶段。当你抱着他时,感受到的完全就是一个蓬蓬勃勃、随性流动的能量体。这个能量得自世界、得自"爱",如今已为他所有,他是一个独立的完整的能量体了。

前半岁的恩之，在爱的阶段，不断吸收能量、集聚能量。半岁以后，他虽开始按照人的标准生活，但依旧不同于我们，他过着一种"郑重"的生活，一种真正的"天真的人"的生活。

我们的孩子啊，哪怕是不得不开始按照人的标准来接受我们的教育，却依旧在用自己的生活方式，对我们进行着生活教育。

这正是梁漱溟讲的，学孔子其实应该是学生活，因为孔子所谓学问，是他自己的生活。真正的孔子一门心思只谈生活，通过自己的生活方式来对整个社会做文化启蒙。

如果最好的儒家生活就是郑重的生活，就是如孩童一样的天真生活的话，那么，我们还应学孩子。

8月10日　找回丢失的情感

恩之一周前去妇幼做7个月的体检的时候，医生继续判断他的肌张力高没有缓解，认为他已经是明确的尖足现象，而尖足是脑瘫倾向的一个重要指标。看到这样的结论，我和妈妈吓得不轻，回来之后一方面疯狂查资料，研究检查脑瘫的诸如蕾波7项检测、vojta姿势反射，以确认恩之的情况是否严重；一方面研究广州检查脑瘫的医院，准备有需要的话去那边检查确诊，甚至做好了实在不行，就去妈妈熟悉的那个南京脑瘫康复医院康复几个月的准备。

从医院回来后，妈妈立刻按照任世光老先生的尖足训练法，每天对恩之展开训练，即使过程中他号啕大哭，也只能忍痛继续。同时，我们也开始启动恩之中断很久的游泳工程，因为据说游泳对尖足恢复很有好处——恩之长大了，现在已经能在大池子里游泳了。

经过短短几天的训练，感觉效果还是明显的，今天按照医生要求，去儿童康复科做了个大动作评估。评估结果显示恩之虽然有尖足和小腿肌张力高的现象，但并不严重，整体发育情况也和他的实际月龄相当（考虑早产儿因素）。

这下我们才稍微放下点心，但依然决定对此问题高度重视，并作为本月开始照顾恩之的头等重要工作。

恩之现在7个月了，但和6个月相比，发育没有明显变化。身高比上个月略高，达到70厘米，但体重维持不变，依旧只有17斤。我们现在每个月给爷爷奶奶集中寄一次恩之的照片，过去每次他们都要惊叹于恩之的成长变化，但这个月的照片，他们就觉得恩之似乎变化不大。

不过作为一直照顾他的父母，我们能明显感觉到他大了一个月后，表现完全不一样了。比如：

他现在的发音有了更多变化，甚至很多时候向妈妈撒娇哭泣，都能清晰地发出"妈呀""妈"的声音。

他也有了更多自娱自乐的项目，本月他最喜欢玩的是吐口水，两嘴一抿，吐得口水噗噗作响，而他这样的动作我居然都不会。

他现在已经懂得控制自己的情绪，睡觉醒来之后，哪怕大人不在身边，也不会马上就哭闹，基本可以安静地自娱自乐；睡觉也不再是一定需要大人陪，有好几次在床上，自己一个人玩着玩着就睡着了。

他现在翻身很自如了，可以连着在床上向左、向右翻几个跟头，晚上睡觉，妈妈都要用被子把周围挡起来，免得他翻下去了。也正是他在翻身这个问题上的表现，让我们相信恩之有自身的成长规律，不可操之过急，当顺其自然。虽然今天康复科医生教我们如何加强恩之的爬行训练，但我们还是决定把最重要的工作先放在对他的尖足的训练上，至于爬行，我们想，一定是水到渠成的。

所谓"七坐八爬"，如果说恩之在翻身上稍微落后于同龄人的话（或者说与其他早产儿的情况相一致），在"坐"这个问题上，他确实是发育得很好。现在7个月，他已经可以坐得很好了。

我们从6个月开始给他吃辅食，并严格遵循松田道雄先生的建议，选择那些容易做的、不耽搁太多时间的辅食。现在他吃的辅食也更多了，最喜欢的水果是香蕉、桃子以及法国的苹果泥，蔬菜是南瓜、生菜、番茄，至于辅食，更是豪华阵营,有荷兰版的牛栏奶粉,美素佳儿的奶米粉,英国本土产的亨氏的米粉,以及香港的寿桃牌儿童面。不过,好像他更喜欢吃的是米粉,由于还没有断奶,所以他对母乳以外的任何品牌的奶粉都提不起兴趣。

在便便这个问题上,他也好了很多,基本建立起每天拉一到两次的规律。而且,拉出的都已经是和成人便没什么区别的成形便了。

看着恩之一天天的成长,内心中充满喜悦。大概我们每天的喜忧哀乐,都在围绕恩之展开。最近这几天一直在想,人类很多高级的情感在现实的成长中逐渐被我们丢失,但育儿的过程,却让我们真正有机会重新找回这些情感。

像这两天,我们担心恩之有可能脑瘫,每当看着他这么乖、萌、可爱,似乎读懂了我们的担心,总是在我们面前表演他可以将脚举到嘴边轻松啃脚,以证明自己的脚没事的时候,就总觉得眼眶里湿湿的,有想流泪的感觉——而这种感觉对一个40岁的成年男性来说,已经丢失很久了。

再比如,恩之现在似乎能听出我的声音,知道我是谁了。我前两天去北京出差,给妈妈打电话的时候,他一直侧耳认真倾听。我出差回家,他就欢欣鼓舞地来迎接我。他现在更是喜欢逗我玩,总是在我打电脑的时候,在边上发出声音逗我,过来抓我头发。更有趣的是,他现在很喜欢亲我了,常常主动伸出舌头过来舔我的脸。他的舌头亲在我的脸上,感觉痒痒的,那颗几十年来已经变得理性、坚硬的心,也觉得痒痒的、软软的、暖暖的。

今天妈妈问我:"人在临死前会不会害怕?"我回答说,每个人的情况不同。其实这几天我一直在心里思考这个问题,我过去是个很怕死的人,但现在,如果出现某种变故,需要用我的生命来换取恩之的生命的话,我一定毫不犹豫、含笑赴死。因为我深爱我的儿子,我已经是尝过很多人间快乐的人,我必须要让他也能有机会感受到更多、更长的人间乐事。

8月21日 想念与依恋

上一次的笔记写到恩之这个月在"身体"上并无明显变化,这几天,我又发现他情感上有了很大进步，似乎已经习得了很多人类的重要情感，比如想念与依恋。

这个月，他大表姐（大姨妈的女儿）一直住在我们家，后来大姨妈也过来玩了几天，家里很热闹，一下子有了四个人一起陪恩之玩。

昨天早上表姐送姨妈去广州坐火车，而我前天下午已经到了武汉出差，早上恩之起来后，一下子发现家里冷清了很多，显得很不开心。妈妈喂他奶的时候，他甚至莫名其妙大哭起来。等到后来我打电话回家，他从电话里辨认出我的声音，朝着电话伸出双手，希望得到电话里的我的拥抱。

恩之现在的"索抱"意识已经很强。不同于之前的被动接受拥抱，现在他已经有了主动"索抱"的意识，会向他喜欢的人索取爱的拥抱。

当我今天从武汉出差回来，刚推开门的那刻，恩之就对我笑个不停，然后伸出双手来希望得到我的拥抱。整个晚上，他都一直希望我抱他，好几次妈妈或者表姐向他伸出手来，他都不伸手。我们还做了个小小实验，当我和妈妈一起向他伸出手的时候，他毫不犹豫选择的是让我抱。

我出门了三天，他一定对我甚是想念，所以当我回家后，才表现出对我如此依恋。更明显的是，当我抱着他的时候，我叫声恩之，对他微笑，他就会先还以咧嘴微笑，接着就把头温柔无比地斜靠在我的肩膀上，让他小小的身体整个地依偎在我的胸前。我试了好几次都是如此。这足以说明，他已经完全可以用行动来表示他的依恋，而这样的依恋正是为了表达他对几天不在家的我的思念。

8月25日　如何选用婴儿用品

今天上国会公寓的楼顶去晾被子，发现住在顶楼的那户富裕人家估计是已经生小孩了。他们的大门开着，进门处安放着一个婴儿床。不过，我在门外一看，这个婴儿床无疑是有问题的，因为它正是那种常见的木质婴儿床，四周还围着一圈木制的栅栏。

这种床的问题在于，小朋友有可能会把脚伸进栅栏中被卡坏，而如果要防止这个问题,就需要围上一圈被褥,但这又会造成小床不通风。

我们比较研究后,给恩之买的是一种"婴儿旅行床"。这种床似乎不符合中国人传统的对婴儿床的想象(它的标准定义是"婴儿休闲床"),因为它是用尼龙围合而成的,床帮四周还有网眼。

就安全性来说,这种床对婴儿是极其安全的。特别是在恩之现在这个阶段,它的优势更为明显,因为恩之现在属于会坐但坐得还不是太稳的阶段——他坐在小床上,稍不留意,可能就突然倒下去了。这个时候如果是木床,他的头就容易磕在床沿,造成伤害,而现在他用的这个床,完全是由尼龙、塑料、帆布构成,怎么倒下去都没事。

怎样给孩子提供最适合他们需要的最高品质的东西呢?

这一方面要有知识,另一方面更要有爱心。孩子是无法表达自己的需求的,只能是你自己用心去观察孩子的需要。

在婴儿用品的海洋中,找到最适合自己孩子的东西,确实是需要知识的。就好像婴儿服装品牌很多,我们一开始是用一个广东的品牌,因为它价格很贵,质量也不错,给人感觉是个大品牌。但后来我们就只买优衣库了,这是因为优衣库的衣服质量很好,孩子穿着很舒服,价格还便宜——这就充分说明,不是你给孩子花了最多的钱,就能买到最好的东西。

再比如,就尿不湿而言,目前国内,大家公认的品牌是好奇和花王。我在恩之出生前,去澳门做第一次婴儿用品采购,就是将这两个品牌的原装进口的NB尿不湿各采购了两大包。但用来用去,我们发现,现在这个阶段,更适合恩之的其实是日本产的"大王"尿不湿。

这个品牌广告做得不多,我第一次在超市看到的时候,还以为是个假日本品牌。后来才了解到,它确实是日本的品牌。它不仅有很多可爱的卡通图案,更重要的是,它更薄、更舒适,很适合夏天使用。而花王和好奇用下来,一个是腰贴有问题,会勒着肚子;一个是造型有问题,会让大腿有红印。

所以,我们最终采用的是日本生产的"大王"尿不湿(它又有两个版本,一个是南通进口的日本原装,一个是注明只在日本国内销售的真正本土版。我们先是用前者,后来又发现后者,而后者无疑更好),这固然是因为我们关于婴儿尿不湿的知识不断增加,更是因为我们真正关心到底什么样的尿不湿最适合恩之的需要,并因此找到了最高品质(虽然不是最大品牌)的产品。

再比如童车,很多父母对此并不太关注,我们常常看到很多有钱的家庭随便推着一个质量低劣的童车。其实,如果童车太矮,可能就会让婴儿坐在里面的过程,完全成为一个闻汽车尾气和看大人屁股的过程;如果车轮太小,没有减震功能的话,那么,孩子坐在里面完全颠簸不停,一定是很不舒适的。

所以,我们最终给恩之选的是一款高景观的童车,比一般的童车要高很多,方便恩之观察外面的世界。而它的轮子也比一般的童车轮子来得要大、要宽,加上有减震效果的设计,恩之坐在上面就会感觉很舒适。

事实上,找到真正符合孩子需要的最高品质的产品,不仅很多父母做不到,甚至连很多婴儿用品企业、婴儿用品设计者都做不到,归根到底,还是没有建立真正关注孩子需要的文化。

我发现恩之现在对音乐很感兴趣,于是在昨天给他买了个卡通的玩具钢琴。这个钢琴不但按琴键会发声,而且上面还有很多动物的造型,一按它们,也会发出相应的诸如猴、羊、青蛙等的声音。

但是设计者为了增加这个产品的娱乐效果,在上面设计了一对会发红光的眼睛,无论按什么地方,只要一发声,这对眼睛就会闪个不停。这个设计看上去是很酷,可这样的红灯闪闪,连大人都觉得刺眼,更别说孩子了。东西买回来后,我不得不花了半小时,把这对眼睛中藏着的发光二极管戳坏。

正如美国人类学协会主席怀特所言,"一场文化的纱幕悬在人与自然之间,离开文化,我们什么也看不见"。事实上,一场文化的纱幕也悬在父母与孩子之间,离开文化,我们什么也发现不了。

另外,我们讲文化是历史的积淀,文化中还有着"时间"的概念。所以,悬在人与自然之中的文化纱幕,也包含着时间的纱幕。就好像恩之,在他很小的时候,我们抱他去海滨公园,总有一段路他会莫名哭个不停。我们分析,可能是海滨公园的风景对他来说太大了,大到让他紧张。

现在他长大了,似乎能"驾驭"海滨公园了,大前天我们尝试着再次抱他过去,明显感觉他很兴奋、很适应。一开始他对小朋友吹泡泡很感兴趣,后来又对放风筝激动不已。从前天开始,我们将生活规律又调整为早上抱他去君怡花园,下午他睡起来后,就抱他去海滨公园吹泡泡、放风筝。今天晚上,在暮色沉沉中,我抱着他坐在海滨公园的草坪上,明显感到他在大自然中已经很适应了,一副很放松的表情。我们的恩之,真的是又长大了……

9月6日 孩子对"抱"的依恋

恩之现在对三类物体表现出明显的兴趣:

运动的物体。比如风筝、足球、小猫、小狗、骑车的小朋友等,他一旦看见,总是激动不已。

圆柱体。比如,小区门口或公园里作为路障的那种塑料棒,以及君怡花园里用来撑围花园的绳子的竹竿,他都特别喜欢看,甚至要用脚去踢两脚。

书。一旦看见我在看书,他总要过来抢过去,而他现在最喜欢的就是坐在沙发上的一堆书中,把书翻来翻去、扯来扯去。

更重要的是,恩之已经能准确表达他的情绪乃至情感,比如他现在明显表现出对我的依恋,这种依恋更多地体现为对"我抱他"的依恋。

前几天我因为给一个上市公司做企业文化咨询项目,先是飞烟台,后到沈阳,再去北京,连续在外面出差了一个星期。每次往家里打电话,听妈妈说,他都是在旁边很专心地听,然后向电话里的我伸手索抱。当妈妈抱着他从手机边经过时,他还会去伸手抓手机,似乎爸爸在手机里面似的。

今天晚上,我出差回到家后,一开门他看见我,就热情地向我伸出双手,等我抱定他后,他就再也舍不得从我的怀里离开,无论是表姐还是他妈妈伸手要抱他,他立马把头扭到一边,表示他的拒绝。她们俩分别尝试从我手里把他抢过去,没想到他立马就哭个不停,然后坚定地向我伸出双手,等我重新把他抱回去,他就立马停止哭泣。

我的儿子,已经可以用他的行动坚定地表明,在我们家乃至这个世界上他希望抱他的人中,我是绝对的第一选择。现在只要我在家,每天早上、晚上,抱着恩之出门已经成为他授予我的特权,这样的特权甚至让妈妈都有些嫉妒。

妈妈总结,很大程度上或许是因为我的身形(包括我隆起的肚子),与他贴合起来会很舒服,他才会这么喜欢我抱他。不过,我想,这里面一定也有情感的因素在里面,他一定清楚,我对他的拥抱,不仅是身体的拥抱,还是情感的拥抱。

我的恩之在爸爸的怀里,感觉到的大概不仅是舒服,更是幸福,他也因此才常常可以在我的怀里沉沉睡去。

9月20日 你如何,孩子便如何

恩之今天的表现让小伙伴们都惊呆了! 早上我抱着他出门,他碰见认识的人,就挥着手和人家打招呼,大家都惊叹恩之似乎一夜之间能力突飞猛进。

其实恩之这段时间已经表现出很强的学习能力,当然这样的学习能力主要体现为模仿能力。比如,妈妈稍微给他示范后,他现在在妈妈喂饭的时候,已经会拿着纸巾给妈妈擦嘴,也可以把他手头握着的苹果递给妈妈吃。

而我在陪他玩的时候,教他"扔"这个动作,没示范几下,他就已经学会;我抱着他的时候,不断开合嘴唇,发出"Baba"的声音,他很快也可以照着模仿。

他还学会了洗手,并通过这个动作的习得,来说明他现在甚至可以接受我们的语言指令。只要我抱着他,把水龙头打开,然后说"洗手",恩之就乖乖地把手伸过来。

想起我看过的国外那个视频"你如何,孩子便如何",所谓父母是孩子第一个老师,其实就是讲孩子的成长从模仿父母的言语、动作开始。当我和妈妈发现恩之已经具有很强的模仿能力后,既惊叹于他的迅速成长,也因此感到更大的责任。我们彼此告诫,再也不能在孩子面前说粗俗的话、做不雅的动作,否则,孩子很可能会模仿这些不好的言行。

从现在开始,我们将逐渐展开对孩子的教育,让孩子不断习得技能、知识、情感、修养。而在这个过程中,我们也同样进行着自我教育或者说反教育。在教育孩子之前,我们必须首先要求自己能"言为子师,行为子范",并按照这样的要求去不断有意识地提醒自己改变不好的行为。

事实上,这样的反教育过程,不仅让我们可以获得一个完美的自己,也可以让我们由此发现一个真正的自己。就像昨天我们带恩之去体检,医生认为恩之的肌张力高(尖足现象)还是很明显,回来之后妈妈打电话咨询她熟悉的南京的康复医生,对方的建议是让恩之多练习蹲。我和妈妈一交流,才发现我从小到现在都不会"蹲"这个动作,看来我的脚肌张力很可能是不正常的。妈妈从我坐或站时,脚踝总是无意识地扭曲,判断出我小时候估计也是脑瘫倾向,并认为恩之现在的表现或许有遗传因素在里面,而今天的交流更可以清晰地得出这一结论。

没想到到了40岁,通过带恩之,才知道如果有人对我做评估的话,我十有八九也是肌张力高,有脑瘫倾向的。我的动作比较笨拙,始终学不会开车,过去一直没有注意过,到了今天才明白,我的小脑不仅是不发达,可能确实是有些毛病的——虽然这种情况不会影响我的正常生活。

感谢我的儿子,让我在今天,40岁的年纪,对自己这些问题有了新的认知,得以认识到一个真正的自己。

9月30日 明显的自我意识

如果说恩之前一段时间是"口欲期",喜欢用嘴来感知世界,拿到什么都往嘴里塞(最主要的表现是"啃手")的话,现在恩之进入了明显的"手欲期",喜欢用手来感知世界,而啃手这个动作已经越来越不明显。这样的表现再次证明,很多父母或者老人看见孩子啃手总是很紧张,总要粗暴地把手从孩子嘴里拔出来,实在是没什么必要。

他的"手欲期"体现为两大特点,一个是抓,一个是扔。像今天我抱他去君怡花园,他坐在长凳上,就喜欢用手去抓靠背;坐在用来锻炼腰的躺椅上,就总是用手去敲打铁扶手；看见水管，非要用手去抓，抓了一次还不过瘾，接连抓了好几次。抱出小区门口，看见房产中介放在那里的两块楼盘广告牌，他又过去不停地抓那上面的招贴画。

前面这些东西都是固定的，他只能用手去抓，而对于那些他可以拿在手上的东西，比如笔、书、筷子、瓶子之类的，他则是先抓后扔，往往是一把抓在手里，然后很快就把它扔掉。

手欲期的出现，标志着恩之的进一步成长。他开始展现出很强的记忆力，诸如我带他坐过的凳子、洗过手的水龙头、用脚踩过的转盘等等，但凡给他留下美好回忆的地方他都记得。

最令人感动的是，他已经深刻地记得我了，用妈妈的话说，在他的记忆系统中，已经把我定位为他最好的玩伴了，因为我留给他的都是美好的陪他玩耍的回忆。妈妈就不同了，在他的记忆中妈妈固然是给他吃、陪他睡的，但也有很多时候妈妈要训练他，一定还给他留下不少痛苦的回忆。哈哈，他在白天对我的依恋明显比对他妈妈还深（当然，晚上还是一定要妈妈陪他睡才行）。

上周一出差去无锡，恩之见我出门居然没带他，就大哭不止，以至我在电梯里都能听到他的哭声。我走下楼后，恩之还是哭个不停，妈妈只能打来电话，让我在电话里叫他，他才有所缓解。更感人的是，恩之后来躺在床上，妈妈把我们一家三口的合影相框给他，他居然抱着相框里我的照片亲个不停。

昨天晚上，我带他在君怡花园玩，在中庭那个地方，我们看到一个小哥哥在骑车，哥哥骑走后，恩之却似乎还在四处寻找。后来想起来，他一定是在找那个我带他洗过好几次手的水龙头。果然如此。他居然在蒙蒙夜色中，在一堆草丛里找到了那个水龙头，然后不停"指挥"我带他过去洗手。

会"指挥"人，正是恩之在这个阶段展现出的第二个特点。他不但不再任由我们摆布，而且开始按照他的意愿，"指挥"我们的行动。我现在带他去君怡花园，他在我的怀中，已不再是被动地随着我的脚步展开他的"观察"，而是嘴里念念有词，同时不停地用手指引我往他想去的方向——一旦我不遵从他的意见，他立马用整个身体表达强烈的抗议。

现在的恩之虽然还不足9个月,但已经表现出明显的自我意识。用妈妈的话说,已经有很强的存在感。比如,我们吃饭的时候,要是我和妈妈只顾自己聊天,没有理他,他就会很不开心,然后或哭或叫,以表达对我们的抗议。

原来哪怕是这么小的孩子,我们都已经不能忽视他的存在,也很难控制他的行为了,幸好我们还能引导他。

前段时间,恩之依旧不会四点爬行,有一天,妈妈正在爬行垫上陪恩之玩儿。她把装茶叶的玻璃罐子、盛放花茶的塑料瓶子一个接一个垒起来,然后示意恩之,让他学着把这些东西叠放起来。结果恩之爬过去把她堆的"高塔"推倒了。妈妈故意生气地说"别推,别推!",恩之却哈哈大笑起来,他很享受这样小小的"恶意"带来的快感。

妈妈又快速跑到垫子(垫子有2米多长)的另一头快速地搭建了一个"高塔",没想到恩之又快速地爬过去把它推倒了,还得意地笑了起来。妈妈再次快速冲到另一边去堆,恩之想要跟上妈妈的速度,就必须要爬得更快。以前他的匍匐爬行是很慢的,没想到在这个游戏的过程里他倒是自行摸索出了四点支撑爬行。

妈妈也借由这个偶然的机会,发现恩之对这个"她堆、恩之推倒"的游戏的热爱,于是充分利用恩之在"手欲期"喜欢用手去拿东西的欲望,在接下来一段时间里,有空就玩这个游戏,恩之的爬行能力得到很大提升。妈妈再也无须用床单提着恩之的腰腹部,帮助他四点支撑爬行了。

前面提到,教育这个词来自拉丁语"educare",意为"引导或命令",现在看来,哪怕是这么小的孩子,我们也不能命令他而是应当引导他,或者说"勾引"他——按照他自身成长的需求"勾引"他。这样的"勾引",也就是我们真正可以给予孩子的教育。

10月12日　为人父母必须经历的事

恩之现在的户外活动有了新的空间,除了雷打不动的君怡花园以外,又增加了海滨浴场——我们当时选择住在国会公寓,很大一个原因就是希望等恩之长到一两岁的时候,可以随时带他去海滨泳场沙滩上挖沙。没想到恩之现在已经可以玩这个游戏,并且非常喜欢——这段时间秋高气爽,我们下午就把他抱到海滨泳场,他坐在沙滩上,用他的小手很开心地抓起一把沙,看着沙子漏光,然后再抓起一把沙,乐此不疲。

我们从来没有教过他应该如何玩这个游戏,何况原本是想等他长大点后,再带他到这里,给他买上一套挖沙工具,让他自己挖,没想到,他现在虽然还拿不动工具,却可以用自己的小手进行挖沙游戏。在他的周围有很多在挖沙的小朋友,看来,孩子是天然亲近海、亲近沙、亲近自然,喜欢自由的。

至于恩之在家里的活动空间,我现在一共给他开辟了三处。只要是在家里,我基本都带他在这三个空间中穿梭。一个是客厅的游戏毯,恩之主要在这里练习爬行。一个是我睡的小书房的床,他在那里玩抓纸巾的游戏。另一个就是书房的书架,恩之很喜欢从书架上把书抓下来(很多时候居然是一次抓两本),然后扔在旁边的小床上,等床上的书堆得差不多了,他就会开心地在床上把这些书当作玩具玩来玩去。看着他高兴地躺在《论自由》《思想自由史》《通往自由之路》《美国自由主义的历史变迁》等书中,把它们像玩具一样翻来翻去,我觉得能够在这么小就躺在这样的书中,恩之无疑是亘古以来第一人了。

这就是恩之现在生活的新常态。不过,常态中也有变化,确定性中总会有不确定性。像昨晚11点半左右,恩之就突然呕吐,一个小时内,大概吐了有七八次之多,吓得我们赶紧连夜带他去妇幼保健院。医生看后判断是急性肠胃炎,然后又是验血,又是用开塞露,从12点多,一直折腾到凌晨3点多才回家。好在虽然白细胞有点高,但恩之自身抵抗力还好,等看完医生,特别是用开塞露通了大便后,他倒是一直没有再呕吐。所以,本来要输液的,就改成只是开了些药回家,然后今天的恩之已经完全康复了。

面对这样的不确定性,我们还是显得准备不足。其中准备充分的是,多带了很多尿不湿、纸巾、湿纸巾,这样等后来给恩之通便的时候,我们就比较游刃有余。但是不足的是,忘了给他带一个大的毛巾,医院里开了空调比较凉,在候诊的时候需要给他盖一下。后来只能是妈妈一直抱着恩之在医院外面等，而我在急诊室里随时看着是否已经轮到我们的号。

到了医院，才发现生病的孩子实在是多，我们12点多到医院，挂上急诊号还要等1个小时才能轮到我们看医生。急诊室里都是大人带着可怜的生病的孩子们，父母们或匆匆而来，或焦急等待，或满脸倦容，或如释重负。看着一个个如我一样，为孩子担心、焦心的父母，从医院返家的路上，我就给妈妈讲，看来每个父母都会经历无数次需要突然抱着孩子往医院跑的过程，也只有经历过这样的过程的父母，才可以不断获得成长，而孩子也就在这样的过程中渐渐长大。

10月21日　教育，从抱在怀里开始

这段时间闲来无事看了些介绍如何教育孩子的文章，发现一个问题，站在不同角度谈如何教育孩子的文章或书很多，但是，往往都是论述如何教育能说话也能听懂人说话的孩子。对还不会说话（同时也不会走路），很多时候还需要我们把他抱在怀里的孩子如何进行教育，或者说如何与孩子互动，是大家比较忽略的。

要对这个问题有足够的认识，首先你要有足够的把孩子抱在怀里的时间。我的这些感悟到现在为止，基本都是我把恩之抱在怀中所获得的。而我抱恩之的时间，也一定比世界上绝大多数父亲要多得多。正是这样的际遇，使得我有了很多的认识，也因此有了足够的发言权。

事实上，为了增加更多的抱恩之的时间，在恩之小的时候，我们就很少使用手推车。现在他长大了，体重增加了，单纯用手抱就很吃力，于是妈妈又买了个腰凳，这样我们依然是抱着他出门，但相对省力，而他也可以舒服地面朝前坐在凳子上，四处观察（他很喜欢坐腰凳，每次用它抱他出去的时候，他总是兴奋得两只小脚在空中蹬个不停）。

我们这样坚持抱恩之的努力，已经逐渐获得邻居的认同，也在社区居民中

树立了独特的形象。大家常常给别人介绍,说恩之是被我们从小抱到大的。不止一个人上来给我说,一直被爸爸抱着长大的孩子,将来性情应该会比别人更温和。

我们如果有了一直在这个时期陪孩子成长的努力,就会发现这个时期又分不同阶段,每个阶段与孩子的互动方式是不同的,比如6个月和3个月完全不同,现在9个月和6个月又完全不同。

我自己总结,要照顾好9个月的恩之,对我们来说,绝对是一场体力和智力的挑战。

一方面是因为孩子在这个阶段不会老老实实坐着了,会到处乱爬,也可能会到处抓个东西来乱啃,必须随时看着他。同时,一直带孩子到9个月,身体可能也会进入一个疲劳期,像这段时间,我和他妈妈都频繁生病,妈妈是湿疹、发烧、腹胀,我是感冒、耳胀、腹泻,前前后后、反反复复折腾了大半个月。

另一方面就是,恩之现在还不能表达他的需求,比如你必须随时揣摩他突然哭闹的原因是什么,然后及时响应需求(on the demand),这需要智力。每天在家里陪他玩,而很多玩具他现在还不能玩,怎么换着法子让他玩得开心,这更需要智力。

11月6日 付出和欣赏

现在越来越觉得,在孩子成长的过程中,父母写下一个类似我这样的伴随孩子成长的笔记是很好的办法,因为在抚养孩子的过程中,父母总会有困惑、烦躁,甚至难受的时候。就像最近,我就常常深感自己没有完整的时间可以用于学习,而妈妈更是没有完整的时间可以好好地休息以恢复体力。

今天中午,妈妈本来想等恩之睡午觉后也跟着好好地休息一下,可是恩之就是不肯入睡,她一直陪他到下午4点多,恩之都还是没有要睡觉的意思,搞得妈妈非常地疲惫、崩溃,最后都难受得哭了。但是,如果有了这样一个笔记,每当我们心情不好的时候,想想自己过去写下的文字,想想在那里写下的对孩子的承诺与爱，就会释然很多，并很快重新调适过来。

我今天还在微信里看到这样一句话，之所以选择生孩子是"为了参与一个生命的成长，参与意味着付出与欣赏"。要参与一个生命的成长，就必然需要付出与欣赏，而一个生命的成长，就好像奥特曼打小怪兽，只能是一关一关地过，只能是由父母陪着去一关一关地闯。

想来最近我和妈妈都感到比较疲惫，是因为我们用很大的精力在帮助恩之应付困扰他很久的"四大顽疾"：

一个是包皮垢。恩之自出生以来阴茎包茎，只有尿道口露在外面，导致他一度排尿困难。3个多月大的一天早上6点多，他被尿憋醒，可是却尿不出来，急得哇哇大哭，一头大汗。刚开始妈妈也不明白他为什么哭闹，喂他奶他也还是哭。妈妈才想起来，恩之居然一个晚上没有撒尿，尿不湿还是干的。她突然明白了恩之哭闹的原因，赶紧解开尿不湿，俯下身子把恩之的包皮轻轻往上推。正在这个时候，一泡热气腾腾的尿直接喷到她脸上、身上。好大的一泡尿啊！恩之尿完后一脸轻松，又喜笑颜开了。

事后，我们还是决定带他去看下医生。医生听我们说明情况后，给恩之做了检查。她说没有多大关系，只是包皮有些粘连，建议我们每天洗澡时轻轻帮他翻一翻包皮就可以。但我们回家后发现他的阴茎有些红肿，咨询泌尿外科的医生朋友后，告知可以用红霉素眼膏涂抹。我们用红霉素眼膏涂抹两三天后，恩之的红肿就消退了。

但此后不久，我们就发现恩之的包皮里面有很多白色膏状的东西，挤压可以滑动，但由于是包茎，没有办法挤出来。我们用自己百度得来的知识，以为是什么脂肪囊肿，赶忙又带恩之去妇幼保健院找小儿外科医生。医生倒是说问题不大，认为就是包皮垢，只要每天洗澡的时候，把包皮尽量用力推到底然后用清水冲洗就行。但这样搞了一段时间并无太大缓解，而且那个"囊肿"还越来越大了。我们又去中医院男科找医生看，确认是包皮垢，并开了一些洗液。每天都把他的阴茎放在洗液里面泡洗两次，用了几天后，倒是缓解了不少。

一个是湿疹。恩之老是揪他的耳朵，常常把耳郭里面抓出血来，我们以为是耳朵有问题，带他去妇幼保健院的耳科看医生。医生用器皿小心翼翼地撑开耳孔仔细地看了看，发现里面确实堵满了东西，耳道都快被塞满了，但医生说现在也不太好处理，因为恩之还太小。加上做了听力测试，恩之的听力并没有受到影响，所以暂时不用做任何处理。

对于医生的这个说法我们毫不怀疑，因为恩之自出生后，耳朵里就不时掉出来黑乎乎的带着茸毛的耳垢。但是这样不做处理好像也不是办法，恩之还是照旧抓他的耳朵。另外，因为珠海一直很热，我们又很保守，不敢给他开空调，即便开空调，也要把窗户透一个缝，好让他呼吸一些新鲜空气。因此，恩之头部、背部冒出来很多疹子、痱子。我们一直当痱子来处理，妈妈每天给恩之洗澡的时候都会倒一些十滴水在澡盆里，但效果一直不是太明显，尤其在恩之哭闹的时候，原本消退的疹子就又冒出来。

最后我们又去了中医院，先是挂了耳鼻喉科，医生看后说他的耳朵没有问题，倒是提醒我们注意恩之头上醒目的疹子，医生说，小朋友的湿疹这么严重，你们该去看看了，他抓耳朵其实也是湿疹引起瘙痒。我们赶紧又挂了皮肤科，皮肤科的医生检查后确诊是湿疹。医生开了涂抹的药膏，又开了些煮水泡澡的中草药。接下来的任务，就是每天一大早醒来给恩之用中草药熬洗澡水，待到中午凉了再给他泡澡。一个星期后，湿疹得到明显缓解，我们又接着去给他开了一次药，经过近两周的治疗，恩之的湿疹就完全消退了，也不再抓挠耳朵了。

总的来看，这两个顽疾的攻克提醒我们，当孩子出现不适的时候，首先还是要相信专业的医生，要把他们交给"专业"——当然，前提是对方一定是真的专业。

第三个顽疾依然与他的尖足有关。他的爬行一直比正常的孩子要落后些，虽然后来学会了爬行，但只是匍匐前进式的腹爬，不能像别的孩子一样四点爬行。对这个问题我们也有些担心，尝试着对他做了些训练，效果不佳。好在有了上次他翻身的经验，我们相信恩之自己会在某一天突然掌握四点爬行的技术。

果然，前两天恩之突然就会四点爬了，而且爬得很专业。这就让我想起英国戏剧大师彼得·布鲁克的自传《时间之线》中有一段文字，叙述彼得在丹麦骑马时身下的矮种马陷进沙坑后的故事。

矮种马对流沙一无所知，但内在的平衡从无动摇。彼得和他的同伴也因矮种马的榜样作用而安静下来。一个小时之后，救援仍未到。"突然，毫无征兆地，矮种马倾尽全力将自己举起，它的前脚撑起，加倍向前，成功地腾身而出，站到了坚实的地面上……它耐心地积蓄力量，只有当它感觉完全做好准备时，才会做出绝无仅有的成功一跃。它知道如何等待时机，知道何时应该行动。"

孩子和小马一样，都对自己怀有信心，有着属于自己的节奏，不应该被焦虑的骑手（焦虑的父母）打乱。对于孩子成长中的有些问题，我们必须相信孩子，把这些问题交给时间，耐心等待孩子自己积蓄够力量后的成功一跃。

第四个顽疾是排便困难。每次排便恩之都异常痛苦，由于用力，脸憋得通红，常常弄得大汗淋漓。又由于便便太干燥，便形太大，恩之疼得身子打挺，屁股夹得紧紧的，两条腿也绷得直直的，看上去非常难受。妈妈经常心疼地说："我的儿啊，你拉个便便简直比我生你的时候还艰难！"

每天不能成功排便，严重影响他的消化和睡眠，这个月去做体检，居然过去一个月的时间，体重和身高都没有长。虽然我们按照崔玉涛书里的建议，每天都给他服用金双歧加乳果糖，但效果依然不明显。好在上次他因为呕吐去医院，医生给他开了开塞露帮助他排便，也让我们终于有了勇气，敢每天在睡前用开塞露帮他通便，好让他有个良好的睡眠。

但现在的问题在于，连续用了几天后，我总是有担心，担心长期使用开塞露会造成依赖，会影响以后的自主排便。而妈妈觉得恩之是肛门狭小，如果不用开塞露，现在他这么小一定会由于排便不舒服就不再排了，这会影响他的睡眠和发育，所以只能这样先促排，等将来大些后再让他自主排便。

在这个问题上，我们谁也不能说服对方，求助于专家也没有用，用她的话说，我们无论是查书还是上网查资料，都是各自选择对自己有利的证据。确实，在这个问题上，不同的专家甚至同一个专家（比如崔玉涛）都有着截然不同的观点。

看来这个问题不能靠专家也不能靠时间(因为每天都需要我们决策今晚是否要采用开塞露),现在看来,只能暂时听妈妈的了(毕竟主要是她在带孩子,而且孩子每天是和她一起睡觉的)。希望老天能保佑恩之,希望开塞露能解决现在的问题,并且不会影响他将来的自主排便。

11月25日　惠州行,通往文化的阶梯

11月19日到11月24日,我们经广州到惠州,带恩之完成了他人生的第一次旅行。通过这个过程,他收获了人生更多的第一次:第一次坐轻轨、第一次坐高铁、第一次住宾馆、第一次坐地铁……

很多人都说,孩子太小不宜旅游,因为他什么都看不懂。这句话表面上没问题,孩子确实是看不懂(其实很多大人在外面旅游,一样也是看不懂),但是经历这样一个外出的过程,集中接受一个全然陌生的环境的刺激,其实可以让孩子习得很多能力。

比如,我们一直觉得,恩之进入10个月后,各方面的能力(特别是运动能力、模仿能力、表达能力、交际能力)都有很大提升。而在惠州这将近一周的时间,我们发现他这四方面的能力又有了进一步的提高。

就运动能力来说,他在火车站、列车、餐厅,无论坐在什么凳子上,都可以轻松地抓着座椅靠背站起来;就模仿能力来说,他看见我在宾馆里关窗户、关灯,很快就有样学样地玩起来;就表达能力来说,他已经很善于表达他的需求,比如他在宾馆房间里,常常要我脱下皮带给他玩,每当此时,他就会盯着我的皮带,然后粗暴地发出"啊、啊、啊"的声音,似乎在说"脱、脱、脱";人际交往能力方面,这次旅游,他明显变得活泼了很多,见谁都打招呼、见谁都让抱,客房的服务员、餐厅的服务员等等,都特别喜欢他。

更重要的是,旅游总是充满机缘,你永远无法预知带孩子出门的过程中会遇到什么机缘。只有带孩子上路,你才可能与孩子一起经历。

就好像我们11月20日那天带他逛惠州西湖,那里的半山腰有我最景仰的老乡苏东坡的纪念馆。当时,我们已经参观完下了山,走到湖边,恩之突然就不让我们抱着往前走了,非要指挥我们掉头返回。更有意思的是,他这次在山脚的台阶下就下来,让妈妈扶着他,就这么一级一级台阶地爬了上去——台阶的尽头是个平台,上面立着苏东坡的塑像。那个台阶大概有三四十级,他就这么一直努力地爬着,一直没有要放弃的意思,直到爬上平台,他还朝着苏东坡塑像的方向爬了一段距离才停下来。第二天早上,我们发现,他的两条小腿有很多淤青,但从头到尾,我们没有听到他哼过一声。

面对这样的场景,我为恩之的努力与坚持所深深感动。我一直记得很久以前看过的一篇小说《向上的台阶》,小说的内容我已经记不清,大意是讲一个来自农村的年轻人,通过不断钻营,在官场逐渐往上爬的过程,但我却记住了作者在描述其写作缘由时所讲的一段话:

"大约是一九七七年春天一个和暖的头晌,我在泰山脚下大众桥的东头闲坐——其时我正在与大众桥咫尺之隔的一座兵营里服役——看见一位少妇拉着一个刚会走路的男孩由桥西走来。他们母子在桥东头停步后,仰望了一刹正对着桥头的冯玉祥先生的陵墓,随之便见那个男孩松开母亲的手,蹒跚着向通往陵墓的台阶走去——到过山东泰山大众桥的人们想必记得,由桥头到冯先生的陵墓,要上长长一溜台阶。那个男孩晃晃悠悠地登上了第一级台阶后,转身向妈妈笑了笑,那大约是在显示一份快乐与自豪。那位妈妈立刻给予了鼓励:上,孩子,再上,看能不能爬上最高一层!那孩子于是又转过身去继续爬了,他还太小,爬那些台阶显然非常吃力,到最后简直是手脚并用。就在看着男孩在那长长的一溜台阶上艰难爬行的时候,我忽然意识到,这幅图景就是人生的绝妙象征:人艰难地爬完长长的一溜台阶之后,见到的却是一座坟墓,是死亡。我记得我当时打了个寒噤。由孩子爬台阶想到人生过程的台阶,想到生命的艰难和命运的最后归宿——死亡。"

今天,恩之同样是在爬一段向上的台阶,但我从中却获得与作者完全不同的另一番感悟。

如果我们的人生在追求权力，即使你一路向上，最终也会发现，我们将面对的不过是死亡，所追逐的不过是虚无。这就是宋朝一个叫范成大的诗人写的"纵有千年铁门槛，终须一个土馒头"。

但是，如果我们把努力的方向放在对文化的追求上，那么我们一路向上，最终可能赢得的却是不朽——肉体终会死亡，唯有精神、文化，才会不朽。就好像苏东坡塑像边上，就是他的侍妾王朝云的墓，从宋朝至今，一直保存完好。明末清初的广东诗人何绛，专门有名为《朝云墓》的诗："试上山头奠桂浆，朝云艳骨有余香。宋朝陵墓俱零落，嫁得才人胜帝王。"所以，哪怕是一个侍妾，由于选择了文化而不是权力，最终都得以被世人景仰，而很多帝王将相的墓，却早已不知所终。

我一直觉得是冥冥之中自有天意，让恩之被文化所吸引，在这么小的年纪，就像西藏那些一路磕头朝拜的朝圣者那样，做了这么一次文化朝圣之旅。妈妈觉得我是在过度解读恩之的行为，不过，她也承认，孩子在很多方面表现出的坚持，确实是让我们感动。

比如，过去恩之在练习翻身的时候，为了习得这项技能，常常在吃奶的空隙都在床上翻来翻去，以至于妈妈都不得不劝他，"可以了，可以休息下了"。像现在，为了掌握站立这门技能，无论你把他放在什么地方，只要一有可以给手助力的东西，他就会努力地抓着它，让自己站起来。我经常开玩笑说："地球已经不能阻挡恩之站起的脚步了。"

这些都是我在前面所提到的，孩子在生命的成长中，所表现出的那种郑重的人生态度（以及由此伴随的坚持、努力、执着），其实很值得我们学习。这也正是我在这份笔记中所不断表达的主题：养育孩子的过程，其实更多的是我们向孩子学习的过程，是我们让自己的人生之旅得以进入更深刻、更完整的境界的过程。

我们教育孩子的过程，首先是我们在接受孩子的教育，是我们要向孩子感恩。而目前关于教育孩子的书汗牛充栋，却几乎没有人对幼儿期父子关系如何展开这个问题进行探讨。我这种教育方式是否成功，我这种对父子关系的理解是否正确，并不是以将来恩之是否成功为标准，而是应该以我是否通过这个过程,真正实现了人性的完整,真正感知爱、习得爱为标准。总之,我才是被教育者,我才是需要接受成功检验的被教育者。

12月13日　新成长:理解语言

　　进入11月龄的恩之又有了新的成长,他已经很能理解和记住一些语言的含义了。比如,我们稍微教他,然后再问他"灯在哪里?""树在哪里?""嘴巴在哪里?""耳朵在哪里?"……他都能用他的小手一一正确指出我们提问的事物所在。

　　在这个过程中,他还能根据自己的理解,对某些词语的含义做一些小小的发明创造。我们问他:"恩之,哪里放屁呀?"他就总是用手去拍他的裆部那里,这可能是因为他觉得每次放屁时,都是那个部位在用力。

　　更有趣的创造是每次抱着他,然后叫他来"亲亲妈妈"或者"亲亲爸爸",他都不是用嘴来亲你,而是立马把头歪下来贴着你的脸,这应该是他自己对"亲"这个词语的独特理解。

　　每次抱着他,只要说"抱抱妈妈"或者"抱抱爸爸",他就马上把头靠在你的肩膀上,张开他小小的手臂轻轻地绕到你的颈后,用很标准的拥抱姿势抱着你。当我感觉到小小的他是在全心全意地拥抱着我的时候,一股暖暖的、甜甜的感觉顿时包围了我。

　　儿子出生后,只要有机会我就会抱抱他。一开始他完全是被动地被我抱,到后来他学会张开双臂主动来索抱。不过即便是主动索抱之后,也是被动地被我抱着。今天不同了,你只要发出语言的指令,他就可以主动过来拥抱着你。不管是被动地被我们拥抱,还是到现在的主动来拥抱我们,整个过程,一直都是"爱在手上抱",爱在抱中一直存在,爱也在抱中渐渐成长……

1月2日　陪伴见证成长

　　今天是恩之1周岁的生日,我发自内心地感到幸福与喜悦。

想想从一开始获悉妈妈怀上他时的压力甚至恐惧,再到得知他虽然在妈妈肚子里已经6周多却没有胎心,需要住院保胎时的手足无措和六神无主,再到他出生后第一眼见到他时满满的幸福到他新生儿肺炎住院时所带给我的悲痛,再到他第一次急性肠炎而剧烈呕吐时的心疼,再到他的第一次翻身、第一次独坐、第一次爬行、第一次扶站等第一次所带给我的惊奇,都让我不禁为恩之强大的生命力和这个生命本身的努力而自豪,也为自己能拥有恩之这么健康、聪慧、勇敢的儿子而骄傲。

再想想他对我的第一个微笑、第一次亲吻、第一次拥抱等我们之间的"第一次",我就为自己能有机会好好陪伴他成长而欣慰和无憾。

再想想我们一家相伴相守着一路走来的一年多,有煎熬和痛苦,但更多的是甜蜜和幸福,而这样的甜蜜和幸福很多都是恩之带来的,就更加让我感到幸运与感恩。

周岁要抓周,这是中国人的传统习惯。因此,我们为恩之举行了一个小小的抓周仪式。我在垫子的一端摆上了书籍、钢笔、人民币、足球、汽车、飞机、军车(代表从军)、碟片(代表音乐)、相机(代表艺术家)等物品,让恩之从垫子的另一端爬过来抓。

刚开始,他是先拿起相机的,但根据所谓"抓周"的定义,应该是以把物品长期抓着为标准。我们继续观察,发现他很快将相机放下,然后一把抓起钢笔,并将他高举在空中,很骄傲地看着我们。这支笔就这样一直被他拿着,他再没有松开去抓别的。

这样的抓周成绩,让我实在是高兴不已。其实在抓周仪式开始时,我就在心底祈祷恩之能抓到笔或者是书籍之类。没想到果然如愿,这样的成果也与他在惠州对东坡的膜拜相暗合。

我一直以"文化托命之人"自居(听我父母讲,我当年抓的也是笔),而现在的恩之,确实也一直展现出对文化的浓厚兴趣。在他周岁之日,真心期望他将来如他父亲一样,真的能走上一条热爱文化、追求文化、传播文化的道路。

厦门 ◉

2015 年 1 月
—
2017 年 4 月

父亲,是孩子通往外部世界的引路人,好的不好的都影响巨大。
——斯宾塞

在没有英雄的时代里,我只想做好一个父亲。
——《钢的琴》编剧　关山

做好一个父亲,就是一种最好的修行。
——王瑶

1月7日 做个内心柔软的爸爸

今年我接受了厦门一家民营企业集团的邀请，出任这家集团的战略长一职。这是我2003年从正大集团全球董事长助理的职位离职后，再一次在企业全职上班（我过去都是以战略和文化顾问的身份为企业提供顾问服务，这是一个相对自由的工作。特别是过去一年，我放弃了很多项目乃至工作机会，才可以有很多时间在家里陪伴恩之）。

愿意到这家集团工作，固然是因为这家企业给我提供了丰厚的待遇，这是一份年薪百万的工作，它可以为恩之的生活带来更多的物质保障。更重要的是这份工作在厦门，想到恩之将来回忆自己的生活，1岁之前在珠海度过，1岁开始在厦门度过，而这两个城市都是很让人向往的城市，我都为儿子感到骄傲。

由于企业给我的明确的报到时间是1月15日，所以，过完生日的第二天，我们就带恩之前往厦门。此行的目的是租赁我们在厦门的住所，于是恩之在1岁零1天的时候，第一次乘坐了飞机。

厦门之行，在租房问题上颇为顺利。公司是在厦门海沧区，为了让恩之继续拥有如珠海这样的散步环境，我们在海沧湾公园边上的绿苑海景国际小区租下一个面朝大海（面对鼓浪屿）的大房子。

世界上有很多事情真是奇妙，就好像我们在厦门租房的时候，心里反复想，租房一定要考虑到恩之万一生病去医院方便，甚至一直都计划要去厦门的几家医院考察下。结果没想到，恩之真的就生病了，我们也真的对厦门的医院做了次深度考察。

由于环境和饮食都发生变化，加上旅途劳顿，恩之一下子不适应，在我们到达厦门的第三天他就生病了。5号晚上10点多他开始发高烧，随后上吐下泻，人一下子没有了精神。厦门的药店关门太早，我们本想在药房给他买些退烧药以及益生菌和补液盐之类的，结果我走遍了海沧大大小小的街道都没有一家24小时营业的药房。没有办法，我们只好在6号凌晨1点多，急急忙忙将他送到厦门妇幼保健院挂急诊,排了老半天队,经过一段焦虑的等待后,终于看上了医生。医生给他打了止吐针,还让口服了一些药,但接下来一上午仍未见缓解,恩之依然发着高烧,继续剧烈呕吐,似乎还更严重些了。于是,我们又赶快将他送到厦门长庚医院,那边的台湾医生看了之后又给恩之补开了一些药。一直到了7号,恩之才缓解了一些。见他状态还行,我们商量后决定带着恩之返回珠海,因为在珠海的家里照顾他毕竟比在厦门的宾馆要方便得多。

本以为自己是一个绝对坚强又理性的人,但越来越发现,我是根本看不得儿子生病的。虽然理性上知道,孩子偶尔生点小病可以帮助他增强免疫力。过去我们一直担心他有脑瘫倾向,还常常设想,如果他发次高烧,烧到近40度也不发生抽搐,反倒可以证明他的脑组织、脑神经是健康的,绝对不会是脑瘫。但是当我看见儿子真的生病了,看到他那么痛苦地忍受着生病的煎熬,我的那些冷静而理性的分析早就不复存在了,取而代之的是心如刀割、难受不已,恨不得自己亲自去替他把所有的病痛都经历完了,而他只需要负责健康快乐和幸福自在。是儿子的出现,把我这个理性、冷静的人变得越来越柔软、感性。而我欣然地接受这一切,我喜欢现在这个理性冷静与柔软感性并存的自己,并依旧认为这是儿子对我的教育之功。

2月13日 对爸爸的依恋

1月12日,我独自先离开珠海,先赶去无锡处理此前未完成的咨询事务,接着前往厦门的公司里上班。收拾行李以及搬家的重任就留在了妈妈的身上。妈妈一边照顾还未痊愈的恩之,一边抽空收拾行李,断断续续收拾了20多天,打了近30个包裹,然后联系物流公司将行李运到厦门。我想,这样的过程一定很是不容易。正是因为我们面对困难时协同努力,而非相互指责推诿,恩之才得以感受到一个和谐温暖的家。

我和他们母子一别就近一个月,这是自恩之出生以来,我和他最长时间的一次分别。直到2月8日我才把他们母子从珠海接到了厦门,我们一家人又得以团聚在一起。

　　今天早上在去公司上班的路上,听到收音机里放的《时间都去哪儿了》这首歌,听到其中那句"生儿养女一辈子,满脑子都是孩子哭了笑了",我才想起,因着这一个月的分别,虽然我常常满脑子都是孩子哭了笑了,却好久没有写笔记,记录儿子带给我的感悟了。

　　同时,我更加感恩上天的安排,也更加庆幸自己的选择。在过去一年的时间中,我几乎都是在家里陪伴着他们母子,很少出门办事,即便出门最多也就一周的时间。因此,我才可以在一年的时间里有了那么多的感悟。很多父亲本来也有可能获得这样的感悟,但由于整天要上班,甚至与孩子分开两地,丧失了这样一个既可以与孩子亲近,也可以让自己得到爱的提升的机会。

　　虽然一个月没有见到我,但儿子对我依然很亲近。也许是他小小的心灵也感知到爸爸偶尔会从他身边消失一段时间,而妈妈始终都在,因此,他对于我这个"失而复得"的爸爸格外珍惜和依恋。他对我的珍惜和依恋程度甚至都超过了对妈妈的。

　　一个月不见,他的能力也有了很大的提升。现在他牵着我的手,稍做借力就可以走得很快了,走路的姿势也很标准,我们以前所担心的尖足完全没有出现。他还能在没有任何外力支撑的情况下,让自己稳稳地独自站立好一会儿了。看到他如此能干,我才敢把一直压在心头的"脑瘫倾向"的疑虑和压力卸下,心里一阵轻松和欣慰。

　　我们的"走路练习生"恩之,继续发扬他曾经练习啃手和翻身时的执着精神,勤奋地练习着走路。现在的他逮着机会就想下地去走走,因此很多时候他都不让我抱着他了。他不仅喜欢在安全平坦的地面上让我们牵着手蹦跶几步,对他来讲很有些难度的台阶以及扶手电梯上,他也很热衷于去跨几下试一试。带着他逛商场的时候,他一看见自动扶梯便要努力挣脱我的怀抱,非要下来拖着我走到自动扶梯前,一边牵着我的手,一边努力抬起他的小短腿儿,艰难地想要跨上那高达30厘米的台阶。对于恩之的这种劲头,我既敬佩又无奈。从被我抱,到要我抱,到现在的不让我抱,我的儿子就这样长大了。

来到厦门后，恩之继续展现出他遗传自"旁观者父亲"的特质，总是在默默观察着事物，并默默地把观察到的事物记在脑袋里。我家里有个小玩具，是一个用尼龙丝编织成的富有极大抗压力和弹跳力的晴天娃娃，它的好玩之处在于，当你用力把它往下按，按到底后突然松开手时，它就可以弹跳起来了。如果力道和时机掌握得当，它便可以弹得很高，可以一直弹到天花板上。由于需要的"技术含量"较高，我们一直觉得这个小玩具应该更适合大一点的小朋友。所以，买来后一直扔在一边没有刻意拿出来教他玩，只是偶尔在他面前玩给他看。

没想到今天他突然自己就会玩了，而且和我们玩时的姿势一模一样。只见他先让晴天娃娃以头朝上的姿势站立好，接着用小手用力地往下摁住晴天娃娃的头，最后快速地放开。当看着晴天娃娃嗖的一下弹跳起来，虽然由于力道还不够弹跳得不是特别高，有时甚至因为放手时机以及用力方向不对弹跳不起来，但我仍然为之喜悦和惊叹。

他也有了自己的审美观念，我们现在买东西，都要先问宝宝喜不喜欢以及喜欢哪个，让他自己选。妈妈曾经试过他一次，在优衣库给他买内衣的时候，拿出两件不同颜色的内衣给他挑，试了几次，他选的都是同一件。这说明他心里一定有自己的主意，觉得那件更好看，或者更适合他。

他也已经懂得如何表达他的爱了，他很擅长使用飞吻和亲吻。当要跟别人道再见或者晚上要给我道晚安的时候，他会把小手放在嘴上，再把小手用力地一挥，一个完美的飞吻就生成了。他现在很喜欢亲吻妈妈，而且是嘴对嘴的亲吻噢。还记得他第一次这样亲妈妈，是上次我们刚到厦门，在出了机场去海沧的出租车上，快到海沧大桥的时候，他突然这样亲了妈妈一下。也许是想确认也想更加熟练掌握这一技巧，他竟然一路上都以这种嘴唇贴嘴唇的方式亲吻着妈妈。他好像很喜欢这样亲吻妈妈，昨天晚上，妈妈给他买来一块画板，并由他在上面随性地乱涂乱画，结果他画着画着就要抬起头来亲妈妈一下，然后再接着画。

他的语言能力也有所提升了，他偶尔会有意识地叫爸爸、妈妈了，虽然不是那么经常,但当听到他用特有的稚嫩的儿语叫我的时候,我都会感觉到一股浓浓的幸福感涌上心头。对一个刚刚成为父亲一年的人来说,照顾孩子能够换来孩子一声糯糯的"爸爸",这就是最大的回报、最大的幸福了。

2月20日　只有一种恩

今年过年,我们一家三口在厦门过。除夕夜,我们给恩之包了365元的压岁红包,祝福恩之一年365天,天天都健康、平安、快乐。

大年初一,我们带恩之去了鼓浪屿,这是恩之第一次坐轮渡,他并没有任何不适应之感。恩之已经几乎坐遍了所有的交通工具,都没有晕车晕船的现象,看来他和他父亲一样,将来云游四海是没有任何问题了。

今天是大年初二,我们带恩之去了南普陀和厦门大学。这几天到处都是人山人海,而恩之很多时候也不再让我们抱,无论是台阶还是平路,他都要我们牵着他走。我就再次庆幸,在恩之还只能爬的时候,我们带他去了惠州。而且,去年我时间自由,可以错峰出行,才使得恩之有了那样一次自由自在的东坡朝圣之旅。

机缘巧合的是,在南普陀,我们看到了一块"慈航恩溥"的石刻,而在厦门大学,我们也牵着恩之的手,走过了名为"颂恩楼"的厦大主楼。这两个地方都出现了"恩"字,虽然一个来自佛教,一个源自基督教,但在我看来,这两个恩都是同样的恩,描述的都是那种源自神性、源自生命,溥博如天、无边无际的恩。

在珠海的时候,我经常去澳门,每次去都要端详那尊立在海上,既像观音又像圣母玛利亚的"洋观音"。至于为什么要这么设计,用设计者的话说,"神性只有一个,它存在于每个人心中"。同样地,全世界也只有一种爱、一种恩,它存在于所有的生命之中,也存在于我们每个人心中。

3月22日　听话的阶段

我们在厦门建立了新的生活规律:周一到周五,早上我出门上班(恩之一般要睡到11点左右起床），晚上7点多回家后，就陪恩之玩，同时让妈妈可以腾出手来做饭、洗碗，然后10点多睡觉；周末则在厦门岛内岛外找些不错的地方带恩之逛逛。比如上上周我们去了白鹭洲公园喂鸽子，上周去了忠仑公园看桃花，昨天则带他在海沧湾公园滑草。

恩之现在走得很稳了，在家里几个房间走来走去的时候，已经有种闲庭信步的感觉。我平时上完班回到家后，趁着妈妈做饭，常常抱恩之去对面的鼓浪湾酒店里散步。鼓浪湾酒店是海沧唯一的五星级酒店，我这个才"1周2"的儿子（福建人对小孩的年龄，往往都是用这样的表达方式），蹒跚学步居然是在五星级酒店的大堂进行，这样的机缘恐怕不是每个孩子都能够拥有。

他特别喜欢看酒店里的喷泉，每次走到那里，都要让我抱着他看。自从上次在中山路的轮渡码头那里让他看过喷泉后，我就发现他特别喜欢看喷泉，一旦发现，总是要盯着看半天，这应该算是他新的兴趣。他还有一个比较大的兴趣是按家里的门铃，常常自己跑到墙角去，先是把门铃按响，然后伴随着门铃的音乐扭动起小屁股，跳起舞来。我们这个门铃是每按一次就换一首乐曲，所以，他就这样按一次跳一下，再按一次再跳一段地自娱自乐着。

不过还是有很多兴趣他从珠海一直坚持到了厦门，比如喜欢撕纸、喜欢我抱。他现在还是基本不大说话，叫妈妈都不是那么清楚，但叫爸爸却是叫得特别标准。每次他想让我抱，或者让我做什么事情，我说"叫爸爸"，他就"爸爸、爸爸"地叫得特别清晰而有力。

另外两个能体现出他在发声的地方，一个是他会煞有介事地"看书"，每次把书给他，说"恩之读书"，他就把书摊开，嘴里"啊啊啊"地念念有词，似乎真的在读书。另外他会说"垃圾"，妈妈教过他几次后，每次看见垃圾甚至垃圾桶，他都会特别用力地说"阿……及"，这个"阿"用的是四声，声音拖得很长、很重。

虽然他还不会说话，但已经完全听得懂我们说话了。比如，让他去拿手机，让他擦桌子，让他拿遥控器，他都能准确地按照我们的指令执行。

听得懂我们说话的恩之，在现在这个年龄段显得很听话。带恩之去玩，路上碰到很多妈妈都说，这个年龄段的孩子是最听话的了，让他做什么就做什么。恩之确实是如此。让他给阿姨笑一个,他就立马咧着嘴,把五官皱在一起,露出仅萌出的两瓣下牙(自9个月萌出两颗牙后,他就一直没有长出新的牙齿)的牙龈,展示他标志性的、萌翻人的可爱笑脸;让他给阿姨拜拜,他就把手放在嘴上,来一个飞吻;让他为别人鼓个掌,他就立马开始鼓掌。

说起来恩之在鼓掌这件事上,特别有意思。他特别擅长自我欣赏。他不仅为别人鼓掌,而且常常为自己鼓掌。每当他觉得自己干了件了不起的事情,比如能把一小根棍子顺利插进一个小洞里,能把鼠标顺利插到电脑的接线口里,能把手机摁开等等,都会给自己来个鼓掌。

我和妈妈都觉得儿子真的是很乖、很可爱。有时我甚至笑妈妈对她的"小情人"都有点迷恋了,因为她常常情不自禁地说"儿子你好帅、好棒、好可爱哦!"。不过恩之真的是很乖很可爱的,作为这样一个孩子的父亲,我也真的觉得很自豪、很幸福。

4月18日　进入二胎时代

今天"是要发",是一个很好的日子。

我们很久没带恩之去厦门的景点旅游了,虽然在这样的旅途中,恩之每次都很开心,但主要还是大人在看风景,很难做到真正的全程以恩之为中心,总会有一种着急赶路、匆忙行走的感觉。

现在平时和周末,我们基本都是带恩之在我们家边上的海沧湖公园玩,让他自己在绿道上自由漫步,在花丛中挖泥巴。他很喜欢挖泥巴,常常坐在草地上,拿个小棍子在那里戳来戳去,鼓捣半天。

今天,我们陪着恩之在楼下的绿道上慢慢行走。我突然发现,他应该是真正的绿色主义者。当他看见地上有树叶,总是去把它捡起来,然后摇摇晃晃地扔到垃圾桶里去——我们并没有教过他这样的动作。他应该不会觉得这是什么公益行为,只是纯粹觉得好玩,就好像他现在会讲的第一个词是"垃圾",他一定是觉得扔"垃圾"是一个很有趣的事情。事实上,我们做公益、搞"绿色"不正是应该首先觉得有趣吗？

最近妈妈总是觉得自己很疲惫，精神状态也很差，甚至在给恩之哺乳的时候常常觉得心烦气躁。她原本计划给恩之哺乳到 2 周岁，但现在这种状态让她很有些矛盾和自责。她发自内心地想要恩之多喝一段时间母乳，但身体发出的信号又让她受不了。她很沮丧，但我也帮不上她什么忙，只劝她给恩之断奶，可是她又不忍心。

中午，我们去外面的餐厅吃饭，妈妈看起来很饿，一口气吃了好多饭菜，但又觉得有些想吐，而且吃了那么多居然还像根本就没有吃饱一样，肚子空空的。妈妈说这种感觉实在是太奇怪了，她怀疑自己是不是又怀孕了。

虽然我完全不相信这种可能，但晚上我还是给她买了几根验孕试纸。她在洗手间里让我猜怀孕的概率有多大，我说"零"。之所以这样笃定地认为可能性为零，是因为我们在要恩之时花了近 3 年，甚至曾一度想要去借助试管婴儿的医疗技术。我们想着如果再要个弟弟、妹妹的话，恐怕也得去找医生调理之后才行呢。可是没有想到，几张验孕试纸试验下来，都是强阳，提示妈妈真的又怀孕了，我们的乐之这么快就如此意外地来了！

我和妈妈在一起不久，就计划着将来要生三个小孩，在孩子还没有来之前，我们就先把孩子们的名字给想好了，分别叫作恩之、乐之、安之。虽然现在觉得，第三个孩子可能不会再有，但生乐之，特别是生一个叫乐之的女儿始终是我们坚定的信念。

本来我们都觉得最近身体并不是很好，生乐之会是个比较遥远的事情，但没想到，乐之居然这么快就来了。而且我们有种强烈的预感，乐之一定是个女儿。

我们常常给恩之开玩笑，说乐之妹妹在哪里呀，他总指着墙上挂的那个小女孩像。今天我们知道怀孕的这个喜讯后，就给恩之说，乐之妹妹现在在妈妈的肚子里了哦！他很快明白了，问他说，给你生个妹妹好不好呀，他就点头说"嗯"；再问乐之妹妹在哪里呀，他就指着妈妈的肚子，说你亲下妹妹呀，他就去亲妈妈的肚子。

从今天开始，我这个父亲的笔记将掀开了一个新的篇章，它将是我作为两个孩子的父亲的感悟。这无疑是更有价值的感悟。如果说，过去我已经认识到，抚养孩子的过程其实是一次大人接受爱的教育的过程，那么现在老天又要让我接受更大的爱的教育，这次将是两个孩子同时来给我爱的熏陶、爱的教育、爱的赐予。

当然，这也将是一次更有挑战的感悟。想让两个孩子都能感受到他们来到人间后是生活在爱之中的，特别是要让作为哥哥的恩之从头到尾都感觉到，我们给他的爱没有因为妹妹的到来而有所减少，这是极为重要的挑战。

我们知道，恩之现在虽然很小，但其实什么都听得懂。所以，我从今天开始，就和妈妈郑重地约法三章，绝对不能在恩之面前说什么"妈妈有了妹妹，就不能给你吃"，"我们把你送回老家去，让爷爷奶奶带，妈妈在这边生妹妹"之类的玩笑话。

孩子就像我最近看的《三体》里讲的三体人，他们心目中一定认为你说的就是你想的，就是你要做的，他们是不知道什么叫玩笑话、权宜之计或者善意的谎言之类的。

我们反复地郑重地提醒对方，以后绝对不能开这样的玩笑，我们一定要告诉恩之，我们生个妹妹来，是陪他玩的，是要让他更幸福，是不想让他一个人太孤单。毕竟大人的陪伴和小伙伴的陪伴（特别是兄弟姐妹之间的陪伴）是完全不一样的，这也确确实实是我们想要两个孩子乃至三个孩子的初衷。

从今天开始，我这本笔记将一面记录我带恩之的感悟，一面记录乐之还在妈妈肚子里时我的爱的感悟。相信这样的两种感悟交织在一起，将是更加丰富、更加幸福的感悟。

5月1日 善解人意的宝宝

4月21日一大早，我带着恩之陪妈妈去长庚医院做了产检，才知道乐之在我们完全不知情的情况下，身长已经有0.9厘米，在妈妈肚子里待了6周加6

天了。妈妈最近看了篇文章——《不可思议的胎内记忆》,说是小天使们在没来到人间之前,确实是生活在天上的,在那里排着队找妈妈。妈妈觉得,说不定乐之真的是在天上看到我们生活得这么幸福,才急着投奔我们而来。

但不管怎样,我们觉得乐之的到来或多或少对恩之还是有影响的,或者说,恩之这么小已经开始在为妹妹付出了。比如,恩之本来每天都是要睡到11点左右才起床的,但为了一大早陪妈妈去产检,我们只能在早上7点多就把他叫起来,而他一路上都很乖。

再比如,原本妈妈计划要给恩之哺乳到2周岁,但确认怀孕后,再喂奶容易造成流产,加上妈妈每次怀孕身子都很虚,尤其前面5个月特别辛苦,每吃一口饭都心慌气短到要在沙发上躺着休息一下才能缓过精气神来,所以不得不给恩之断奶了。

我上网研究了下,了解到在妈妈的乳头上抹参苓白术散是一种见效比较快,对孩子也没有伤害的断奶方法。买来药一试,果然恩之吃了两口觉得味道不对,马上就松开嘴巴不再吃奶了。他也确实很乖,不吃奶后并没有像我们担心的那样哭闹不止。

就这样,他每次想吃母乳的时候,妈妈就在乳头上抹上药,恩之都是笑嘻嘻地含一下就马上吐出来。不到一个星期,恩之就成功戒奶了。

最重要的是妈妈没有办法再陪恩之了。妈妈由于雌激素分泌不足,怀恩之的时候就需要住院保胎,出院后又继续打了40多天的黄体酮和一个星期的HCG才最终保住了恩之。这次怀妹妹也出现了同样的情况,雌激素严重不足,差点导致流产。所以这段时间妈妈每天都需要去医院注射保胎针剂,而她的身体也非常虚弱。

在这样的情况下,从4月29日开始,我们就只能把恩之交给新请的保姆照料。白天由保姆带他出去玩,晚上则等我下班回来再陪他。

对于这样的安排,恩之同样是乖乖地接受了。他有着这个年龄所难得的懂事和体贴。本来一开始他对新来的保姆是不信任的,不管保姆怎么哄他,他都不愿意让她带。到了第三天,妈妈告诉他:"宝宝,这个阿姨是值得信任的,你可以和她下楼去玩。"才刚刚满1岁3个月的恩之听懂了妈妈的话,他如此地信任妈妈,就乖乖地跟着阿姨下楼去了。

感谢恩之的早慧和善解人意,妈妈才得以安心养胎,乐之妹妹才得以健康地发育,我才得以安心地工作。我常常和妈妈说,我们的恩之真的是很乖很乖的宝宝。每每我看到他那么地懂事,想到他那么地体贴,听到他那么乖乖地叫爸爸,就心疼得想要流泪,想紧紧拥抱着他,告诉他说,"你还这么小,你可以不用那么懂事的,我的孩子"。

我最近常想起艾青的那句话,"为什么我的眼里常含泪水,因为我对这土地爱得深沉"。正因为我们对孩子爱得很深沉,哪怕你很幸福地看着孩子,很幸福地陪着他,都会有一种想流泪的感觉。

5月16日　多陪陪孩子

现在每天下班回家,我的任务就是陪恩之玩。在今晚我与他的亲子互动时光中,我有个重要发现,那就是很多性格上的特质,同样是可以遗传的,而且在孩子很小的时候就会体现出来。

最近他比较喜欢在我的床上玩,还比较喜欢看一个叫作《倒霉熊》的动画片。我们发现他完全看得懂这个没有对白的动画片,因为他的面部表情和肢体语言会完全地随着剧情起伏。

由于今天比较累,所以,他坐在床上,而我则躺在枕头上,举着手机让他看。可看了没多久,这个继承了他爹懒散性格的儿子,就不停地指着我边上的另一个枕头,嘴里不停哼哼呀呀,暗示我说,他也要舒舒服服地躺着看。果然,我一让他躺了下来,他就立马很高兴的样子,然后我们父子俩就一人躺一个枕头,看着我举在空中的手机。

我发现,他在看动画片的时候,明显同情弱小——这一点和他妈妈的性格完全一致。今天看的这两集,都是这只倒霉熊和一个弱小的企鹅之间较量的故事。当企鹅在荡秋千的时候,恩之就看得很开心,可后来倒霉熊把企鹅从秋千上赶下来,恩之就立马很生气,指着手机叫个不停。另一集则是倒霉熊和企鹅比赛保龄球,当倒霉熊每次把瓶子全部打倒的时候,恩之没有什么表情,可当小企鹅扔球出去把瓶子打倒的时候,他就立马给它鼓掌。这种对弱者的关怀与肯定,就是真正的"他者"的思想,也是真正的有爱的表现。

6月14日 注意自己的言行

我觉得恩之从小就继承了他父亲的性格,是个很好的观察者,而现在,他更是展现出了很强的观察能力,一种默默观察的能力。

每天晚上,我吃好晚饭后,都要抱恩之去外面玩(主要是坐1元一次的摇摇车,有时也去乐海百货门口那个简陋的儿童乐园玩——那里有小火车、直升机和旋转木马三样游乐设施,玩一次5元钱)。形成习惯后,最近几天我还在吃饭的时候,恩之都会先跑去把鞋柜打开,把我的皮鞋找出来放在门口,提醒我该出门了。神奇的是,他一直在默默观察我穿的鞋子,并因此发现我晚上出门抱他穿的鞋子和我平时上班穿的鞋子不一样,而他总是能从鞋柜里那么多鞋中,准确地把那双我要穿的鞋子找出来。他甚至还能分清楚妈妈下雨天穿的鞋和晴天出门穿的鞋不同,要是让他去把妈妈下雨天穿的厚鞋子拿出来,他也不会拿错。

恩之现在很忙的。他听到我们的请求"宝宝,拜托你把爸爸/妈妈的鞋子拿出来一下呢",就会分别打开爸爸妈妈的鞋柜(家里有3个鞋柜,爸爸、妈妈各一个鞋柜,他和阿姨一个鞋柜),把我们的鞋拎出来,扔在地上,然后等着我们带他出门。

今天的他,不仅在悄悄地观察我们在做什么,还能听得懂我们在说什么。就好像昨天晚上,阿姨在那边喂他吃饭,我和妈妈随意地讨论说待会儿出门要带把伞,没想到他立马回头,用手指着伞的方向,"啊啊"地告诉我们"伞就在那里"。这把我和妈妈吓了一跳,立马互相提醒说,看来在儿子面前的言行真的是要特别注意。很多时候你以为他不懂,但其实他的一双小耳朵正悄悄地听着你的谈话；一双圆溜溜的眼睛一直静静地看着你的行为，并把它们牢记在心。

父母的责任真的很大，所谓言传身教，很多时候你真正影响孩子的，并不是你刻意希望教育他的内容（我们现在天天教他说话，但他还是基本不说），而是你无意间在他面前展现出的言行。就好像我现在正在埋头写着这篇笔记，而我那才1岁5个月的儿子，却在学着他爸平常的走路姿势，正背着小手在房间里踱来踱去呢。他的手还不够长，还不能完全地背着走，基本是一只手按着一边的屁股在往前走。我不知道他是何时观察到他爹有这样的背着手走路的习惯的，但事实就是，他已经在模仿我这样的走路习惯了。好在算不上什么恶行，让这样一个小朋友模仿以后，倒是更增俏皮与童趣。

6月19日　惜字如金

今天正式去厦门友好妇产医院为乐之建卡，彩超的结果发现，乐之已经15周6天了，双顶径、头围、腹围这些指标都很好，其中头围相对偏大（115毫米）。但是股骨长偏低，只有16毫米，基本要落后一周多，和恩之当初的情况一样。看来我的遗传基因真是强大，两个孩子在肚子里的发育情况都是头大、腿短。我们现在对这样的结果一点也不担心，当初生恩之的时候倒是纠结了半天，连给我们做产检的医生都有点遗憾，怕生下来后真的腿很短，但现在来看，恩之的腿是很正常的。我们唯一有点担心的是如果乐之真的是个妹妹，那大头短腿可不是太好看。我和妈妈都笑着对乐之说："我的短腿妹妹哦，你在妈妈肚子里可要快快长你的腿哦！"

今天还正式听到了乐之的心跳，听着那强劲有力的生命的声音，妈妈说自己都有点要潸然泪下之感。

至于恩之，现在又学到了项新技能，只要我们一说"恩之，卖个萌"，他就把他的小嘴噘起来，甚是可爱。

不过，他最近还是基本不说话，连以前会说的"垃圾""知了"这有限的几个词都不说了，叫爸爸、妈妈也都是省略为一个字"爸"。好在我们最近在《美国育儿百科》上找到一个理论：说话早的孩子不一定词汇量大，因为孩子掌握的可能就只有几个词，天天想说，天天在嘴里练，自然就会说了，而说话晚的孩子可能是词汇量很大。就像恩之这样，什么都知道，包括家里那些认花、认水果、认食物的书，他已经基本能认完，有的时候，他的表情明显就是"不屑一顾"，翻开书让他认个面包、比萨、冰激凌之类，他都用他的小手指认得飞快，好像是要以此告诉我们"这些也太简单了，我早就会了"。有时我在卧室房间里给他下达任务："恩之，你去大厅把沙发上爸爸的手机拿过来。"这样复杂的指令他都完全听得懂，并很快就跑过去给我拿了过来。有的育儿书上说，要听懂这样的3个连动短语连在一起的句子，一般是要3岁左右的孩子才可以完成。他估计是把能力都用在记住这么多的词，搞懂这么多的概念上去了，很难把时间用在专门去反复练习几个名词的发音上，像书上说的，这样的孩子往往就"惜字如金"了。

7月5日　爱的交流

恩之还是严重便秘，往往是两天甚至三四天才拉次便便，由于很多天不排便，大便硬结粗大，等到好不容易想排便的时候，就会过分用力造成肛裂出血。过去我都是采用传统的姿势，把他两腿分开，我在后面用手托着他的两腿，把他整个身体置于马桶之上，但妈妈认为这样的姿势会加剧肛裂。

今天下午我把他拉屎的时候，就第一次按照妈妈教我的姿势。我把两腿并拢，让他面朝我平躺在我的腿上，然后我把他的两腿抬起来再把他的臀部抬高，让肛门斜对着马桶。我本来以为这样的姿势，他可能会拉不出来，因为似乎不符合重力原理，但没想到，排便还是很顺利的。恩之拉得很享受，我感觉他应该已经拉完了，他还一副很舒服、不想下来的样子。

更重要的是这样的姿势，让我和儿子有了一段长长的眼神交流，这样的眼神交流甚至有段时间都让我有点不好意思。因为整个过程，他躺在我的腿上看着我，我用手扶着他的腿，同时也低下头看着他。两个人就这么直直地互相看,他微微笑着,我则逗他说话,问"恩之,爱不爱爸爸呀?"之类。

但我心里分明感到,这个时候说不说话都不重要,我们双方的眼神彻彻底底地在进行着一场爱的交流,这是真正的纯粹的爱的交流。恋爱中的人,也常常这么相互看着,用眼神来进行交流,但那里的爱绝非灵性和大爱。

而在我和恩之的这场交流中,恩之一定能感觉到我的爱,而我也同样能感觉到恩之向我表达的爱。过去我抱着他,感受到的更多的是他对我的信任;今天我抱着他,第一次真正从恩之的眼里看到了他对我所表达的那种爱。然而我没想到,我和他的这场爱的交流是在我用这样一个奇怪的姿势抱着他,在这样一个奇怪的场合下发生的,看来,真的是"道在屎溺"。

所以,真的是"爱在手中抱",只不过是在不同阶段,我们觉知爱的方式和方法有所不同。随着我们抱着爱的方式不断发展,我们对爱的理解也会不断增加,我们与爱的关系也会不断发展。就像我现在已经越来越觉得,如果说过去,我更多的只是从恩之那里觉知爱的话,今天,我和恩之之间已经有了更多爱的交互,我已经越来越明显感到"爱"在我们之间流淌、激荡,感觉到真正的"爱出爱返,爱来爱往"。

8月5日 爱和信任的基础

今天去上海出差,在厦门机场买了一本书《举全村之力:希拉里谈教育》,才知道希拉里原来还是个教育专家。书中引用了她的切身体验以及她与很多专家交流、合作时体会到的育儿理念。

在飞机上一口气读完,生出些后怕和庆幸的感觉。后怕的原因是,虽然之前没有读过这本书,但我和妈妈在这一年多中抚养孩子的做法,基本符合这本书里讲的观念;庆幸的是,我们的乐之又即将诞生,上天又给了我们一个可以在书中的理论指导下,进一步做好乐之的抚养的机会。读完这本书,我甚至产生了一种更大的责任感,将来确实要把我写的这本书出版,让更多的人可以看到我在养育恩之、乐之过程中的一些体会,也因此让更多的人获得一种更好的、更有价值的孩子抚养（教育）理念。

这其实也是希拉里讲的"举全村之力"（it takes a village）的意思，也就是说，抚养孩子的过程既是种私人行为，也是种社会行为。孩子的成长与整个社会密切相关，需要整个社会都用他们的智慧、爱心与力量，来关注每一个孩子的成长。我也有义务把我在抚养恩之、乐之这两个孩子的过程中的一些私人的感悟，贡献给整个社会，成为将来父母们抚养孩子时某种可以借鉴的公众资源。

整本书最让我印象深刻的就是，在孩子的成长过程中，最为重要的其实是0—3岁的时期，也就是我一直定义的需要"爱在手上抱"的时期，但这个时期，恰恰是今天的父母最忽视的时期，因为他们认为孩子这个时候什么都不懂，将来长大了也什么都记不住。

他们往往在这个时期忽略了对孩子的陪伴，特别是忽略了对他们的抚摸、拥抱。却不知道，孩子在1岁前需要通过这样的形式来形成一种"安全依附"，这种安全依附是孩子对温暖、可靠、敏感的照顾的回应，是形成爱和信任的基础。

孩子智商形成最重要的时期也是在0—3岁的时期，因为这个时期对于形成脑细胞连接非常重要（这些连接叫作"突触"）。"如果我们将大脑想象为最强大、最复杂的电脑，儿童周围的环境就是键盘，向大脑输入各种体验。电脑的内存非常强大，在头3年里，它存储的信息比一个军队的人能输入的还多，三四年后，学习速度会变缓。虽然电脑还会继续接受新信息，但是，速度会越来越慢。"所以，恰恰是在头3年这个时期，我们应该经常对孩子说话（虽然你以为他什么都听不懂），应该带孩子不断地感知外面事物（虽然你以为他什么都看不懂），这些信息都将被他大量地吸收，存储进他的电脑之中，促进他这个电脑的发育，"从神经学的角度来说，与一开始就让儿童大脑获得良好发育相比，后期追赶将更加困难，代价更加昂贵，需要个人做出更多牺牲"。

另一方面，孩子情商形成的关键期也是在这个时期。书中引用了《情商》作者戈尔曼的话："实际上，大脑有两个记忆系统，一个储存一般事实，另一个记录情感。"根据华盛顿大学的道森博士的研究，情感发育的最佳时期是 8—18 个月，在这个时期孩子形成最初的强烈依恋，所以，这个时候对孩子的陪伴、拥抱、抚摸、游戏、喂食、说话、关爱等建设性刺激至关重要，与之相反，这个时期的创伤性记忆甚至到了成年时期依然会继续引发强烈的情感回应，"没人注意的孩子将来会变成攻击这个忽视他们的世界的孩子"。

希拉里在书中总结道："确实，孩子不会有意识记住你对他最早的关注，就算是大点的孩子也是选择性记忆，我们所看重的细节并不总是在孩子们心里留下最深刻印象的事情。但是，我们与他们共处的时间，我们在这段时间里所做的事情，并不仅仅就是家长的一种嗜好，而是对孩子未来的一种投资——一种我们今后无法弥补的投资。那些从家人和村庄那里得到了所需的早期关注的孩子将以强健的体魄、敏锐的心智、坚强的性格千倍地回报我们的努力。"

总的来看，这个"爱在手上抱"的时期，是孩子最需要我们的时期，是可能改变孩子一生命运的时期；另一方面，这也是对我们这些成年人来说最为重要的时期，是我们最需要孩子来帮助我们改变一生命运，让我们重新回到爱的怀抱的时期。

这些是我前面的笔记中反复感悟到的，但是，人们无疑对这个问题缺乏足够的认识，甚至连很多"科学家""社会学家"都没有认识到这个问题。今天还看到一篇发表在《人口统计学》杂志上的研究成果，德国有两个社会学家 Rachel Margolis 和 Mikko Myrskylä 跟踪观察了 2016 名没有孩子的德国人，调查一直持续到两年后受访者的第一个孩子诞生。他们的调查结果表明，生育对人的幸福感有着严重的负面影响。"总体来说，在人们的一生当中，拥有新生儿的第一个年头是最为糟糕透顶的——比离婚、失业，甚至丧偶还要糟糕。"

在这项研究中，调查者发现大多数夫妻在刚开始决定要孩子时是格外开心的。在孩子出生前一年，大概是由于怀孕和对婴儿的期待，他们的生活满意度持续上涨。只有在孩子出生之后，父母的感受才会背道而驰。

根据幸福满意度自我报告，一旦有了第一个孩子，大约只有 30％的父母还会保持同等幸福的状态。其他受访者均表示他们的幸福感在孩子出生后的第一年和第二年开始下降。

在那些幸福感下降的新晋父母中,37%(742人)感到他们的幸福感下降了1个等级,19%(383人)认为下降了2个等级,17%(341人)则下降了3个等级。平均而言,新晋父母的幸福感下降了1.6个等级。

作者最后这样写道:"虽然此项调查不能完全获得受访者养育孩子的感受,但这仍然是获取父母对养育孩子看法的可行方式,因为毕竟直接说新生儿的不好对新晋父母来说是一种禁忌。"我相信,这样的调查反映的正是全球父母对新生儿的普遍态度,或者说是0—3岁时期,抚养新生儿家庭面临的普遍问题。我也因此更相信,如果今天的父母不完成我前面提到的这种观念转变,如果我们的社会不能让新生儿的父母获得这样的观念转变,那么,这个问题将会一直存在,甚至愈演愈烈,带来更多的社会问题。

就像这篇报告里提到的那样,"这种负面体验造成的结果是,很多父母在有了第一个孩子之后便不再生育"。今天的中国可能会逐渐开放二胎生育,但如果父母们在养育第一胎的时候,没有太多的幸福体验,就一定会影响他们生育二胎的意愿。所以,是否养育二胎甚至养育头胎,不仅需要制度的变革,更需要观念的变革、文化的变革,这样的观念变革比制度变革更为重要。而这样的观念变革中有很多是我们现在根本还没有认识到,却更为重要、更为核心的观念。

8月17日　孩子的本能

恩之现在会发脾气了,有的时候,他如果心情不好,会把手里的东西扔出去。这段时间,更是发展成"生气三部曲":先是两手猛拍,表达自己很烦躁,你不理他,下一步就是蹲下来,用两手拍地,再不理他,他就要睡在地上了。不过,他并不是傻傻地直接躺在地上,而是先坐下来,手撑着,慢慢躺下去,然后就这么躺在地上盯着你。总之,这个过程他不会摔着自己,躺在地上的时候,也不至于像有些小朋友一样在地上撒泼打滚。

我和妈妈奇怪的是家里没有电视，他也没在外面见过哪个小朋友躺在地上耍横，他怎么就知道躺在地上不起来，是代表自己心情不好甚至愤怒的最高级表现形式？我们想来想去，一致认为"躺地上"是孩子的本能，他们到了这个年纪，自然会具有这种本能，会表达这种本能。

或者说会生气乃至会表达生气某种程度上也是一项技能，是一项需要习得并以此来证明婴儿的存在感的技能。所以，我们对恩之现在的发脾气倒是一点不生气，我只是劝他说，小朋友需要通过发脾气来证明自己长大了，但我希望我们家恩之在发完脾气后，还能控制脾气，来证明自己比别的小朋友更出色。总的说来，他还是能控制一点脾气的，至少每次他生气的时候，你稍微逗他下或者转移下话题，他就能很快不生气了。

仔细想来，恩之很多时候发脾气，确实都是在提醒我们注意他的存在或者尊重他的意愿。比如，如果我们总是自己聊天，没有理他，或者，他明明现在要吃某个东西，我却非要抱他去洗手，那他就会生气。所以，会发脾气说明恩之有了自我意识。

事实上，恩之现在这种自我意识或者说"我"的意识，已经很明显了。比如，昨天我们在沃尔玛给恩之选了一袋蜡笔，付款的时候，他看见我们把蜡笔给收银员，以为对方要拿走他的蜡笔，立马大哭起来；今天早上，我本来想带着我在沃尔玛买的一个小枕头到办公室供中午休息时使用，被他看见了，而他觉得这个小枕头也是他的，又大哭起来，坚决不让我带走这个枕头。

好在恩之虽然有了"我"的意识，但还是有分享精神的。比如，给他吃葡萄，他总是吃两个后就抓一个来塞到我嘴里。在客厅给他吃水果干，他吃着吃着，也会拿一个给待在书房的我。哪怕是昨天买的那袋蜡笔，他虽然确信那是他的，但回到家里就立马拿出来给我玩。

对婴儿来说，有脾气不可怕，他们甚至需要有脾气，关键是同时能控制脾气；有自我不可怕，我们也需要孩子有自我，关键是能同时有分享精神。就好像爱，我们需要爱，需要付出，但并不是说要在爱中迷失自我，真正的爱应该是"self in SELF"，把小我融于大我之中。

10月4日　恩之的四大娱乐

现在是国庆节，乐之在妈妈的肚子里飞快成长，妈妈行动也有些不便利，我们现在哪儿都不方便去，我这几天都只能带着恩之在家门口这一片玩耍。恩之这段时间，主要是玩四大娱乐系统：

1. 看《倒霉熊》：在所有动漫中，倒霉熊一直是他的最爱甚至是他唯一的爱好，我们也曾经试过给他看其他的动漫，他一概不感兴趣，只有看《倒霉熊》，才能安静地坐在那里，目不转睛、投入其中。他会随着剧情起伏手舞足蹈，有时还模仿里面的动作。他最喜欢的是倒霉熊踢石子的那段，为此还专门从外面捡了几颗石头来放在家里，他看《倒霉熊》"中场休息"的时候就会模仿倒霉熊踢石子。他实在太喜欢看《倒霉熊》了，有时吃饭的时候也要看一下，甚至便秘坐在马桶上也会看一会儿。好在他还是很有节制，甚至自己发明了"中场休息"的规则，看到一段时间后，会自觉地把手机按到暂停，然后在房间里跑跑，或是踢踢石子、抱抱西瓜球什么的，活动一下，然后接着把手机按开看。

2. 逛鼓浪湾：我们家对面这个海沧唯一的五星酒店成了他的私家游乐场，他甚至已经发明出了一套完整的玩法。我把他抱到酒店门口，他一路往那个自动玻璃门冲过去，快到门口时抬手一指，然后口念一声"一"，门就应声打开了，紧跟着恩之就骄傲地冲进玻璃门。进了酒店大堂就是一个钢琴吧，他会走过去看一会儿阿姨弹钢琴。他对阿姨弹钢琴的动作已经很熟悉了，以至于现在要想去鼓浪湾酒店玩的时候，他嘴里就会叫着"阿姨"，然后弯下身子，两只手在空中一阵乱弹。看够了钢琴表演他会转到大门左侧的一个自动擦鞋机，等我把脚伸出去让擦鞋机工作后，我会把他抱起来，把他的小脚也伸进去，让他体会一下那毛茸茸的刷子擦在鞋面上的感觉。接着就是他的最爱——坐电梯了。擦鞋机对面是酒店的客房电梯，他会先乘坐到二楼，然后出电梯门左拐，一路小跑，到酒店的那个通往餐厅的玻璃电梯，再坐回一楼。最后欣赏一下酒店的喷泉，一套程序基本结束。

3. 逛银行：准确地说是去逛银行的自动柜员机，每天晚上我会抱着他，从我们家门口的中信银行、邮储银行、交通银行、浦发银行、兴业银行、招商银行一路玩过去，偶尔还会抱去更远点的平安银行和华夏银行。他最初的兴趣是在摁自动柜员机，摁着摁着也形成一套标准程序，就是我说"插卡"，他就手指插卡口；说"输密码"，他就在密码键盘上一阵乱按；说"取钱"，他就去指向出钞口（不同银行的出钞口是不同的，有的甚至比较隐蔽，但经过一两次后，他都能准确辨别），每个银行甚至里面的每台柜员机，他都要挨着走一遍这个程序。慢慢地又衍化出一个新的作业流程，在这个程序走完后，他还要把每台柜员机外面的门开一遍，锁一遍（每个银行柜员机的门的锁法也是完全不一样的，他都能一一破解）。

4. 拍拍乐：恩之已经不满足于过去的坐摇摇车、旋转木马之类比较温柔的游戏了，他现在喜欢的是需要付出体力的娱乐项目。一个是打球，投币后需要用力把游戏杆拉出，然后将这边的球打出去把别的球撞进洞里。还有一个是拍拍乐，就是屏幕里有鱼在不停地游，你需要将渔网拍出，网住一条有分值的鱼后，然后不停地用力拍，将它拍到鱼篓里，并赢得与分值相同的弹珠。他现在超喜欢这个游戏，很多时候只要说恩之出门，他就用手在空中不停地往下拍，告诉我说他要去玩这个游戏。

恩之现在主要还是靠动作来表达他的意思，但他的语言能力，我们完全不担心，因为他会说的词已经有好多个，"没有""不要""丢"，也会叫"姐姐""妹妹""奶奶"。奇怪的是，我每次给老家里的父母打电话，让恩之叫那边真正的奶奶，他都不叫。或许正如妈妈说的，孩子知道语言是用来交流的而不是表演的。所以只有在他看到觉得可以叫奶奶的女士时才会叫"奶奶"。他真的是很挑人的，小区里有很多老奶奶，但他只管其中几个慈眉善目的叫"奶奶"，甚至只让其中一个人抱他。

他说话的声音很好听，像唱歌一样，他现在会奶声奶气地说"阿姨抱抱""妈妈背背"。而且，同一种叫法可以有很多变化，他会很坚定地用力地用四声叫"爸爸"，也会很婉转地用二声和三声拖着声音叫"爸爸"。

他是个情商很高的孩子，在家里总是会爸爸、妈妈、阿姨挨着叫一圈，让谁都不觉得被冷落。他也是一个很暖心的孩子，当阿姨抱着他在外面玩时，如果头发被海风吹乱了，他会主动去捋顺阿姨的头发。今天晚上阿姨从外面买菜回来，他明明自己在吃苹果，看见阿姨开门，就立马跑到餐桌前踮起脚尖，从果盘里拿出一块苹果，一路小跑着给阿姨送过去，把阿姨感动得不行。

现在的恩之，虽然只有1岁8个月，但我感觉很多时候他的行事已经完全是两三岁小朋友的做派。我也常常待在一边，满心喜悦地欣赏儿子的一举一动，对这个生命的现状感到无比骄傲，对自己能够有幸见证这个生命的成长感到无比自豪。

生命的力量总是让人惊奇，生命的生长也确实不易。就像昨天晚上，乐之这个小生命就吓了我们一跳。昨天晚上1点多，我睡得正香，却被妈妈焦急的声音叫醒了。她告诉我她从12点多开始，突然就觉得肚子发硬，甚至隐隐作痛，这种感觉持续了1个多小时。妈妈本来是和恩之睡在一个卧室的，但由于不舒服，又怕打扰儿子休息，于是赶紧到我的房间来吸氧。这下我睡意全无了，我们担心才30周的乐之要早产了。

我和妈妈都被吓得不轻，我甚至担心得浑身发起抖来。我赶紧打开家里的制氧机给妈妈吸氧，同时给我们做产检的医院打电话咨询，接着又赶快上网百度这是什么情况，心里又在快速思考万一真的要早产的话应该去哪家医院生的问题。

就在我和妈妈都陷入极大的担心的时候，突然听到一声巨响，我们马上知道是儿子从床上摔下来了。我立马朝儿子的房间狂奔过去，甚至连正在吸氧，还在担心会早产的妈妈也顾不上肚子疼，快速地冲了过去。果然看见儿子躺在地上，大哭不止。好在我看见他是面朝下趴着，知道没有摔着后脑勺。我把他抱起来后，检视了一遍，没发现有什么伤口，这下我悬着的心才放下了。儿子还是哭得很厉害，估计是被吓坏了。我只好把他送到妈妈的怀里，妈妈把他紧紧地拥在胸口，轻轻地抚摸着他的后背，并轻声安慰他"没事了，没事了"，儿子才渐渐平息下来。

妈妈经过这么一惊吓，肚子似乎倒好了些，陪在恩之身边渐渐睡去了，而我依旧担心，几乎一夜未眠。今天本来要去成都出差的，也只好告假，带着妈妈去医院做了各种检查，本来是要到孕34周才做胎心监护的，医生听我们的陈述后破例给才孕30周的妈妈做了胎心监护。好在检查结果显示各项指标都很正常，特别是B超结果显示乐之发育很正常，我们才稍微放下些心。

后来看到种说法，说是如果肚子里怀的是女孩，那么妈妈往往会在晚期觉得肚子比较硬。不管这种说法是否准确，妈妈这次怀乐之，很多的体验都确实和当初怀恩之的时候不同，看样子，我真的要有个女儿了！

10月12日　儿童意识的发展

今天凌晨4点多，恩之突然一阵剧烈的咳嗽，把我从梦中惊醒，我赶快过去抱他，过了一阵后，他终于不再咳嗽并沉沉睡去，我却再无多少睡意。妈妈也没怎么睡着，6点不到就到我睡觉的房间与我聊天，又讲到怀乐之的感觉和怀恩之的时候很不一样。

一个是身体本身的状态很不一样。以前怀恩之，她在孕晚期还是比较舒服的，去海滨公园散步走得比我还快，我走累了，她都还要再走一圈，说是这样生的时候好生。但现在怀乐之，没走几步就觉得小腹老往下坠，走一会儿就有些受不了。特别是晚上睡觉的时候，因为孕妇最好是需要左侧卧睡的，所以两次怀孕，妈妈都尽量以左侧卧睡的姿势睡觉。怀恩之的时候，这样的睡姿可以睡得很沉，但现在这样睡不了多久，她就会伴随着不舒服的感觉醒来。平躺着、侧卧着妈妈都觉得不是特别舒服，睡眠始终不是很好。

妈妈怀孕后仍然坚持把恩之带在身边一起睡觉，一方面是想要照顾恩之，而且恩之只愿意和妈妈睡；另一方面我们也不希望恩之觉得似乎妈妈怀了妹妹后就剥夺了他与妈妈一起睡觉的权利，认为妈妈对他的爱不如以前多。这样一来，肚子不舒服，需要不停地更换睡觉姿势，又怕影响恩之，她就更加睡得不好。

但是，我与妈妈的交流并不是想引申出我们照顾孩子多么辛苦，我们想对生命做另一番思考，或者说是进一步感知生命的神奇。

首先，生命本身不是一个闭环。就好像父母当初照顾我们也一定很辛苦，但今天我们对恩之、乐之的照顾，才是对他们当初给我们的照顾，或者说对他们把我们带到这个世界最好的报答。

生命就是这样在一代一代地被托付、被照顾中得以不断延续，如果他们照顾我们的幼年的目的，仅仅是希望我们将来能照顾他们的晚年的话，生命就在这里成了一个闭环，它的能量就仅仅在他们和我们之间流动，无法绵延流长。

所以，生命之箭需要一张张的父母之弓，以一种接力的方式不断向下射出。作为父母，当只管射出生命交在自己手里的那一支或几支箭，并期待那箭最终也会成为弓，却不可期待那箭始终只是自己弓里的箭。

当我们有幸成为弓，得到生命交给我们的箭的时候，那只是一把很小很小的箭，需要我们这只弓把他（她）培养成一支可以射出的箭。这个孵化的过程，需要我们付出很多身体上的辛苦，也将因此收获很多来自生命的幸福。

就像今天早上，我和妈妈谈起恩之的成长，再次为生命内在的力量而感动。我们再次回想起，当初恩之学啃手的时候，是如何一次次地努力把手往嘴里伸，学翻身时又是如何一次次地努力与坚持，哪怕中间经历一次次的失败也决不气馁，甚至连妈妈都看不下去忍不住提醒"宝宝休息一下"。

妈妈给我讲起上周的一个晚上恩之在梦里叫"爷爷"的事。他是在上周10月7日那天突然会叫"爷爷"的，为此我们还兴奋地专门给爷爷打电话报喜，让他在电话里大声地叫了几声"爷爷"（那天也是他第一次在电话里大声叫"奶奶"）。这样的技能好像是他突然掌握的，但那天妈妈突然听到他在睡梦中大叫一声"爷爷"，我们才明白，孩子一定是在心里默默练习过很多遍，才会有那一天的脱口而出，而且一下就叫得如此清脆有力。由此，固然是我们在抚养生命，但生命完完全全是靠他自己的力量在长大。

我这个父亲，由于每天都会陪儿子玩一会，才得以有机会为生命的成长而欣喜。我常常很骄傲地对妈妈说，儿子是我此生最满意的作品，这是一个完美的作品,没有任何一个地方让我不满意。但我自己知道,这个作品其实不能算是我的作品,而完全是他自己的作品。

就好像他现在看《倒霉熊》,看到其中僵尸的那段,就立马会自己把眼睛蒙上,来表达他的害怕之意,这可从来没有任何人教过他。更神奇的是,他不知道怎么就形成了去鼓浪湾酒店这样的空间,特别是要看那里的阿姨弹钢琴必须要盛装出席这样的绅士观念。

那一天保姆想抱他去酒店玩,快到门口他突然弯腰用手指着保姆的脚,"啊啊"地叫个不停,保姆突然明白了他的意思是说她穿的拖鞋是不能去那里的。

昨天早上是礼拜天,我给他穿衣服的时候,拿出两件衣服,一件是比较随意的T恤,一件是有个领结的小衬衣。我对恩之说,我们今天要去看阿姨弹钢琴,要穿哪件衣服呀?他立马指着那件衬衣,然后用手在空中给我比画弹钢琴的动作。

更神奇的是,当我把他抱到酒店门口放下来,准备让他自己进入那个电动门的时候,我分明看见他伸手整理了下衣服和领子。我这儿子,拥有的实在是与生俱来的绅士风度,而这样的风度是他老子到现在都没有,也根本没办法教育给他的。

生命的神奇之处还在于我们与他是互动的关系。当我们这样满含喜悦地养育他的时候,他也得以更加健康、更加幸福地成长。最近妈妈在看《西尔斯亲密育儿百科》,我们才发现,原来我们一直在实践的就是西尔斯的"亲密育儿法"。

这种方法不同于常规的方法,一般人都强调要培养孩子的独立意识,很多方法甚至让父母"远离"孩子,而西尔斯认为,越是与父母亲密的孩子,越是独立。特别是那些在1岁前就与父母建立亲密关系的孩子,长大后对与父母分离的忍耐力更强。为此他提出一个"深沟理论":

婴儿意识的发展就好比制作唱片。父母与婴儿的关系越亲密,唱片的沟纹就越深,宝宝在需要时就能越快找到这条沟纹。早期的理论认为,强烈依恋父母的婴儿将永远走不出这条沟纹,会变得有依赖性;最新的很多试验(包括他自己的试验)却证明事实刚好与此相反。有一个经典的研究叫作"陌生情境实验",研究者研究了两组婴儿("受到安全疼爱的"和"没有安全疼爱的")在陌生环境玩耍的表现,大部分得到安全疼爱的宝宝,也就是沟纹较深的宝宝,在离开妈妈探索新玩具时表现出的焦虑较少。作者的结论就是,只有让孩子觉得很安全时,他才会对这个世界有信任感,才会拥有探索这个世界的勇气。

这种情况我试验过很多次,比如,晚上抱恩之去银行玩耍的时候,我常常把他放到柜员机旁边后一个人躲在银行外面。他会自己一个人玩柜员机的门之类,等发现拉不开,回头要找爸爸帮忙的时候,才突然发现爸爸不在。但他从来不会因此就紧张、哭泣,只是很兴奋地跑出来,因为他知道爸爸一定不会抛弃他,一定会在外面等着他。他对我有着全然的信任,也因此对哪怕暂时剩他一个人的世界也充满信任。

作者写道,我们和孩子做的每一件事都是在教育。教育从宝宝一出生就开始了,从第一声哭到第一次说"不",都是你和宝宝之间的互动,也都是教育,因为"教育是一种关系",而"真正的教育来自父母和孩子之间的信任"。

这种信任就是爱的体现,双方之间信任关系的建立就是一种爱的关系的建立,这样的教育也就是一种爱的教育。同时,作者也特别提到,要建立这样的信任,很重要的一个手段就是抱孩子,这是亲密育儿法的三大要领(分别是母乳喂养、经常抱着宝宝,以及积极回应宝宝发出的信号)之一。

当恩之出生的那一刻或者说当我第一次把恩之抱在手上那一刻,我就认识到,这是这个孩子或者说这个生命对我的浓浓的信任。很庆幸的是,这一年多来,我成为我们家抱孩子抱得最多的人,也成了孩子最喜欢的抱他的人。在这样的抱孩子的过程中,恩之对我的信任得以不断加强,我和恩之的爱也得以不断加深。爱在手上抱,我手上抱着的是爱,也通过这样的抱,感知爱、得到爱、升华爱。

这样的爱乃是弓与箭之爱,它不同于其他的爱,比如男女之爱。它是最纯粹、最本质的生命之爱,因为我们在这里,看到的都是一个个最纯粹的生命,我们所感悟、所赞赏、所惊叹的也都是一个个活泼的生命,我们热爱的是生命,拥抱的是生命,感动的也是生命。

我突然感悟到,做个好父亲其实就是一种最好的修行。在这个普遍的意义丧失的时代,很多人希望通过某种宗教修行的方式来找到人生的意义,特别是找到与所谓"神"的某种连接,为此或是青灯礼佛,或是低头祷告。

奥修在《勇气》一书中,对这个问题有这样一段评论:"当你很随性的时候,比如你来到一棵树的面前,去和它说话,人们会说你疯了,但是你去对着十字架或者佛像说话,人们会说你很虔诚。但事实上,树绝对比十字架或者佛像更接近神,因为没有任何十字架可与神连接,十字架是死的,而树是活的,它的根深植于大地,枝叶高耸于天空当中。树是与太阳、星星、与整个存在紧紧相连着。"最终,奥修的结论是,"去跟树说话!它可以成为你与神的交汇点"。

克里希那穆提也告诉我们:"有时需要独处,并且,如果你够幸运的话,爱可能会降临你身上。它就在一片落叶上,或者是来自旷野中那棵遥远而孤独的树。"爱默生则说道,"自然对人心灵的影响,从时间上看是最先,从重要性上看是最大",通过"将人们带入自然,是要让人们懂得自然是灵魂的另一面,每一部分都相互应和着"。我曾经参与倡导的房车生活、游艇生活,就是希望通过将人们引入自然,来获得与神性的某种连接。

但是,一两次的与自然独处乃至走入自然深处,不足以让人们获得这样的神性。恰恰是我们所要照顾的孩子,特别是0—3岁的孩子,是纯粹的生命的孩子,或者说他们本身就代表着神性,代表着生命。(所谓神性即是本性,傅斯年在《性命古训辩证》中已经考证出,独立的"性"字为先秦遗文所无,先秦遗文皆用"生"字为之,所以,真正的生命即是性命,即是本性。)

与其每天向神祷告,不如每天与孩子对话;与其把十字架挂在胸前,不如把孩子抱在胸前;你与孩子朝夕相处,神就与你朝夕相处。孩子才是我们与神性最好的连接方式,拥抱孩子才是我们最好的修行方式。

这让我再次想起澳门"洋观音"的设计理念"神性只有一个,她存在于每个人心中",这里的每个人是不分西方人与东方人或者说中国人的。也就是说,在全世界的父与子的关系中,我们应该可以去探讨并获得同样一种关系。

而孙隆基在《中国文化的深层结构》中述及两代人之间的关系的时候,认为中国的父母关注的是孩子的身体,忽视个性,而西方则相反,更注重个性的培养。所以,他反复谈到,"西方人很早就开始让他们单独睡,以便培养他们的独立性","西方人从小起就训练子女独睡,使他们不要出现常常与别人'在一起'的需要,以便培养独来独往的精神"。

然而,孙隆基在这里所做的发现,显然不是东西文化的区别所在。更重要的是,他这里的发现根本就不是事实的真相所在。

美国的西尔斯博士本身就是儿科医生,加上自己亲自养育8个孩子的实践,写就《西尔斯亲密育儿百科》一书,并在其中把"和宝宝一起睡"列入他所发明的"亲密育儿七法"中的一个重要的方法。

他在书中写道:

> 睡眠共享似乎比其他亲密育儿方式更容易引起争论,我们也不知道这是为什么。这个历史悠久的传统,一到现代社会就突然'不对'了,我们对此感到万分惊讶。世界上大多数宝宝都是和父母一起睡的。即使在美国,也有越来越多的父母喜欢上这种睡觉的方式,只是他们不告诉医生或亲友罢了。

孙隆基先生出于对代表西方的独立、民主、自由之类的现代价值的推崇,想当然地认为,西方的父母为了从小培养孩子的独立性,一定是很早就让孩子单独睡。却不知道,这个父母和孩子共同睡觉的传统,是东西方共同的育儿之道,而且是在现代社会需要去尝试甚至去坚持的共同之道。唯此,才可以建立与孩子的亲密关系,而这样的关系正是全世界的父母与子女都应该共同努力去追求的关系。

所以,全世界只有一种恩,也只有一种弓与箭之爱!

11月10日　月亮姐姐的香蕉

虽然乐之还没有出生，但有女儿的感觉和有儿子的感觉还真的是不一样。我这几天自己走在路上，眼前就总是幻化出一个扎个小辫、小脸圆圆的小妹妹，那就是我的乐之"妹妹"（我和妈妈决定，宝宝这个称呼属于恩之，妹妹这个称呼属于乐之）。然后我伸手去揪她的小辫，又去捏一下她的小脸。嘴里说着，"妹妹不乖，爸爸打你屁股"，接着又说"嗯，妹妹是女孩，爸爸不打屁股"。总之，感觉对乐之是满满的怜爱。

至于恩之，现在我已经彻底成为他最好的玩伴了，而且，我们已经可以毫无障碍地展开各种游戏。他虽然还不到2岁，但和我玩起来，感觉已经像个在上幼儿园的小朋友似的。

今天晚上，我们已经可以相互比赛踢石头了。我们在家里，各自用脚踢着一个他在外面捡回来的小石头，从沙发这头踢到门那头，又从门那头踢到沙发这头，比谁踢得快。

然后，他又坐在小三轮车上（妈妈在车上拴了根绳子），我用绳子拉着车，他在车上掌着龙头，不停转弯再前进，相互配合，嬉闹着从这个房间骑到另一个房间。

他还在开发和指导新的娱乐项目。这两天他比较喜欢玩的是让我戴着我在电影院看3D电影带回来的3D眼镜，然后跷起一只腿，把一个系着绳子的小球在空中挥两圈后，从家这头扔到那头，然后又去捡起来，再从家那头扔到这头。而他则站在沙发上，给我鼓掌，也监督我不要取下眼镜（因为从不戴眼镜的我，戴着这个眼镜是很不舒服的），只要我一摘下来，他就立马用手指着他自己的眼睛，示意我要戴上去。

我最近看到罗素的《教育论——特别是幼儿期教育》一书，里面高度评价"游戏"的作用，指出儿童"在孩提时代由装扮青髯公所粗糙满足的权力本能，以后便可通过科学发明、艺术创作、培养教育杰出儿童或其他任何有益的活动来获得高尚的满足……然而,如果他的权力欲在儿童时期就被扼杀于萌芽状态,他将会变得无精打采,既不做好事,也不做坏事。这种弱者的善不是世界所需要的,也不是我们应当努力使孩子具备的"。

在与儿子的游戏中,我明显能感受到他的"权力欲"。让我骄傲的是,由于我对儿子长期的陪伴,我很荣幸地被他指定为"最佳玩伴",也因此建立起很多父子永远不曾有的深厚感情。今天晚上回家,妈妈给我讲了一件事,把我感动得眼眶湿润。

每天晚上入睡前,妈妈都会给恩之讲她自己编的月亮姐姐的故事。故事里月亮姐姐很喜欢吃香蕉,于是她就在她的院子里种了一棵香蕉树。月亮姐姐家的香蕉是全世界最最好吃的香蕉。昨天晚上在故事里,妈妈和恩之假装抬来一架长长的梯子,大概有100层吧,梯子一直伸到了云朵上,伸到了月亮姐姐的家门口。然后妈妈假装用手抓着梯子嘿哟嘿哟地往上爬,边爬边说:"宝宝加油哦!"终于到了月亮姐姐的家门口,妈妈带着恩之问:"月亮姐姐,月亮姐姐,恩之想要吃一根香蕉。"然后妈妈又假装月亮姐姐:"好的!恩之今天一整天表现都很棒,可以自己做很多事情了,你很勇敢,自己爬了这么高的楼梯。所以我要奖励你两根香蕉。但是你要自己摘哦。"恩之就伸出手去假装摘香蕉,"嘿"的一声,香蕉摘下来了,又假装放鼻子上闻闻,深呼吸一下"唔……唔……",意思是香蕉好香啊。然后又假装一下一下地剥香蕉皮,再假装咬一口,"哇!"意思是太好吃了。妈妈提醒他,月亮姐姐给了我们两根香蕉,恩之吃了一根,另外一根留给谁呀?他说要留给爸爸,然后就慢慢睡去了。

但今天白天,妈妈发现恩之很奇怪,他的左手一直握成小拳头状,怎么掰都掰不开。让他拿东西他就用右手拿,即便不得不用左手了,他都只是用大拇指和食指使力,而中指、无名指以及小指仍然蜷曲起来,舍不得打开。开始看到这种情况时,妈妈吓坏了,担心他的手是不是哪里有问题,赶紧让他把手臂举起来,他可以轻轻松松举起来,这说明他的手臂没有问题。可是他却仍旧把他的左手捏得紧紧的,就连中午睡午觉前给他洗澡,想要给他把手掰开洗洗,都要费很大的力。

直到我晚上回家,他叫着爸爸,然后把左手摊开伸到我面前,我们才明白,原来他手里一直捏着的是他想象的那根月亮姐姐的香蕉,要等着我下班回家给我吃呢……

12月2日　得女乐之

今天凌晨1点多,妈妈起床去小便,但发现总也尿不完,而且感觉有块状的东西一块儿流出。生过一个孩子的妈妈已经很有经验,她意识到这是胎膜破了,羊水流出来了。我赶紧先通知产检的友好妇产医院,然后拎着事先备好的待产包,叫上车,赶紧朝医院里赶。我在产房外经过漫长而又焦急的等待后,医生从产房里出来给我报喜:生了个女儿,母女平安。女儿王乐之在胎龄"39周+1"这一天正式降临人间了,她的体重6斤3两,身高50厘米,评分10分,很健康。

此刻我写下"母女平安"以及"很健康"这几个字,就好像心里终于放下了一块大石头。早在妈妈孕26周照四维彩超的时候,医生就告知我们妹妹是"单脐动脉"——正常的胎儿脐带里有三条血管,其中有一条静脉血管,两条动脉血管。但乐之只有一条脐动脉,这是极其少见的情况(据说概率是百分之零点几)。我们问医生单脐动脉有什么影响,医生只是轻描淡写地说影响不大,胎儿可能会营养不良,需要密切留意。

单脐动脉这个消息给我和妈妈带来了很大的心理压力。我们回家后自行在网上调研了很多资料,很多资料里所说的情况并不如医生说的那么乐观。其中就有报告说,单脐动脉的胎儿出生后畸形概率比正常脐动脉的胎儿要高,成活概率也要低很多。我和妈妈一度都陷入严肃且痛苦的思考中:要不要把孩子生下来?生下来健康则皆大欢喜,若是不健康,我们是否能承担得了这样的责任,若真是这样,那当初做出"生下来"的决定算不算是对孩子不负责任?

我开始托人联系厦门最好的产科专家,想要听听专家的意见。在妹妹28周的时候,我们就去了厦门市妇幼保健院的产前干预科。干预科的专家说,现在胎龄太大，已经不能做羊膜穿刺检查了，只能是密切观察，因为单脐动脉的胎儿极易缺氧窒息。至于我们最担心的畸形，医生倒没有怎么强调。

我们稍稍放心了一点。回家后妈妈立马在网上订购了家庭制氧机，准备在家里随时吸氧。从30周开始，妈妈每天都要用家用胎心仪听一次胎心，一旦发现胎心不对就赶紧吸一次氧。到孕后期更是早中晚都要各吸一次15分钟的低流量氧，若是胸闷气短、肚子发紧还要及时再用胎心仪监测一次胎心，然后再加吸一次氧气。我们心里清楚，这样做又何尝不是一场冒险的赌博呢？

特别是从30周那次"早产惊吓"后，我们更是提心吊胆，老是担心她会早产。而到了孕后期，缺氧症状更明显，那个时候，我们就常常期待她像哥哥一样最好是满孕36周就早产，那样生出来若有什么问题至少还可以交给医生去处理，而在肚子里什么情况都不清楚，即便是医生也会束手无策。

这样的煎熬确实很考验人的承受力，我和妈妈每天都在做着痛苦的抉择。提前出来有提前出来的风险，包括早产儿的风险，乃至剖宫产的风险。而静静等到她自己"发动"，顺其自然地出来也有风险，她会不会在里面缺氧？妈妈的长期吸氧，会不会对乐之的视力有影响？因为连产科医生都不建议妈妈天天吸氧，说是天天吸氧胎儿出生后会有视力受损的风险。

这种担心还有很多。我曾经在网上看到一个帖子——"写给天下所有单脐动脉宝宝的妈妈们"，是一个妈妈的文章。里面讲道："那段日子里我整天神经绷得很紧，只要肚子里宝宝不太动了或者动得次数少了就急忙跑去医院听胎心。甚至晚上睡觉（那时是冬天）睡到半夜就要起床披上大衣到窗口去呼吸新鲜空气，我怕屋子里长时间关闭着窗户，氧气会吸光。跟老公也分开两头睡了，怕他夺我的氧气。是不是很神经兮兮呵！"看到这里我一方面忍俊不禁，一方面又在想但凡是单脐动脉孩子的父母，应该都能体会这样的心情吧。

等到满孕36周了，妹妹仍然迟迟不"发动"，妈妈都觉得她好有定力。妈妈很是担心，她咨询产科医生的意见，问能不能提前剖宫产。医生说，没有剖宫产的指征。她忍着担心，一直耐心等待到孕39周，妹妹还是没有要出来的意思。妈妈只好挺着巨大的肚子，拖着沉重的身体去爬楼梯，一直从1楼爬到18

楼，又从18楼走到1楼。

果然，在这样的强力刺激下，当天的凌晨妈妈就发现胎膜破了，乐之妹妹总算是如期"发动"了。我觉得这个日子不早不晚，刚刚好。甚至连"发动"的时间都是这么好，我一直担心，妹妹要是在上下班高峰的时间"发动"的话，海沧大桥上一定堵得一塌糊涂（我们住在海沧，属于岛外，而医院在厦门岛内，每到这个时间，来往两地必经的海沧大桥都堵得水泄不通）。妈妈甚至担心，如果是在我上班的时候"发动"，那我从公司赶回来接上她们，然后再赶去医院，时间就更是耽搁了。看来，妹妹真的是一个有福之人。

今天凌晨将妈妈送入产房以后，在等待的时间里，我曾长时间地站在床边眺望无边的夜色，分明看到巨大的天幕上只有两颗大大的星星，两颗都很明亮。但唯有一颗在不停地闪烁，好像在对着我眨眼睛。我坚定地相信，闪烁的这一颗一定就是妹妹，我知道她正在从天上赶来我和妈妈、哥哥的身边……

12月15日　抱在头三天，在家照蓝光

由于妈妈是顺产，妹妹的状态也很好，所以5号那天我们就办了出院手续。

这次住院期间，一个极其重要的收获是12月3日那天，妈妈在病房里躺着休息的时候，突然来了一位满头白发很像林巧稚的老奶奶（林巧稚是厦门人，我们住的友好医院以林巧稚为榜样，到处贴的都是这位中国妇产科之母的相片）。据她讲，她已经退休10多年，是专门被友好请来给新生儿做检查的。

她看上去很亲切，在她给妹妹做新生儿检查的时候，我们跟她讲起这两天妹妹有点鼻塞，我们很担心，又特别跟她提起恩之哥哥曾经因为新生儿肺炎而住院的经历。她听了过后赶紧给我们解释，说宝宝刚出生后的一段时间里之所以容易鼻塞，甚至出现严重的新生儿肺炎，是因为他们过去在妈妈肚子里的时候是30多摄氏度的环境，而出生后就一下子进入到20多摄氏度的环境，这样的温度差异会让他们很不适应，而他们的身体又还没有发育到能自如地对温度差异进行有效调节的程度。

她给我们提出了一个很重要的时间概念：前三天。她认为婴儿出生后的前三天特别重要，大人最好多抱抱孩子，只要体力允许就需要把婴儿抱在温暖的怀里。最多让婴儿在床上连续躺卧2小时，大人就需要起来至少抱1个小时。

为什么要这么做呢？第一是大人通过抱的过程，把父母的体温传给孩子，给予婴儿一个和妈妈体内差不多温暖的环境；第二就是在这几天内，婴儿的肺部有1万多个肺泡需要急速壮大，将婴儿抱在怀里更有利于新生儿肺泡的舒展，有效促进肺功能的强大。而如果长期平躺着，相当于背部一直受到压迫，就会有很大一部分肺泡的发育受到影响。她多次给我们强调："多抱抱她吧，这么小的宝宝不用担心会宠坏她的。"

就在我们谈话的时候，乐之妹妹突然咳嗽了起来，加上鼻塞，她的小脸憋得青紫。幸好有这位老医生在场，她赶紧把乐之抱在怀里，将五指并拢只用手腕部发力，有力又平缓地拍打着乐之的背部。

但妹妹还是在费力地咳嗽着，脸憋得更厉害了。医生赶紧将她的小脸歪在一边，让痰液顺利流出来，然后用手轻轻捏着她的鼻子，再快速松开，这样子弄了好一阵，乐之妹妹才缓过气来，我在一边看得真的是好着急啊！多亏有这位医生在场，不然就我和妈妈的话，一定不知道怎样去处理。

虽然我们并未去考证医生的说法，但至少我们的乐之在那次剧烈咳嗽和憋气后再没有出现过类似情况。接下来我们也是严格遵照医生的嘱咐，有事没事就把她抱在怀里。很多医院（包括恩之出生的珠海市人民医院）在宝宝出生的前几天，教给父母的都是把孩子放在婴儿床上，让孩子一直在那里躺着休息。这样父母倒是轻松了，但可能就给很多孩子埋下了肺炎的隐患。这位老奶奶给我们特别强调，宝宝出生的前三天最为关键，哪怕父母这三天辛苦点，也要多抱着孩子，她甚至鼓励我们，共同努力，不要让妹妹再遭受哥哥当时所受的苦。

对于我这个崇尚"爱在手上抱"的父亲来说，听到这段话，简直如醍醐灌顶，原来把孩子抱在胸前，不仅有我前面思考到的那么多意义，还具有预防保健、促进发育的作用。把孩子抱起来，在我带恩之的时候，主要还是发生在50天以后。50天之前我也会抱，但那个时候的抱，是偶尔的也是紧张的，因为我总觉得孩子还太小、太软，怕我笨手笨脚，一不小心就把他弄得不舒服了。现在看来，对孩子的抱其实从孩子出生的那一刻就应该开始，孩子是抱不坏的，但不抱孩子却可能出问题。

从妹妹出生的第二天开始，我和妈妈就轮流把妹妹抱在怀里，白天也抱，晚上也抱。我们甚至有点遗憾，为什么这位老奶奶不第一天就过来，这样的话，我们可以从第一天开始，就把妹妹抱在怀中，那她甚至都不会鼻塞了。

这次住院期间，另一个重要的感受就是恩之这个孩子极其懂事。我们以前还特别担心，妈妈生乐之住院期间恩之会不会一到晚上就一定要缠着和妈妈睡，没想到恩之真的是十分贴心。1号晚上他和阿姨在海沧的家里过夜，2号那天，我把乐之妹妹和妈妈安顿好后就过去把他和阿姨接过来看妹妹和妈妈。见到妹妹后他就主动凑上去亲吻妹妹的小脸蛋，并且"妹妹、妹妹"地叫得亲热。因为想要恩之在妈妈住院期间也能随时看到妈妈，加上他乘车会晕车，我不想他岛外岛内来回奔波辛苦，所以我就在医院附近找了酒店，让阿姨陪着他在酒店睡，并交代阿姨说，万一晚上他实在想妈妈哭得厉害的话就把他抱过来。妈妈忐忑了一个晚上，并没有见阿姨半夜抱着恩之过来。这说明恩之晚上没有闹腾。果然第二天听阿姨说，恩之晚上只偶尔哭两声，告诉他说妈妈在陪妹妹，他也就很快睡去了。

当然我们也十分注意他的感受。在妹妹快要出生前我们就事先了解到他最喜欢打地鼠游戏的玩具。我们提前按照他的喜好备好了玩具，并且告诉他妹妹出生时会给他带来神秘玩具。今天一回到家，我们就马上拿出来给他，告诉他这是妹妹送给他的，是妹妹从天上给他带来的礼物，恩之高兴坏了。

有了妹妹后哥哥或多或少会有牺牲，恩之幼小的心灵里也一定有不平衡。最大的牺牲就是妈妈在很长一段时间内无法再陪他。除了阿姨以外，我们没有再让父母或者另请月嫂来帮忙，月子期间每天都是妈妈一个人在主卧里，照顾妹妹的吃喝拉撒。尤其在妹妹照蓝光灯期间，恩之更是一天难得见上妈妈一面。

从6号开始,妹妹的黄疸就开始出现,整个面部都被黄染了,我们要吸取带哥哥时的教训(哥哥出生后很长一段时间里黄疸都居高不下,即便后面新生儿肺炎住院期间顺带照了蓝光降下来了,后期还是回升,直到满月后黄疸都高达17,导致哥哥一直到现在肤色都黄中带黑,好像还在经历黄疸一样,更深的影响是导致哥哥的肌张力偏高,跑跳都不是特别灵活),但又舍不得把妹妹送去医院照蓝光,让小小的她独自在医院度过一周。

这个时候,妈妈灵光一现,淘宝上会不会有蓝光灯卖呢?庆幸的是还真有,更庆幸的是卖蓝光灯的店家还顺带租赁黄疸检测仪,押金7000元,租金70元一天。妈妈喜出望外,毫不犹豫地下了订单。

蓝光灯和黄疸检测仪第二天就顺利送达。妈妈迫不及待地给妹妹一测,妹妹的黄疸居然高达26(正常值应该12以下,最好在8以下)!妈妈赶紧按照说明书安装好灯,家里打开暖空调和热风机,又备好加湿器,然后把妹妹的包被、衣服都脱光光,只给穿上防蓝光辐射的纸尿裤,戴上防蓝光的黑色眼罩,最后把她放在蓝光灯下的小床上照蓝光。由于妹妹不喜欢睡着,妈妈只好把她抱在怀里坐在蓝光灯下给她照蓝光。

按照说明书上的说法,每天至少要连续照蓝光6小时才会有效果。妈妈每天这么辛苦地把自己关在房间里抱着妹妹照蓝光,就更是腾不出精力来回应恩之的需求、照顾他的情绪了。有几次他从外面玩了回来,兴冲冲地打开主卧的门,"妈妈、妈妈"地跟妈妈打招呼,都被妈妈轰出去了。妈妈担心室外的冷空气(那段时间厦门进入冬天,气温只有十一二摄氏度的样子)进来让光着身子的妹妹着凉,也很担心恩之靠近后蓝光灼到他的眼睛。可怜的恩之只好悻悻地退出去了。

这样一直持续了好多天,直到妹妹的黄疸渐渐消退,妈妈才敢把卧室房门打开,让恩之自由出入主卧,想妈妈时就可以看到妈妈。然而自此,恩之是没有机会再和妈妈睡在主卧的大床上了,也少有享受妈妈的怀抱的时候。

对于这样的变化,恩之也是无奈地接受了,并没有因此而哭闹不停。不过他这么懂事，更让妈妈对他心生歉疚和怜爱。有好几次他看到妈妈从主卧里出来，本想伸出手去要妈妈抱抱他，但妈妈抱着妹妹根本腾不出手来抱他。每当这时，妈妈都心疼得潸然泪下。

原本独属于他一个人的妈妈，现在不得不分给妹妹了。恩之不说，但小小的他用行动告诉我们：亲爱的妈妈已经让给妹妹了，不能再把亲爱的爸爸让给妹妹了。当他看见我抱妹妹的时候，就会很不高兴地过来坚持一定要让我抱他。

我们完全理解他这样的行为，我和妈妈现在的分工就是妈妈专职陪妹妹，而我专门陪恩之。恩之也认可了这样的分工，有什么事总是"爸爸、爸爸"，只找我帮忙。总的来看，处理好哥哥与妹妹的关系，均衡地分配我们的爱与精力，是伴随着妹妹哇哇降生的那一刻而来的需要我们去认真思考、认真学习和认真践行的重要课题。

12月28日　孩子这么小，我想多抱抱

今天妹妹26天大，虽然还没有满月，但已经是我们第二次抱她去厦门妇幼保健院看医生了。出生后的第9天，我正在公司上班，妈妈打来电话说妹妹鼻塞得很厉害，呼吸很不畅，睡觉时呼噜声很大，脸色好像也不太对劲。她很担心妹妹得肺炎，希望我请假陪她带妹妹去看医生。后来医生听了肺部说没有肺炎症状，我们才放心了一些。而今天她可能是肠胃有点不适，不能平躺，一平躺她的喉咙里就发出"嗝……嗝……"的声音，听上去很吓人，好像特别地难受。给医生听了录音，医生觉得无须太担心，只给开了些我们以前不曾见过的益生菌。

好在都是小毛病，何况毕竟是养育第二个孩子，我们的知识和经验都在进一步丰富。

从经验来看，我们在家里给妹妹测黄疸、照蓝光，就是吸取了当初抱着恩之在寒风中往医院跑好几次去测黄疸的教训。我甚至觉得，恩之后来患上新

生儿肺炎都与此关系极大。而我们现在的做法,连医生都惊叹不已,说从来没有见过在家里这么操作的。

从知识来看,我们关于养育孩子的知识和我们自身对医疗健康的认识都在不断增加。比如,我最近在研究精准医疗,充分了解了新生儿做基因筛查的重要性。妹妹刚刚出生,我就找来华大基因的销售代表,花了8000元给妹妹做了"新生儿基因检测",这项检测包括87种新生儿常见遗传病检测和32种儿童药物基因组检测。听这个销售代表讲,现在做孕妇无创产前基因检测的项目比较多(妈妈怀乐之时,我们也是花2400元做了这个检查),但大家对新生儿基因筛查的认识还是不足,在厦门基本上只有住在市妇幼保健院VIP产房里的人,才偶尔有那么一两例做这个项目的。

在我看来,这确实是一项极重要的基因筛查项目,有一定经济实力的父母都应该让新生儿做这样的检查,它既可以及早发现一些不为人知的遗传性疾病,也可以指导孩子一生的安全用药,知道什么药对他(她)有效,而什么药对他(她)无效甚至有危险。

不过,在如何处理恩之和乐之两兄妹的关系上,我和妈妈既无任何经验可循,也没有太多知识可以依赖。这个问题看上去好像并不严重,甚至一般人都不会把它当作问题,但敏感如我却感到一种巨大的隐忧。

首先,恩之哥哥是发自内心地喜欢妹妹的。举一个简单的例子:他自己的尿布他嫌臭,让他去扔是坚决不扔的,但是妹妹换下来的尿布,他却愿意拎着去扔到垃圾桶里。

我们也一直很重视哥哥的感受。比如,我一下班回到家,一定是先抱哥哥,陪哥哥玩,等玩的间隙才去看下妹妹。前段时间朋友到家里来看妹妹,我也特别带着他们去玩具车专卖店,让他们给恩之买了一个电动的宝马摩托车和一个遥控的玩具挖掘机(所有车辆中,他现在最喜欢的是挖掘机,并自己根据挖掘机的运作特点,把它命名为"挖丢",每次在路上看见"挖丢"都兴奋不已,每个周末我都要陪他去儿童游乐场开挖掘机)。

但是,我们毕竟不可能再像过去一样,把所有的精力和注意力都只放在他一人身上。我们也能明显感知儿子的失落，只不过他太乖，或者说他这么小就明白自己作为哥哥的责任，只是把这种失落埋在心里罢了。

就好像妈妈现在完全没法抱他，晚上也不能陪他睡，他嘴上不说，但心里一定还是渴望妈妈的拥抱和陪伴的。所以，近段时间以来晚上醒来后，他总是忍不住要大哭一阵，至于原因，他很少给阿姨说，只是偶尔有那么一两次说是想妈妈了。

今天凌晨3点，他醒来后又一阵大哭，这次阿姨完全哄不住他。于是妈妈过去把他抱来一起睡，而我则在小书房里抱着妹妹（妹妹出生后，妈妈和妹妹睡主卧，哥哥和阿姨睡次卧，我则睡在书房里）。我这乖巧的儿子哦，睡着睡着突然就听见妹妹哭了，然后他就大声叫着"阿姨！阿姨！"，意思是"妹妹哭了，妈妈该去抱妹妹了，快来抱我去和你一起睡"。妈妈赶紧对他说"爸爸抱着妹妹，没关系的，你可以继续挨着妈妈睡"。他才又安心地睡去了。

像恩之这样的年纪应该是最任性最调皮也最不擅长体谅懂事的年纪，但他却表现出惊人的体贴和懂事。这样的乖巧既让我们感动，也让我们心疼。我们更希望他能任性而为，想哭就哭，该笑就笑，而不是压抑自己内心的真实想法和需求。

最近一段时间，我甚至明显感觉到他似乎有了心事，性情也不如以前活泼开朗了，甚至还常常把头靠在沙发上，茫然地看着一切，不知道他小脑袋瓜里在想些什么。更让我惊讶的是今天早上，我叫他名字，想要抱抱他，他却往墙角、沙发角里躲，显得畏畏缩缩的，走路也小心翼翼，我觉得问题有点严重了。

比起妹妹的身体来说，哥哥的心理更让我们担心。我可不希望我本来活泼、阳光的儿子，由于他的懂事、体贴，而扼杀自己作为2岁孩童的天性，最终变得越来越胆小、自卑。今天早上我和妈妈再次把年幼的儿子托付给阿姨，抱着妹妹出门看医生的时候，我们满怀心疼和愧疚地交流了一下对这个问题的共同感受。我们再次明确达成共识，就是等1月2日妹妹满月后，妈妈就必须要每天抱着妹妹，陪着哥哥一起出去玩了，而不是长时间地把他托付给阿姨照看。

至于我，更是明确地做出了决定，在2月份领完年终奖后一定要辞职，我必须回家多陪陪我这对可爱的儿女了，我必须要让他们身心健康地成长。辞职理由我也已经想好，套用今年特别流行的一封辞职信"世界那么大，我想去看看"，我的辞职信就这么一个理由，"孩子这么小，我想多抱抱"。

1月20日　二孩父母的巅峰体验

昨天凌晨4点多，恩之突然大哭，阿姨一问他说想爸爸了，于是把他抱来和我一起睡。今天凌晨4点多又是大哭，我跑去安慰了半天，以为又是想我，却根本不让我抱，等妈妈过来，才知道是想妈妈了，非要让妈妈抱。

然而，哥哥今天的这个很正常的要求，却给我们带来了一次巅峰体验，我们遇到了两个孩子同时出状况的情况——哥哥想妈妈了，需要妈妈的安抚，而妹妹也整个晚上因身体不适而哼个不停。我们俩只好一人搂着哥哥，安抚他安心睡觉，一人抱着妹妹，好让她舒服一点。

今天是二十四节气的大寒。在这个冬日凌晨，我从凌晨4点30分开始，就一直抱着妹妹在我睡的小书房里，轻轻地慢慢地踱来踱去，希望能让妹妹感觉舒服，不再哭闹，不至于吵着哥哥睡觉，也让妈妈尽量多休息一会儿（妈妈自生妹妹以来还不曾好好休息过，先是不分昼夜地抱着妹妹照蓝光，后来妹妹胃食道反流不能平躺睡，她只能一直抱着妹妹睡觉）。

在这样一个安静的时刻，我想起和尚起床做早课一般也是这个时间，也是在万籁俱静之时去与佛对话。而在我看来，我手上抱着的这个刚刚满50天的婴儿却正是佛的化身，她身上是全然的纯粹的佛性。这也正是我一贯的观点，就是抱孩子就是最好的修行，而在这样一个最好的修行时间，我什么都不想，就这样安安静静地抱着妹妹，安安静静地修行。

我今天上午写下这份记录，本以为凌晨的遭遇是一次巅峰体验，没想到真正的巅峰体验是在晚上。

今天确实是个奇怪的日子，节气大寒，也是厦门近几年来最冷的一个冬日。妹妹或许因此有些肠胃感冒，从下午开始，一吃奶就呕出来。

阿姨春节准备回老家过年,再在我家帮忙两天也要离职了。临近春节,托中介找人也很不好找。所幸恩之的大姨是老师,听了我们的请求后她愿意放寒假过来帮我们搭把手。今天,恩之的大姨和大表姐就应邀从广州赶过来了,这意味着,从今天开始,恩之就不再和阿姨睡,而是要和她们一起睡觉了。

　　我家楼上的邻居,他们的房子本来是装修过的,但是卖给另外一个人后,我们这个新邻居,也从今天开始敲掉那些已经铺好的地砖、隔好的墙,正式启动他们的野蛮装修工程。听妈妈讲来,噪音实在是太大,甚至都有点吓着恩之了。

　　今天晚上,我和妈妈遭遇了自从当上父母以来最大的考验:哥哥、妹妹都睡得不踏实。

　　哥哥本来说好要与姨妈睡的,可临到睡时,又吵着一定要和妈妈睡,于是就过来和妈妈一起睡。可是睡到2点多的时候突然大哭,我们分析,应该是尿布里兜了一大包尿不舒服。妈妈给他换了新的尿布后,他迷迷糊糊睡着了。可是到了4点多,又是一阵大哭,这次似乎是做了个奇怪的梦,醒来后就哭着说他的鸡鸡不见了,妈妈提醒他他的鸡鸡还在,他又开始担心他的鸡鸡变小了(我们也搞不懂他为何会做这样奇奇怪怪的梦)。这样闹腾了很长一段时间,弄得我们哭笑不得,狼狈不堪。

　　至于妹妹,我们为了怕她再呕吐,整晚都由我和妈妈轮流着把她抱在怀中。而2点多哥哥大声哭闹那次,妹妹也跟着凑热闹,大哭不止,房间里响彻着两兄妹嘹亮的哭声,哭声一个赛过一个大。我和妈妈安慰完这个又赶去安慰那个,担心这个又担心那个,真正"享受"了一次作为二孩父母的巅峰体验。

　　总之,这个晚上,我和妈妈几乎一夜没睡。好在我们心态都很平和,我还老和妈妈说,要珍惜这样的机会。因为我们已经决定,妹妹将是我们最后一个孩子。我们今天抱的50天大的妹妹,以后也就再没有机会去抱了。我们明天将抱51天大的妹妹,而过了明天,我们也就再也没有机会抱51天的子女……人永远没有机会踏进同一条河流,人也永远没有机会抱同一天大的子女。

　　人们常说照顾孩子是幸福的烦恼,但即使面对今天这样的巅峰时刻,当我抱着妹妹,安安静静地站在那里的时候,也并没有任何烦恼,依旧只有幸福。

我也知道，就在这样一个深夜，可能有很多父母如我一样，为了照顾孩子而不能休息，我希望他们也能如我一样，那我们和我们的孩子，就会在这样的深夜中，逐渐获得宁静与安详……

1月28日　陪娃睡觉三步曲

1月25日阿姨离职后，恩之始终不愿意和姨妈她们一起睡，为了让兄妹俩不至于相互干扰，恩之就只能每天跟着我睡。陪恩之睡觉是我从来没有过的体验。怎么能让他尽快入睡？怎样才能保证他睡着后睡得安稳，最好能一觉睡到天亮？我也由此开始慢慢总结经验。

目前我的总结是这么三步曲：

第一步是让他玩。他睡前洗好澡后允许他在床上玩一会儿，包括看《倒霉熊》或者玩挖掘机——估计没有几个孩子是抱着挖掘机睡觉的，而他实在是太喜欢"挖丢"了，每天晚上上床后，都要抱着我给他买的挖掘机玩一下，或者摊开那本有不少挖掘机图片的书看一会。

第二步是陪他玩。我会趁他独自玩耍或者喝睡前奶的时候赶紧去洗澡，洗漱完毕后再陪他在床上玩一会儿。因为如果你不陪他玩尽兴、玩开心，他肯定是睡不好的。

恩之现在入睡得很迟，往往等他完全闭上眼睛入睡已经是晚上10点多甚至是11点了。倘若他还是没有睡意，我就只好实施第三步，也就是任他玩了。因为他如果不想睡，你非要把他摁在枕头上强迫他睡也是不可能的，只能任其自然，让他自己玩累后再睡了。

书房里的床有一面是贴着墙的，我就睡在朝外的那一面，然后把他放在靠墙的那一面，任他自己在那边玩，这样他也不至于因为玩得过头摔到床下。然后我就朝外躺下，假装睡着。一方面希望以自己的这个动作影响到他，让他感觉到爸爸都睡了他也该睡了；一方面甚至幻想把我的瞌睡虫传给他，让他感觉到爸爸的睡意，也因此有睡意。

当然，这种装睡刚开始是不会马上奏效的，他一定会在边上一个劲地"爸爸、爸爸"，请求你接着陪他玩。我就假装睡着了听不见，心里默念着那句名言"你是无法叫醒一个装睡的人的"。叫了一会儿他发现根本叫不醒我，只好又自己玩起来，甚至自己读起书来。这个时候我悄悄扭过头去看他，只见儿子小小的身影，坐在晚上 11 点多的光影里，一页一页地翻着图画书，嘴里还念念有词。看见他这种好学的劲头，我的心里涌出一阵感动。他大概"自学"十来分钟后，困得不行，终于舍得躺下来好好睡觉了。

这三招前几天是很管用的，他甚至能够一觉就睡到天亮。不过我们永远不要试图在孩子身上总结出什么规律。比如昨天晚上，或许是白天睡多了，一直到 12 点多他仍然精神得睡不着，好不容易睡着后，又在凌晨 4 点多醒来就不肯再睡觉了，要继续玩"挖丢"。我只好先陪他玩一阵，然后又开始装睡，任由他玩了。

不管怎样，几天下来，我感觉儿子是愿意和我一起睡觉的，而我也可以照顾好他，心里就比较踏实。我更加确信，等过完年我辞职后，我们就不需要再请什么阿姨来照顾他，单是我和妈妈就足以照顾好他们兄妹俩了。虽然正如妈妈所说，两个大人照顾两个小孩，很多时候对我们来说就像是打仗，但就好像昨晚恩之睡着后，我清楚地听见他在梦里温情地叫了声"爸爸"，这样的温情足以给我以足够的勇气和信心，去冲淡甚至抵消亲自带他们俩所带来的一切劳累和痛苦了。

2月12日 "抱子禅"

人们都说事物是相对而生，相伴而长的，对我这双儿女来说，到目前为止，我还没有看出他们相互促进的一面，但确实是发现一些相互影响的地方。

比如，只有恩之一个宝宝的时候，晚上大概八九点，他就可以安然入睡了。现在由于妈妈要在哥哥睡前给他洗澡，这个时间再早都是晚上 9 点多，等到把哥哥收拾好，再抱着妹妹入睡，往往已经 10 点多甚至 11 点了。我们觉得妹妹的睡眠总是不足，或者说妹妹因为哥哥的缘故而做出了牺牲。

至于哥哥，自然也因为妹妹而做了牺牲。现在都是妈妈抱妹妹睡，我陪着他睡。睡的时候倒是没啥，但经常半夜醒来，在无意识的时候，他就会大声叫着"妈妈、妈妈"，他内心里始终还是渴望和妈妈一起睡的。

今天凌晨由于他呼唤妈妈的声音太过凄惨，妈妈实在忍不住，抱着正在吃奶的妹妹过来陪他入睡。好不容易把他哄睡着，没想到这个孩子一个翻身，把自己的头结结实实撞在了妹妹头上。这下把我们吓得不轻，赶紧让妈妈抱着妹妹离他远点，继续由我来陪他睡觉。

好在这样的相互影响都是些小问题，兄妹俩各自在按照自己的节奏飞速成长着。

正如他们的大姨所说，妹妹现在是"一天一个样咯！"。而且，作为女孩子，妹妹表现出很多和同一月龄时的哥哥不一样的地方。

首先，她表现出更多明显的女孩的特征，比如爱撒娇。虽然还这么小，但她已经很会用"撇嘴"做出委屈表情。伸懒腰时会把两只小手展开成扇形挡在眼前，再伸出手臂，随着一声长长的呼吸，缓缓地将两只手像打开城门似的朝两边分开，优雅极了。她也很喜欢花，就连洗手间里摆的塑料小花她都看得很开心。

其次，她明显更早地懂得依恋妈妈，更早地表现出"认人"。她能分辨妈妈的声音，更能认清妈妈的影像。妈妈在做事的时候，常常叫表姐抱着她，而她就会扭着身子到处去看妈妈，哭的时候只要妈妈一抱，她就立马不哭了。

她还会和人聊天，你跟她说话，她会"啊啊"地笑着回应你。她也很喜欢听音乐，特别是姐姐听的比较动感的音乐，她似乎特别喜欢。当音乐响起，她的小手和小脚就会随着音乐节拍舞动起来，小嘴里也跟着咿咿呀呀似乎想要跟着唱起来呢，乐得表姐忍不住给她录了无数小视频。她最喜欢听的音乐居然是《社会摇》这么劲爆的音乐，很多时候，她哭得很厉害，一放这首歌曲，她就不哭了。想起当初哥哥爱听的音乐是《夜上海》，两兄妹的兴趣爱好真是反差强烈。

今天已经是正月初五,这是哥哥人生的第三个春节,也算得上是他真正意义上的第一次"过年"。去年在厦门过年,他还被外面的鞭炮声以及欢快绽放的烟花吓得不行,今年他非但不怕,还敢自己燃放那种可以拿在手里点燃的小烟花和那种扔在地上就会响的"落地响"小炮仗了。

今年他还迷恋上了"打币"的游戏。在海沧的阿罗海购物广场里有个游乐场,有很多他从来没有玩过的各类投币游戏机。大年初一我带他去玩了一下午他都没玩够,昨天又吵着要"打币",让我带着他再去玩。

这些投币游戏应该都是设计给比他大一点的孩子的玩的,投币口都比较高,恩之玩的时候需要踮着脚尖才能投币。游戏界面也要比他高出来很多,他其实不大看得清里面游戏的内容,但依然玩得很投入,很尽兴。

人们常说"情人眼里出西施",我想说的是"父母眼里出娇子"。我不敢确定天下的每一对父母都如我一样,认为自家的儿子百般好,各种满意。反正我自己越来越觉得儿子很帅,今天中午陪他睡着后,我就躺在边上一直看着他睡着后乖乖的样子,情不自禁拿着相机给他拍了好几张相片。

然后我就在想,做和尚天天对着泥塑木雕的佛像,哪有我天天对着这样一个可爱、生动,而且在不断成长的"佛"有意思?也只有对着这样的"佛",我们才可以从中"常生欢喜心"。只可惜人们没有想明白这个道理,"抛却自家无尽藏,沿门托钵效贫儿",到处去求神拜佛或者参禅打坐,却不知道真正的佛就在自己身边。

我又想起了白隐禅师的故事。当那个女人把刚刚出生的孩子指认为他的孩子并送到他的身边让他抚养的时候,我相信白隐禅师一定是悟到了这个道理,明白这个孩子正是佛的孩子,或者说抱着这个孩子就得见如来。自然是满心喜悦(而不是世人所想的心怀委屈或者暂时忍耐等待真相大白)地接纳这个孩子,礼敬这个孩子,他知道这才是真正的修行,是最有价值的修行。

禅宗有默照禅、话头禅,我现在照顾他们兄妹俩,又何尝不是在参禅?这门禅法的关键就在一个"抱"字,因此我给它取个名字,就叫"抱子禅",我说"爱在手上抱",就是要告诉人们,为什么要修以及当如何修这个"抱子禅"。

2月18日　生命教育

为什么说"抱子禅"是最好的修行之道？我最近对此有了更进一步的思考。孩子，特别是像恩之、乐之这么大的孩子（也就是那些还无法用语言表达，还需要天天抱着的婴幼儿，是"抱子禅"中要抱的孩子），都是有灵性的孩子。他们可以成为我们与灵性（生命）之间的最好的"中间层"（媒介）。

万物有灵，道在万物，一花一草都是灵，山山水水都有道。但是，正如人类学家怀特所言，"一层文化的纱幕悬在人与自然之间，离开这层纱幕，人类什么也看不见"。这里的文化指的就是灵性，也就是说，一个缺乏灵性的人是无法看到灵性的自然的。因此，对绝大多数成年人来说，必须要借助一个媒介（一个中间层），才能让我们真正地感知"灵"或者说重新去获得"灵"。

灵性是在心中的，是非理性的。有的人希望通过读书去获得灵，这无疑是南辕北辙。哪怕你读再多的经书，都是用大脑在读。你记住的不过是一些可以言说的知识，却依旧不能获得那无法言说的灵性（也就是那不可言说之道）。

还有人希望通过求神拜佛，也就是拜那些泥塑木雕的神（佛）来得道成佛。可是，你所拜的这些神像其实都不具有灵性（他们作为树木活着的时候是有灵性的，但是，一旦他们离开大地成为一棵被人雕琢过的木头的时候，早就没有灵性了）。对着这样的木头说话，哪怕你祷告再多次，也是根本无法让你获得灵性的。

仔细想来，今天人们的求道之旅一共就是四种方式，其中三种就是我前面提到的"入自然""读经书""礼神佛"。这三种方式还有个问题，你是无法与你所借助的媒介互动的。虽然辛弃疾有名句"我见青山多妩媚，料青山、见我应如是"，但并不是所有人都能看到青山的妩媚，更重要的是，你无法知道青山是否看到你的妩媚。人与青山（自然）之间，是无法实现互观互赏、互动互爱的。

第四种方式可以让我们与媒介之间互动，那就是"礼上师"，就是找个得道的师傅来把你引进门。但问题在于，在"大师满地走，上师不如狗"的时代，到底有多少人是真正的得道之人？又怎么保证那些"大师"，不是带着其他目的在向我们传道？哪怕真被我们遇到了一个得道之人在非常单纯地向我们传道，在我们向他学习、证悟的过程中，又怎么保证我也一定能得到他所得到的"道"，甚至怎么保证他传给我的一定就是真正的"道"呢？毕竟，"道可道，非常道"，能言说之道就不是真正的"道"了。

我今天感悟出的"抱子禅"，恰恰是人们没有发现的第五种求道方式。这种方式是你真正在与一个"有道"之人互动，更重要的是对方并不知道他有"道"，更不会刻意把他得到的"道"告诉你。这是一种非常奇妙的互动方式，却可能是最有价值的互动方式。也就是说，你只需要抱着他、看着他，与他互动，你慢慢就具备灵性或者说得到"道"了。

修改下辛弃疾的话，"我见幼儿多灵性，料幼儿、见我应如是"。我们能从幼童身上见到灵性，而这是我们见到灵性的最好方式。如果你真能见到他们身上的灵性（道），那么孩子也一定能见到你身上逐渐拥有的灵性，孩子背后的那个"道"就逐渐向你敞开了大门。

进一步地，"抱子禅"不仅对父母来说是最好的修行方式，对子女来说（特别是对3岁以下的孩子来说），同样也是最好的教育方式。

对这个年龄段的孩子，当如何进行"教育"，特别是当如何进行生命教育，是一个在理论和实践中长期被人所忽略的话题。我现在倡导的"抱子禅"可能是这个阶段最好的生命教育方式，因为它是用生命拥抱生命，用生命教育生命。

首先是在这样的拥抱中，父母沉睡的生命（神性）被怀中的幼子无意识地唤醒。然后，我们才可以在对孩子"教育"的过程中，在帮助他们成"人"的过程中，有意识地去呵护、唤醒他们内心沉睡的生命，让他们在成长的过程中，可以始终拥有健康、活泼的生命。

这样的教育才是真正的生命教育，它是一场生命的相互唤醒的教育，但要强调的是，一定是孩子先对我们进行生命教育。因为作为成人的我们早已丢失了真正的"生命"，只能是通过"抱子禅"这种方式，让我们的生命被孩子的生命所唤醒。

当我们的生命被唤醒以后,我们再去对孩子进行生命教育,才可以让我们的孩子始终拥有"生命"。这就意味着,等他们长大成人,有了自己的孩子后,他们不再需要再用这样的方式去被自己的孩子唤醒,因为他们始终和"生命"在一起。

所以,"抱子禅"是"当下禅",是"过渡禅",只是为了解决当下的问题。今天我们修行"抱子禅",是为了将来我们的孩子不再修"抱子禅";今天我们通过"抱子禅",一方面是要为自己找回已经丢失的生命,一方面是为孩子的将来始终充满生命。

2月19日　陪伴是最有价值的财富

今天我正式向公司辞职。整个公司对我的辞职决定都感到很突然,更对我提出的辞职理由"要回家抱孩子"感到不解。我们的常务副总裁(一位女士)就给我讲,她根本不相信我提出的这个理由。她甚至说道:"你回家抱孩子,那要妈妈干什么?!"

在整个社会看来,带孩子都是母亲的责任,父亲的任务似乎就是赚钱养家,却忽略了父亲在照顾孩子上可以发挥的重要作用。而在我看来,中国不缺少我这样一个总裁(我在这家集团公司的职位是战略长,待遇是"总裁级"),但可能缺少我这样一个可以获取百万年薪,却选择在家带孩子的父亲作为示范,更缺少我这样一个父亲,把他在"抱子禅"实践中的感悟来与更多的父亲分享。

人是追求价值的生物,所谓"人不过是悬挂在他们自己编织的意义之网上的生物"。每个人都必须做自己认为最有价值的事情,都应该过自己认为最有价值的生活。但是,价值并不是价格,或者说价值并不仅仅是经济价值。更重要的是,给我们带来幸福,给我们人生以意义的,真正值得我们去追求的,绝对不会是经济价值。

人生中一定有很多价值是比经济价值更重要、更值得追求的,比如生命价值。这一点无论对大人还是对孩子来说,都是如此。

有朋友可能觉得我的辞职对我的事业有影响。我最近正好看到诚品书店的创始人吴清友先生的一段话：

"你一辈子花在跟生命相关的议题，不管你在迷惑的时候，要做抉择的时候，生命永远是大于事业的。所以我讲过一句话，心念在能力之上，生命在事业之上。这也是我生病之后，经营诚品之后，我很切身的感受。"

我带孩子到现在，确实越来越体会到生命在事业之上。我辞职回到家里，用一到两年的时间专门陪伴孩子，既是花时间在与孩子生命相关的议题上，也是花时间在与自己生命相关的议题上，最终获得的生命的成长和生命的价值，一定是远远大于我去做所谓"事业"所创造的价值的——它不但可以为我创造更大的价值，也可以为社会创造更大的价值。

而对于孩子来说，虽然我现在这份工作的经济价值不菲，如果我留在这里再工作个一两年，确实可以为孩子未来的成长创造更多更好的物质基础。

但我觉得，这一两年是对两个孩子的成长最为重要的一两年。这一两年正是孩子最为弱小，最需要父母去照顾的时光，也是孩子飞速成长，每天都有不一样的变化，需要父母去记录的时光。我利用这一两年的时光，去陪伴他们兄妹俩所创造的价值，才是对他们来说更有价值的价值。

从"幸福"的角度说，我们出去工作或挣钱，无非是希望给孩子以幸福。这一两年的时间回到家里去抱孩子，不仅可以让孩子在这一两年中获得更多的幸福，更可以为他们的一生打下幸福的基础。更重要的是这样的方式，可以让作为父母的我们感到更多的幸福。

我们最近发现，由于我一直在上班，妈妈主要精力是带妹妹，我们几乎把恩之完全交给保姆去照顾，但是，保姆显然无法实现对孩子营养、发育的关注乃至对孩子身心全面照顾的。

从身体来说，恩之常常早上喝杯牛奶后就出去玩，营养并不够，加之保姆的厨艺问题，做的饭孩子不喜欢吃，吃得也不多。所以，恩之这几个月的发育比较迟缓，现在2岁多了也才只有86厘米，12公斤。从精神来说，保姆带孩子出门后，往往是把孩子放在边上，几个保姆在那里聊天，恩之又不是一个会主动和小朋友一起玩的人，很多时候，恩之成了个看客而不是主角，并没有真正与人交往、融入，最明显的表现就是他的语言能力远不如同龄人。

对乐之来说，她马上就3个月了，这3个月我都早出晚归地在公司上班，早上出门时她还在睡觉，等晚上回到家时她已经睡了，即便还没睡觉，我也需要把有限的时光拿来陪恩之，所以抱抱她的时间都很少。对妹妹成长的变化就不如当初对哥哥那么了解，记录妹妹这3个月成长的照片也根本没有哥哥那个时候那么多。

这些都常常让我陷入深深的自责中。在公司的同事看来我的辞职很突然，但他们不知道我等这一天已经等了很久。当然，光我们两个大人带两个孩子，还是力有不逮。经过分析后，我们从昨天开始，以每月2000元，正式请了个单餐保姆。这是位来自福建三明的50岁的阿姨，她的工作就是每天过来帮我们打扫卫生，然后帮我们做一顿成人午餐（恩之的午餐由妈妈做），同时帮我们把晚餐的菜洗好即可。

做出这样的安排，是因为在我们的计划中，所有陪伴孩子的事情（无论是陪孩子睡觉、吃饭，还是读书、玩耍）都是由我们来做，不假手他人，这样一来，如果请个全职保姆，意义就不大了。很多明明有条件的家庭却没有认识到这个问题，他们不是把孩子交给老人带就是交给保姆带，却不知道这两种方式，都让他们失去了一个最好的与孩子建立爱的连接的机会。

这也正是西尔斯在《亲密育儿百科》中的观点。他建议母亲不要花太多时间在家务上，而要把更多时间放在"真正的重点"，也就是与孩子建立"亲密关系"上。但是，毕竟每个家庭（特别是有孩子的家庭）的家务工作是很多的，如果母亲不做或者少做，到底谁来做呢？我们今天寻找到"单餐保姆"的方式，也正是我们不断总结经验、吸取教训的结果。

恩之出生后的前4个月，恩之的爷爷奶奶因为不放心我们，专门从老家赶来珠海帮我们搭把手。爷爷奶奶或者是外公外婆放弃自己的生活以及交际圈赶去子女家里帮忙带孩子，"三代同堂"甚至"四世同堂"是中国家庭最传统也是最常见的育儿环境。后来我们发现，爷爷奶奶辈无论在育儿观念上，还是在生活方式上都与子女辈有着显著的差异，这些差异使得这种传统的育儿环境既不利于孩子的成长，也不利于作为核心的新生代家庭的和谐。

因此恩之从4个月开始，就完全由我们自己来带他了。我当时就想着自己的孩子一定要自己亲手把他带大，而不要把陪伴养育这个虽然繁重却如此宝贵的机会托付给他人，哪怕这个他人是家里至亲的长辈。实践证明，这样的安排虽然让我们与恩之建立了充分的亲密关系，但也让妈妈花了太多的时间在家务劳作上，家务的烦琐与劳心很大程度上抢占了妈妈全心全意养育陪伴恩之的宝贵时光，幸福感大打折扣。

自从怀上乐之后，我们雇用了一个全天保姆，从一开始的不住家到后来的住家。我要上班，妈妈怀孕后体虚，后来又要带妹妹，恩之基本都是交给保姆阿姨照顾（出去玩是她抱，在家吃饭是她喂，晚上洗澡是她洗，甚至到妈妈孕37周后睡觉也是和她一起睡）。保姆对孩子自然没有妈妈天然的爱心，带孩子最多也就是个照看而已，她只能看着孩子不出事（有的甚至连安全也保障不了），却无法真正以孩子为中心去关爱孩子，又因自身文化水平不高自然也不能很好地引导孩子。更大的损失其实是这样把孩子完全假手他人的方式，让父母失去了与孩子建立更多亲密关系的机会。

当保姆在年前离职后，孩子重新和我们睡，重新需要妈妈每天给他洗澡，喂他吃饭的时候，妈妈很有感触地说了句："虽然这样是要比以前辛苦一些，但感觉我自己的孩子又回来了。"

不过，我们也清楚，不能只是在我们和孩子之间建立亲密关系，孩子，特别是已经2岁多的恩之，需要开始去与他周遭的社会建立亲密关系了。所以，从今天开始，我们也正式让恩之去楼下的托班"上学"——说是上学，其实就是去和小朋友玩一下。

我们家住17楼，有人在12楼开了个托班，主要就是帮忙托管小区里1.5岁到3岁的孩子。我们怕恩之每天只和我们待在一起不利于他的沟通表达和社会交往，就让他每天去那儿上半天托班。其实也就是让他去那里，由老师带着做做游戏，和小朋友一起玩耍下（甚至就是让他去那里，在没有父母陪伴的情况下，自己和小朋友相处下、打闹下，哪怕是偶尔打打架、抢抢东西也好），然后到中午12点就去接回来吃午饭。睡个午觉后，就进入我们的亲子时光，由我和妈妈带着他们兄妹俩到处玩了。

不管怎样，他今天算是正式入托班了。我和妈妈一番感叹，去年这个时候还不会走路的恩之，今天就要去上学了。我们又想起了龙应台那篇著名的《目送》，互相提醒要珍惜现在这段孩子愿意让我们陪他玩耍、陪他睡觉的时光，这个时间不会太长，甚至实在太快，等他再大些，真正读书、上学了，就不会再让我们陪了。

但是我们知道，今天更长的陪伴是为了他日更好的告别。这就是《西尔斯亲密育儿百科》里讲的，"宝宝可以离开妈妈多久、多频繁，取决于双方亲密程度有多深"，今天我们与孩子越是亲密，将来孩子离开我们的时候，才越是走得自信和从容。特别是对3岁以前的孩子来说，"安心享受父母关爱的宝宝，更能接受与妈妈分开，可以更安全、更稳定地进入下一个发展阶段"。

西尔斯告诉我们，要延长母乳喂养的时间，这不会助长孩子的依赖性，相反能让孩子更独立；要与宝宝一起睡觉，不用担心他形成依赖，恰恰是这样的安排，才能让他慢慢养成独立睡觉的习惯；对孩子的哭泣要及时回应，这不是纵容宝宝的"坏"习惯，这其实也是在最终促进宝宝的独立。

我现在越来越感到，我们确实是在不知不觉中听从当初内心最真实的声音实践着西尔斯的亲密育儿法，也因此感到与孩子建立"亲密关系"后的神奇。就好像我今天送他去托班上学，本来以为我走后他会哭得稀里哗啦或者闹着要跟我走，但整个过程他却很轻松，我一放他下来，他就很自然与老师和小同学玩耍起来。我走的时候，他也完全没有什么情绪反应。等我12点去接他的时候，老师反映他一上午都很乖，也没有哭闹。

仔细想来，这里固然有我们之前已经带他去那里玩过几次，他对那里的环境有所熟悉的原因，但更重要的是，我们与恩之的这种亲密关系的建立，使得他拥有了安全感，他把对父母的信任演化为对他人、对整个社会的信任。当我离开的时候，他第一次在完全没有父母（以及他熟悉的保姆）陪伴的情况下与他人在一起玩耍,仍然可以玩得很从容、很自如。

最近看过一个很火的视频,是讲韩国一对老夫妻相濡以沫几十年的故事,主题叫作"陪伴是最长情的告白"。

其实,对亲子关系来说,父母今天对孩子的陪伴,也是对他们一生最长情的告白,是送给他们一生最好的礼物。就好像《亲密育儿百科》一书里的小诗《早期的亲密——一生的回忆》,全文是:

> 也许,你有些忧虑
> 不知宝宝会向你持续索取到什么时候。
> 放心吧,不会太久!
> 他躺在你的臂弯的时候,
> 紧贴你胸膛的时候,
> 睡在你身边的时候,
> 都不会太久,
> 但你由此传递给他的爱的信息
> 和你永远为他敞开心扉的心意
> 将延续他的整整一生!

与其这 2 年内我依然在这家公司工作为孩子们留下 200 万的存款,不如我回到家里陪伴他们,因为这才是留给他们一生最有价值的财富。

3 月 2 日 论爸爸更适合抱小孩

时间真快,妹妹已经 3 个月了。辞职在家,我有更多的时间陪恩之,也有更多的时间抱乐之,也总算是有机会真正地展开对妹妹的观察。

妹妹和哥哥一样是高需求宝宝,特别是白天,基本不落床睡,需要一直抱着睡,这样一来我们两个人带两个孩子的确比较辛苦一些。对于为什么有的婴儿特别喜欢抱着睡觉,我分析,可能是他们需要一种紧紧连接的感觉。婴儿(特别是 4 个月以下的新生儿)有独特的神经反射,在睡觉时常常会突然因一点点声音就伸直双臂或者伸直双腿,医学上把这种现象叫作"莫罗反射或惊跳反射"。这样的反射会让新生儿睡觉很不踏实,而大人的温暖舒适的怀抱能有效给予他们安全感。

我观察到,当我把看上去已经熟睡的妹妹放到床上,让她独自一个人躺在床上时,她的身体处于舒展状态,同时也处于一种无拘无束的"空"的状态。当她再一次出现惊跳反射,伸展手脚时触碰到的是"空无一物"而不是抱着她的爸爸或妈妈温暖而有弹性的身体,这样一种"空"的触感一定很容易让她感觉失去依靠,从而生出一种与亲密的父母失去联系的不安全感。

想想我们自己就可以理解——有谁会在毫无安全感的处处充满危机的环境下安心踏实地睡着呢?如果由我们抱着她入睡,当她的身体突然因惊跳而伸展时,首先触碰到的是爸爸妈妈的身体,那熟悉的温暖且有弹性的触感一定会给她带去莫大的安慰。如果这个时候抱着她的人能再回应以更紧一点的拥抱和轻柔的拍打抚摸,那么感受到满满的安全感的她就可以继续安稳地睡去。

不过,同样是拥抱,妹妹与同龄的哥哥相比,互动性更强。你抱着她的时候,她的眼睛盯着你,用很生动的表情咿呀咿呀地和你说半天(记得以前抱哥哥时,他总是安安静静的,要么安静地睡觉,要么安静地观察)。今天我抱着妹妹,她就这么一直深情地看着我,嘴里"哦哦哦",我也"哦哦哦",父女俩很热烈地"聊"了半个小时——与这样的小生命的对话,真的可以让你觉得内心幸福满满。

总的来看,3 个月大的妹妹和当初的哥哥一样,好像更喜欢我抱,他们在我的怀抱里也更容易睡着。

我觉得单就抱孩子而言,父亲其实是比母亲更适合的。很多专家常说,在育儿问题上,父亲唯一不能代替母亲的就是哺乳。但也正因为这一点,孩子躺在妈妈怀里,就如同躺在食物堆里,总是想吃,反而睡不踏实。

我认为,爸爸更适合抱孩子。《西尔斯育儿经》这本书里也写道:"实际上,就胸前孩子依偎的地方来说,父亲比母亲要有优势,因为父亲的'音箱'结构振动得更明显一些,宝宝在头上能够感觉到这种振动。"

在我看来,无论采用哪种抱孩子的姿势,父亲都比母亲更有优势:

当我们竖抱时,以胸为靠,这就是如西尔斯所说,父亲胸腔这个"音箱"发出的声音,更为浑厚,更适合宝宝睡觉。

当我们横抱时,以臂为枕,父亲的手臂无疑更宽,更适合作为孩子睡觉的枕头。

当我们侧抱时,以肚为垫,父亲有些肉的小肚子,更适合作为孩子睡觉的床垫。

当我们朝前抱或者飞机抱时,都是以一掌托胸,一掌托肚,一方面需要手腕有力量,一方面需要用手心传递温暖。这个时候也一定是手臂更强壮,手掌更宽阔的父亲更为适合。

同时,当需要通过抱着孩子,一颠一颠地小跑,来让孩子尽快睡着的时候,男性的腰力和腿力也无疑更有优势。对于五音不全,记不住一首歌词的我来说,哼出轻柔动听的摇篮曲可能会有些难度,但我最近发明了一招,就是利用音符中1和5押韵的特点,以它们为韵脚,瞎编一些调调,以机械地重复的方式,抱着妹妹,边唱边拍边小跑——往往在我们家客厅小跑上二三十圈,妹妹就被我用这招笨办法晃睡着了。

另外,男性体积通常比女性更大,产生热量比妈妈要多,加上身形比妈妈更宽广,当我们抱着孩子的时候,他们好像真正躺在一张加宽加厚的豪华版的温床里,当然会更舒服了。妈妈多次反映,当我把抱了一段时间的哥哥或妹妹交到她手里的时候,他们的身上都是热乎乎的。这应该也是兄妹俩都喜欢我抱的一个很重要的原因吧!

3月18日　爱的双向教育

我现在的工作,不是陪哥哥玩,就是抱妹妹睡。总的来看,确实是比当初带恩之一个人要忙得多。记得在珠海带恩之的那一年,在君怡花园的邻居看来,这个爸爸似乎无所事事,上班时间都抱着恩之在那里玩。其实那一年我还是利用"业余时间",做了两个项目,写了几个方案的。

现在就几乎只有中午等恩之、乐之都休息了,我才能有一点时间来看看书,或者打开电脑学习、记录下。每天我都觉得特别累,经常到晚上9点多就困得想睡觉了。

今天我跟妈妈感叹,要做个伟大的父亲确实是不容易啊!而要做个通常意义的父亲,只负责赚钱养家,偶尔下班回家带娃,其实是很轻松的。

陪哥哥玩分成"去外面玩"和"在家里玩"两个内容。

"去外面玩"主要就是陪他在我们家楼下的海沧湖丢石头。他现在迷上了丢石头,只要问他出去玩什么,他就说"丢石头"。看来,孩子的成长确实是一个阶段有一个阶段的玩法,他最早喜欢坐摇摇车,后来喜欢逛银行和鼓浪湾酒店,但现在这些"景点",恩之都不再愿意去了。

"在家里玩"主要就是陪他读书。妈妈花了2000多元给他买的近百本西方和日本的绘本都被他读了好几遍了,那几本贴纸的书也被他撕下来贴得差不多了。在所有绘本中,他最喜欢读的是《我爸爸》这本书,这本书以夸张的手法描绘了父亲在孩子心目中伟大的形象。而我最喜欢的是《逃家小兔》这本,它以形象的手法表达了特别真挚的母子之情。不过妈妈觉得这本书"细思极恐",觉得它讲的是孩子无论如何都逃不出妈妈的怀抱(妈妈的掌控),或者逃离不了妈妈给她的那个"家",但在我看来,对孩子来说,现在自然是需要爸爸妈妈给的家,或者说需要爸爸妈妈的怀抱的,这并不影响他们将来一定要离开这个家。

抱妹妹则是每天3个"法定"的时间:早上妈妈吃饭时、中午妈妈吃饭(以及陪哥哥睡觉)时、晚上妈妈做饭时。这个过程中,除了哄她睡觉,随着妹妹逐渐长大,需要陪她玩的时候越来越多。

在妹妹这么小的时候,如何陪她玩确实是门技术活。今天逗她玩的时候,我发现相较于哥哥无数的玩具,给妹妹的玩具是什么都没有,除了一个摇铃。

我想是否要给妹妹多买些玩具了。

就在这个时候,我看到在《西尔斯育儿经》(华夏出版社出版,这本书把西尔斯博士发明的"attachment parenting"这种育儿方法翻译为"依附性教育",不过我还是更喜欢南海出版公司出版的《西尔斯亲密育儿百科》中所翻译的"亲密育儿法")的第一部分"培养孩子的良好品行"中有一个"经典链接:尽量少用玩具来哄宝宝"写道:

> 为了让照顾宝宝变得容易一些,劳累的父母们往往会通过各种玩具来逗宝宝玩。但是,经常性地使用这种人造的替代品会破坏你对孩子的养育。在带孩子变得很吃力的时候,你应该使用自身的才智来提高自己的创造力、耐心和自信心——所有这些都是你养育孩子时所必需的。如果你过度地使用那些人造的替代品,那么你的宝宝很有可能就学会了从物质中寻求安慰,而与人在一起反而会感到不舒服。

这一下提醒了我,妹妹这么小,确实不宜依赖玩具来哄她。这么一想,我不再考虑去买玩具,而是逼自己抱着妹妹时不断和妹妹说话,给妹妹唱我那些不着调的歌;把妹妹放在床上时,不断在她面前跳舞,挥舞各种手势,忽上忽下、忽左忽右。我发现我用手来吸引妹妹,确实能让她看得更专注,也更开心。

我现在很清楚,哪怕我再使用摇铃来逗妹妹,也要让她充分感知到,在逗她的不是摇铃,而是握着摇铃的手,以及手所归属的"爸爸"。所以,我在摇摇铃的时候,更多的还是辅之以唱歌、跳舞等动作,经常是一手摇,一手在她面前舞动。

总之,摇铃只是个辅助手段,我想让她体会,不是摇铃在陪她玩耍,而是爸爸在陪她玩耍;她不是从摇铃那里获得安慰,而是在从爸爸这里获得安慰。在与她建立"关系"的不是摇铃,而是爸爸。

这里引出了很重要的一个问题,就是应当建立什么样的"关系"的问题。人始终生活在"关系"之中,一般来说,关系包括四类:人与物质的关系、人与自然的关系(这里的自然是真正的自然,是宇宙、生命)、人与他人的关系、人与自我的关系。不同的人建立的是不同的关系,每个人都是靠你所建立的这四类不同的关系来完成对自己的独特定义。

这是对关系的一种分类法。当然,我们还可以从好坏、深浅等方面来完成对"关系"的分类。

不管如何分类,爱无疑是一种"关系",而且是种"亲密关系"。或者说,我们只有先建立亲密关系,才能懂得爱、获得爱。

这也正是加拿大两位精神科医生黄焕祥、麦基卓所著《懂得爱:在亲密关系中成长》一书的主题。只不过这里讲的"爱"与西尔斯博士讲的"爱"有所不同,《亲密育儿法》中讲的"爱"是人与人这种关系中的爱,而《懂得爱:在亲密关系中成长》讲的"爱"是人与自然、与宇宙的爱。

正因为是活在关系中,靠"关系"来定义自身,"关系"的品质决定你生活的品质或者说生命的品质。所谓教育,核心就是"关系"的教育;所谓好的教育,就是让人"如何获得好的关系"的教育。而教育的内容不同,就决定你获得"关系"的内容不同或者说品质不同。

也正是从这个观点出发,我们对孩子的教育,确实是从他一出生就开始了(这一点常常被很多人所忽略,认为孩子一般要到两三岁以后才可以接受所谓"教育")。而如果采用亲密育儿法,从出生一开始就要对孩子进行爱的教育,而其中的教育者角色,只有父母能胜任,也必须是由父母去承担。

《亲密育儿百科》中就写到,"教育一开始就是作为一种关系,而不是一连串的方法。教育的第一个阶段——亲密接触的阶段——在出生时就开始了,并且随着你和宝宝的成长而发展","我们相信,教育从宝宝一出生就开始了,从第一声哭到第一次说不,都是你和宝宝之间的互动"。

这种育儿法的关键是在人与人的关系中,发现了父母与子女的关系,认为这个关系对我们实施教育极为关键,对我们获得"爱"也极为关键。

我现在的实践,和西尔斯所介绍的"亲密育儿法"又有所不同。我通过重新发现父母与子女的关系,是要在两个维度上同时展开爱的教育,或者说是

"爱的双向教育"。

一个是对幼儿的爱的教育。在这个教育中，教育者是父母，被教育者是子女，关键是让子女与父母建立亲密关系。这是西尔斯亲密育儿法的核心。西尔斯认为，对幼儿的教育，不能一开始就让他去建立或者说习惯人与物的关系，而是要首先建立子女与父母的亲密关系。建立这样的关系，可以帮助他将来更好地处理人与人的关系。

哪怕是必须借助奶瓶这种"物"来喂养婴儿，西尔斯也希望我们明白，是人而不是奶瓶在喂奶，要"把奶瓶放在你胸口，就像乳汁是从你乳房里流出来的一样，眼睛看着宝宝。要让宝宝感觉到，奶瓶是你的一部分"。总之父母每一次与宝宝的亲密接触，都应该让宝宝感受到，他（她）是在与你这个"人"建立关系，而不是在与某种"物"建立关系。

一个是对父母的爱的教育。在这个教育中，教育者是子女，被教育者是父母，关键是让父母去与子女建立亲密关系。这是我的观念，就是说父母通过建立与子女的亲密关系，可以帮助我们去更好地获得人与自然（与宇宙）的关系，也因此让我们更好地处理人与人的关系，乃至人与自我的关系。我这里讲的"爱"就与《懂得爱：在亲密关系中成长》所阐述的"爱"相同。

该书写到，在最终的胚胎状态中，人和宇宙（爱）的能量是合一的，因为他们就是一体。但随着人的社会化，所付出的代价就是失去与宇宙（爱）能量的深刻连接，这个连接被照顾别人的行为所取代，这即是"爱"这个字最为人熟悉的意义。一旦失去和宇宙振动的接触，社会化的人便失去了解自己的能力，也越来越接触不到自己深层的本质。

每个父母都会用心照顾自己的孩子，这种照顾就是我们一般人说的爱，但其实这种爱，只属于人与人的关系，是社会关系。现在我们需要认识到，我们可以通过与子女特别是与不到3岁，还没有社会化的幼童的亲密关系，去重新获得与宇宙、与大爱的联系，也因此发现自己更深层的本质。

实施这样的"爱的双向教育"，我们在抚养孩子的过程中，不仅能让孩子得到爱的教育，也能让成人得到爱的教育，这样的"爱的双向教育"正是今天中国社会所需要的教育。

今天我们教育的问题或者说文化的症结，可以归结为两个方面——把孩子当大人养，把大人当孩子教，以至于出现了很多少年老成的孩子和身患"巨婴症"的成人。

通过"爱的双向教育"，我们可以从这两个方面同时展开新的教育，或者说对这两个方面的问题同时加以解决，并找到解决今天的文化问题（社会问题）的一条独特的道路。

这样一来，我们作为父母在家里带孩子，就不仅是为自己带孩子，而且是在为社会教育孩子，更是在为社会教育自己。这样的私人抚养行为也由此成为一个具有社会价值或者说文化意义的公共教育行为。

这样一来，我们作为父母在家里带孩子，就不仅是对孩子的抚养，还是在进行一场独特的教育、一场真正的教育——从孩子出生就开始并对双方同时展开的真正的教育行为。

这样一来，我们作为父母在家里带孩子，不仅是一种发展教育的行为，还是一种拯救文化的行为。特别是，如果我们认识到文化的变革只能是自下而上，从一个一个的"人"开始的话，那就意味着，我们每在一个家庭实施一次"爱的双向教育"，至少同时救了三个人——一个孩子和两个大人（一对父母）。

所以，我们的孩子真的是为了拯救我们而来的。

事实上，如果我们能实施"爱的双向教育"，那么我们每生一个孩子，就同时救了两个大人，也通过这样的方式，真正去救这个孩子，或者说，才不需要我们去救这个孩子！

3月19日　适合中国人的"抱子禅"

厦门这个月的天气很糟糕，几乎天天都在下雨，甚至一下就是一整天。今天终于迎来一个难得的晴天，我抱着妹妹在小区里晒太阳。为了让妹妹晒到太阳又不至于晒黑，我不断调整位置，确保始终让阳光晒着她的脑门而不是脸蛋,特别是让阳光专门能晒着妹妹的囟门。

看着她的囟门在阳光下不断跳动,我就想起"儿"字在繁体字中写作"兒"。而《澄衷蒙学堂字课图说》在解释这个"兒"时就写到,"像小儿头囟未合之形也"。关于小孩子特有的囟门,甚至有民间说法说小孩子生下来的囟门是开的,这表示小孩的天眼是通的。这样看来,小儿的囟门应该就是他们连接爱之门的部位了。妹妹的囟门现在一开一合,应该就是正在接受来自爱的信息吧。

中午我抱着妹妹睡觉,坐在沙发上一动不动,怕把她惊醒,同时把手机扔在一边,怕对她有辐射。然后我就这么呆呆地望着窗外浩瀚的大海浮想联翩。

由此我进一步发现"抱子禅"的独特价值,在这个浅薄的年代,在大家都是靠微信做碎片化阅读(甚至是喂饭式阅读,因为很多人主要的阅读就是阅读和转发朋友圈里的文章)的时候,抱着孩子睡觉却可以让我们拥有大把的空闲时间,更重要的是,它让我们获得一种很多人所不具备的独处的能力。

世界上最宝贵、最有价值的是时间,真正的修行就是可以用大把空闲的时间来思考你与自然、与社会、与自己的关系。当你抱着襁褓中的孩子的时候,为了不影响他们休息,你不能看手机、不能睡觉、不能乱动,这逼得你可以有大把的时间去思考,去过一种有思想的生活。

戈尔·维达尔在《发明民族》一书中解释美国这样一个森林茂密、人烟稀少,仅仅拥有三百万人口的国家,为什么在18世纪诞生了三位伟大的天才——富兰克林、杰弗逊和汉密尔顿时,强调原因很大程度上正是在于"时间"。"他们有更多的时间……在冬天,他们待在农场的家中。他们广泛阅读,写信寄情。很明显,他们拥有充满思考的生活——而这一点现在却无法做到。"

要想过有思考的生活,首先你要有时间,而且你要会独处。我有个朋友去法国巴黎,在埃菲尔铁塔下,也想学外国人来一杯咖啡,一个人一坐就半天,可他自己坐半小时就坐不住了。

这就是今天国人的现状,大家疲于奔跑,哪怕是去旅游时也在奔跑,以至于你让他坐在那里面对美景思考(发呆)半小时,他都做不到。这个时候如果大家去抱孩子,并基于对孩子的爱,逼迫你只能在那里发呆的话,或许就可以慢慢提高我们独处的能力，而这是现代社会极其有用却又极其稀缺的能力。

如果说抱着妹妹睡觉可以培养思考的深度的话，陪着哥哥睡觉则可以培养反应的灵敏。哥哥现在还不大会说话，要想明白他的需求，需要我们提高观察能力和沟通能力，或者说，需要具备灵敏反应的能力。

以晚上睡觉为例，首先你需要保持警觉，因为孩子都是在床上乱滚的，你必须随时注意，不要一翻身压到他伸过来的手或脚了。

半夜醒来的恩之，如果要喝水、撒尿，刚开始不会说话，加上性子急，往往就会大哭，只能靠我们自己及时、准确判断他的需求。

慢慢地，他要喝水，会用手指嘴，如果我们理解他这个手势的含义，又相对好办一些。

现在他会说一些词了，但很多时候发音还不够清楚，仍然需要我们去用心理解。比如，他有的时候半夜醒来，会要继续拿他睡觉前玩的各种卡片，但他发的不是"ka"这个音，而是"da"（根据西尔斯的观点，孩子在两次睡眠之间，往往会继续延续他上次睡觉前的行为）。他自己还独创一些词汇，比如，拉便便是"嗯嗯"，坦克叫"打炮"，这些都需要我们明白。这样当他说"da""打炮"等的时候，你才可以及时响应需求，以让他继续很快睡去。否则，响应不及时，他一阵号啕大哭，或许就睡意全无了。

更麻烦的是遇到他胡乱表达需求的时候。以我和他睡的房间吊顶上那个小灯是否要关为例，在他入睡前，灯按照他的要求，都是开着的，等他睡着了，我会把灯关掉。但他一觉醒来后，面对灯关着这个问题，会在迷迷糊糊中用"要"或是用"没有"来表达他的需求（他还不会说"开"或"关"这个词）。但有的时候，他说要，其实是"要关掉"；有的时候说"要"，是"要开着"；有的时候说"没有"，是说这个灯"没有开要开着"；有的时候说"没有"，是说这个灯"不用开，就关着"。

这些都需要我们一直跟他在一起。白天一起生活形成默契，才会在他晚上醒来后灵敏反应，让他最好不哭，即使哭也能迅速平静，最终实现尽快睡去的目的。这是对父母能力的一个很大挑战，西尔斯把这种能力称为"相互敏感的能力"。

西尔斯认为,亲密育儿法可以实现父母与孩子的共同成长。这个过程是先相互敏感,然后相互塑造,最后相互提高。其中,相互敏感是前提和基础,"当你和宝宝开始相互敏感后,你们也就开始塑造彼此","当你和宝宝开始相互敏感、相互塑造,你的能力也就提高了"。

所谓"相互敏感"就是"当你与宝宝共同度过了他生命的头两年,目睹了他的很多成长阶段,你会发现你们彼此已经非常了解,非常有默契,也更加敏感"——这里讲的头两年,其实就是指孩子无法用语言表达需求的时期,这正是最需要我们陪伴的时期,也是最能提高我们的敏感能力的时期。

我一直认为,抱孩子就是修行。如果用佛家的术语来说,相互敏感其实就是要参透孩子很短甚至很模糊的一两个词,这就是参话头了。当抱着妹妹,安静地思考的时候,就好比是在修曹洞宗提倡的默照禅,我只管打坐。而陪哥哥睡觉,对他的话头能灵敏反应,又好比是在修临济宗主张的话头禅,要参透机锋。

当年禅宗一花开五叶,分出不同的修行方法,尤以这两种修行方法的对比最为明显。广为传颂的临济宗创始人怀让禅师以磨砖作镜之举点化马祖道一,告诫其"打坐不能成佛",就是其中一个著名的公案。而今天,如果我们修行"抱子禅",却可以不再把这两种禅对立起来,而是同时修这两种禅,这实在是难得的机缘。

同时,这样的抱子禅也是更适合中国人的禅,或者说,是让我们重新成为真正的中国人(文化意义上的中国人)的禅。在辜鸿铭的《中国人的精神》中提到,中国人的文化特质是"温良",是"那种难以言表的温良"。

在中国人温良的形象背后,隐藏着他们"纯真的赤子之心"和"成年人的智慧"。由此一来,中国人"过着孩子般的生活——一种心灵的生活",也只有过着这样的生活的民族,才是"一个永不衰老的民族","一个拥有了永葆青春的秘密的民族"。

抱子禅的核心正是一方面让我们通过深度思考,进一步加强我们"成年人的智慧";另一方面通过与孩子的相互敏感,重新获得一颗"纯真的赤子之心"。如此,我们将重新成为真正的中国人,真正的"拥有心灵生活,永葆青春"的中国人。

3月31日　这棵树在跳舞,童心说

妈妈自从生了妹妹以后,几乎就没有和恩之独处的亲密时光了,因此恩之的很多精彩瞬间她都不在现场,常常需要从我的转述里知道恩之经历了哪些有趣的事。为此,她常常深感歉疚和遗憾。

今天早上我们一家四口难得同时下楼去散步,趁我抱着妹妹在小区的凳子上晒太阳,而妹妹又恰好没有哭闹之际,妈妈牵着她"冷落"已久的小小"爱人"去旁边的海沧湖散步。回来后妈妈以无比惊喜的语气跟我说:"爸爸,恩之会说话了!而且他好会说话!"妈妈甚至激动地在朋友圈做了记录:

2周岁才会说爸爸妈妈以外的词的你
突然会说句子
带给我无比惊喜
看见鸡蛋花树伸展的枝丫
你说"这棵树在跳舞"
又夸赞"她的腿好漂亮"
想捡颗石子儿扔进湖里
小小的手呀怎能抠动那大大的石块呢
"这个石头在睡觉"你如此打趣
始终明白
静待花开的道理
果然等来你的了不起

我心想妈妈果然是很久没有好好地关注过恩之了,其实恩之的语言表达能力早在这个月的月初就表现出很大的进步。他不但突然会说很多以前不会说的词语、短语,而且还会熟练使用形容词。他会形容这个东西"超级破",会表扬我是"香爸爸"。我在那里看书,他会说"爸爸看书很幸福"。他把一只玩具小狗扔在地上,然后说"这只小狗好无聊"。

他还会使用各种连词。我和他去湖边玩,他会说"继续往前走"。把东西给我时会说"爸爸也吃"。昨晚居然说了一个极复杂的句式"妈妈奶比爸爸买奶好喝",意思是妈妈的奶比爸爸买的牛奶要好喝。

他还会自己造一些句子了。比如,早上楼上装修把他吵醒,他会在床上大叫"妈妈救我"。给他刷牙,他会拿着牙刷说"妈妈买(给)我"。我在那里收拾书,他跑过来帮我拿书,嘴里念叨"帮爸爸捡""帮爸爸忙"。在路上看见比较隐蔽的东西,他会自我夸奖"我的眼神真好"。有石子进了他的鞋子里,他会抖抖鞋子"这是什么东西"。

记得妈妈曾经预言说:"等着吧,终有一天他会变成小话痨的。"果然是这样的。也真的是如妈妈的朋友圈里的那句"静待花开",孩子的成长自有他的节奏,我们做父母的只需在孩子健康的前提下顺其自然就好。

当然,这是我们现在的结论。事实上,恩之在这个过程中一直不怎么会说话,我们内心也一度很着急。包括恩之的爷爷奶奶,听说他2周岁了还不会说句子,还专门打来电话:"不会是舌头有问题吧,看看他是不是舌头下面还藏了个小舌头啊?"

妈妈刚开始很不以为然:"他会叫爸爸妈妈这些啊,发音清晰,说明他的发音器官以及听力都没有问题。"可是,每周都听到这样的担心,妈妈自己也有些动摇了,时不时地让恩之张大嘴巴给他检查舌头。

我们后来还有意识地想训练恩之,可是无论怎么让他跟着我们说话,他就是一句也不愿意说。最后我们自己也放弃了,心想还是耐心等待吧。没想到我的儿子"不鸣则已,一鸣惊人",现在已经能出口成章了。

看来真的是如同妈妈所说,恩之其实一直在心里默默积累词汇,并且一定无数次无声地练习过这些词语、句子的发音了,直到确认自己已经掌握无误,绝不会说错的情况下才会说出口来。我这儿子实在是一个完美主义者啊!

会准确表达的恩之已经完全可以和我们无障碍沟通了。这也意味着,这个时期的父母说话更加要注意。因为他已经完全听得懂我们的谈话,并且常常在下意识地模仿我们的说话模式。

比如我习惯说"我观察下",恩之现在也经常跑过来说"我观察下",这正是所谓"父母如何,孩子就如何"。进一步地,在我看来,在孩子面前注意言行,以免教坏他们,这只是最低要求。父母更要在孩子面前展现最美好的语言与行为,以引导他们,这才是真正的不言之教。

所幸我们一直都很注意这方面的引导,比如妈妈在给恩之讲故事或者外出散步聊天时都要尽量多用夸张和比喻,多用形容词,尽力让语言生动形象。早在恩之只有几个月大的时候,看到一树盛开的桂花,她会提醒恩之:"哇!桂花开了!白色的,小小的一朵,好可爱。"再采一小枝放在鼻子上,用力嗅一嗅:"唔!好香啊!恩之你闻闻。"妈妈这种绘声绘色的描述方式,我相信,一定在恩之心中种下了很多美好语言的种子,才让恩之现在一说话,就能说出这么美丽的语言。

正因如此,我们在孩子学说话这么关键的时期,怎能放心把孩子交给保姆或者老人去带呢?因为他们不会有这么多的话,特别是这么多美好的话去跟孩子说的。卢梭在《爱弥儿》中就写道:"我们愈是思考这方面的问题,我们就愈发现一些新的困难。教师必须受过教育,才能教育他的学生;仆人必须受过教育,才能为他的主人服务。所以接近孩子的人都必须先获得他们应当使他领会的种种印象,必须受了一层教育又受一层教育,一直受到谁也不知道到了什么地方为止。把孩子交给一个连他本身都没有受过良好教育的人培养,又怎能培养得好呢?"

所以,我才在笔记中反复谈论0—3岁时期,父母对孩子的培养和教育是多么地重要。0—1.5岁,孩子更多地需要父母与他们建立亲密关系,在这样的关系中去获得对人的信任从而能最终适应人类社会;1.5岁以后,孩子开始学习说话,模仿成人的言行,又需要父母在他们面前做好各种人类美好言行的示范,使他们得以成为美好的人。

然而,很多父母并没有认识到这一点,往往认为孩子的教育是从3岁以后进入幼儿园才开始的,而把3岁之前对孩子的教育(或者说与孩子发生的关系)都交给保姆和老人,最终放弃了本来是天赋的权利(当然,也是义务)。

井深大是大名鼎鼎的索尼公司创始人,是著名的企业家,同时也是一位不为国人所知的儿童早期教育家。他著有《幼儿园教育晚矣》一书,讲的就是对孩子来说,最为关键的是0—3岁之间的教育方法,等到孩子进入幼儿园之后再去展开教育,就一切晚矣。

在我看来,很多父母还不知道在0—3岁之间的教育更是双向的,是"爱的双向教育"。我们应当在这个时期给孩子展现最好的人性的一面,这个时期的孩子也会给我们展现最好的灵性的一面。

这好像恩之今天说的"这棵树在跳舞""她的腿好漂亮""这个石头在睡觉",就是一种充满灵性的语言。这样的灵性,并不由我们教给他,却是他可以教给我们的。

这样的灵性也就是李贽在《童心说》里定义的"童心",他这样讲道:"夫童心者,绝假纯真,最初一念之本心也。若失却童心,便失却真心;失却真心,便失却真人。人而非真,全不复有初矣。"

在这篇《童心说》中,李贽提出了他石破天惊的文学观念:"天下之至文,未有不出于童心焉者也。苟童心常存,则道理不行,闻见不立,无时不文,无人不文,无一样创制体格文字而非文者。"

这话是说,天下的好文章,没有不是发自童心的。如果童心常在,那些所谓的闻见、道理就会失去立足之地,那么,任何时代、任何人、任何体裁都可以有极好的作品。

今天的国人失去了爱,也就是失去了童心,自然写不出生动的文章。恩之到了2岁2个月才会说句子,也就是真正意义上的说话,没想到一说话就以其充满童心的语言,石破天惊地给以文为生的我和做语文老师的妈妈,生动地上了一课。

4月2日　二孩问题的社会学思考

如果说哥哥当初是脾气急的话，那么妹妹现在就是脾气大了。当她不想睡而我硬要抱着她睡时，她先是把身子扭来扭去，接着就四肢打挺硬硬地挺在那里。然后开始扯开嗓子哇哇大叫，那个声音完全不像是个刚满4个月的小宝宝，我眼睁睁地看着愤怒瞬间染红了她眉毛下的皮肤，接着又染红了她的整个脸颊。

我们一直觉得哥哥是很憨厚老实的，有点大智若愚的意思，而妹妹却是古灵精怪，受不得半点委屈。我和妈妈说，等妹妹长大了，估计都是妹妹指使哥哥去干"坏事"，事发后一定又是哥哥替妹妹背锅了。

感恩妹妹的到来，让我以他们兄妹俩互为参照，有了更多的育儿方面的思考。这样的思考不仅有科学和医学方面的，也有从教育学乃至哲学层面的思考，还包括由于同时养育两个孩子所带来的关于社会学乃至政治学方面的思考。

一直觉得我们家很有意思，我和妈妈每天都在关注育儿的信息，只不过我们俩的关注点完全不同，她看的都是各种科学育儿方面的知识，而我更多的是从育儿切入展开各种更宏观的思考。我越来越体会到，比如就二孩问题而言，随着国家从今年开始放开二胎，二孩问题就不仅仅是个教育问题，也不仅仅是私人问题，它已经逐渐成为今天中国一个很重要的社会学乃至政治学问题。更重要的是，这些问题很多都是全新的问题，是过去没有遇到过，甚至无法想象的问题，因此都需要我们今天去实践、去思考、去探索。

事实上，在今年两会上，与二胎有关的提案就很多，比如，全国政协委员高美琴就指出，"虽然已经全面实施二孩政策，但从生育意愿转化为生育行为，还需要整个外部环境的配套准备"。

她注意到，"我国目前普遍存在的儿童看护服务的缺失，将会导致生育意愿改变及生育率下降"。国际上很多发达国家、发展中国家从国家层面推进和提供0—3岁早教服务,如美国的"早期开端计划"、英国的"确保开端计划"、新西兰的"普鲁凯特计划"等。为此,她通过提案建议,"将早期育儿服务纳入公共社会服务,要求社区免费开放已有早教资源,向提供普惠性早期育儿服务的机构提供优惠政策"。

她还建议,政府有关部门着手前瞻性政策的制定,创造一个有利于生育与养育儿童的环境。比如增加生育津贴,减少缴纳个人所得税,将义务教育扩大至幼儿教育,完善医保体系,减少个人自费比例。"如果条件成熟,本人也愿意,男女双方有一方可以选择阶段性休假,就像以前'停薪留职',单位不能因此辞退员工。"事实上,生下孩子特别是二孩后谁来养,确实已经成为困扰很多家庭的一个大问题。日前,一份在广州发布的二孩家庭网络调查显示,高达86.5%的家庭将"没人带"列作要二孩的最大困难。同时,中国青年报社会调查中心通过问卷网,对2001人进行的一项调查显示,58%的受访者认为身边年轻父母"只生不养"的现象普遍存在。

《中国青年报》在报道中写道:"如今,很多'80后''90后'已为人父母,可不少年轻父母生下孩子后就甩手不管,将孩子交给长辈、保姆来带,自己专心奋斗或是享受两人世界。种种原因导致'只生不养'成为年轻父母的一个常见状态。"不过,报道也提到"近五成受访者坦言若没人帮忙,会考虑自己和爱人一方全职带孩子"。

事实上,我经过自己这两年多的探索,认为今天的父母不应该在没人帮忙的情况下,才考虑其中有一方去全职带孩子,而是应该无论如何,至少父母中有一个全职在家带孩子,这才是真正对孩子负责任的表现,也是对自己负责任的表现。

为此,需要制度的配合——比如从宏观层面来说,政府应该把0—3岁孩子的教育问题纳入公共社会服务中,并在其中对家庭(父母、老人、保姆、老大和老二)、幼儿园(早教机构)、社会等之间的相互关系展开深入思考和顶层设计;从微观层面来说,企事业单位应该允许父母中有一方停薪留职在家带0—3岁的孩子,以解决这些家庭的后顾之忧。

当然，更需要的是父母们首先完成观念的转变——不仅仅是认识到不能"只生不养"，更要认识到养孩子的巨大价值，认识到自己不是简单地回家照顾孩子，而是由此完成了一次生活方式乃至人生观念的转型，也由此创造出巨大的生命价值和社会价值。

我明白，不是每个人都能像我这样可以选择自由的工作方式。怎么把工作和生活结合起来，甚至暂时在这一两年中部分牺牲自己的工作，或者通过生孩子这个契机帮助自己勇敢迈出转变生活方式的新一步，这对很多人来说，是需要付出巨大勇气的。

换句话说，要在家修炼"抱子禅"是一件需要牺牲很多、需要有巨大勇气的事。但我相信，只要我们真正认识到"抱子禅"的价值，就会明白什么才是我们真正应该追求的价值，什么才是我们真正应该过的生活，什么才可以让我们真正获得幸福。

我今天早上抱着妹妹在楼下花园边小跑边哄她睡觉，那个恩之喜欢的总是坐在小区门口的80多岁的老爷爷走过来后，我听见他悄声说了句，"真是个好父亲"。就这么一句话，我一下子觉得我都被自己感动了，觉得所有的努力、付出、选择、放弃都是值得的，特别是在"好父亲"已经被认为是稀缺品的今天，这三个字可不是谁都担得起、做得到的。

4月5日　手推车里的"漫游者"

这段时间恩之中午不大睡觉，我就干脆用手推车推他出去玩，让他在上面边看风景边睡觉，而我也得以完成对我们的生活区域的一次次漫游。

"漫游者"（stroller）这个观念源自本雅明笔下19世纪的巴黎。它是本雅明创造的一个形象。这种人只能生活在都市，但却会拉一只乌龟在街头散步，以示与众不同。这种人似乎终日游手好闲，却于散步之中在脑海捕捉都市的形象，既捡拾创作的灵感，也感受文化的脉动、记录社会的变迁。今天我们看到的购物中心（mall），最初就是为漫游者这类人群而设计的。

只不过,漫游者在今天显然不能牵着一只乌龟散步,那会显得十分另类。但如果我们推着婴儿车在都市中缓慢行走,就显得很自然,也走得很从容,可以完成很多思考。

我前面提到,实施"抱子禅"可以让我们完成很多深度的思考,这样的思考并不仅仅是在静止的情况下发生。推着婴儿车在街头漫步的过程,同样是实施"抱子禅"的过程。

散步是最促进思考的,卢梭这个著名的"散步者"就说过,"散步促进我的思想。我的身体必须不断运动,脑筋才会开动起来"。然而,今天的现代人在每天的忙碌奔跑中,逐渐变得不会发呆,也不会散步了。"抱子禅"不仅是找回我们独处的能力,也是要找回我们散步的能力,并通过这样的独处与散步,找回我们发现与思考的能力。

我推着婴儿车漫游的过程中,发现乐海百货和阿罗海城市广场这两个海沧最大的商业中心根本不具有孩子性,或者说,这两个商场对孩子极不友好。

要想从乐海百货推婴儿车进入正门需要绕很大一圈(乐海百货的正门是高高的三级台阶,只在两个较远的侧门处才建了一个推车的通道,儿童车、轮椅等必须要绕到那里才可以推行)。

阿罗海更是如此,所有的入口都被弯来弯去的栅栏和人为设置的花圃围住,婴儿车要想进入,必须由大人将它举起来,翻过这些障碍才可以。对我们家这个又大又重的婴儿车来说,每次进出都极为不便。

胡适说,要看一个社会的文明程度只需要看三件事:一看他们怎样对待小孩,二看他们怎样对女人,三看他们怎样利用闲暇时间。

在我看来,推婴儿车漫步的过程正是一个实地感受城市公共空间的孩子性、实地丈量城市文明细节的过程。而一个对婴儿车不友好的城市,也绝对不会是一个文明的城市。

4月20日　安顿自己的心灵

在睡觉这个问题上,最近被兄妹俩折腾得够呛。比如,乐之会吵瞌睡,在想睡觉的时候总是大哭不止。哥哥却总是不爱睡午觉,每天让他睡觉都要折腾半天,甚至让你有黔驴技穷之感。他长大了,我过去总结的"陪娃睡觉三步曲"已经不管用了。

他现在精力旺盛,想等他自己在床上玩累了后睡觉已不可能,如果不加以干预,他可以在那里玩几个小时。而采用假睡这招,既怕他用脚踩到我的头或用手戳我的眼,也怕他突然越过我翻下床去。总之,陪他在床上折腾几个小时,比不睡觉陪他玩要累得多。

这时候我又想起了自己的"抱子禅",如果把陪孩子的过程当作修行的过程,就不会在这个过程中产生很多负面的情绪。若是以平静的心情和宁静的心灵去应对,最终会以安静迎来安静,以宁静换得宁静,并让孩子尽快入睡;如果他急你也急,他烦你也烦,结果一定适得其反。

同时,我们还应认识到,陪孩子睡觉是一段极其难得也极其短暂的因缘。放在人生的长河中,孩子愿意和我们在一起睡觉的时间是很短的,别说到了小学、初中,恐怕到了五六岁,你想陪他一起午休、晚睡,他都不愿意了。看来无论如何,都要感恩,都要珍惜。

我也因此检讨自己最近对恩之的各种负面情绪,并提醒自己,要以这样的感恩心态对各种情况泰然处之。就好像最近流行个段子:当你想打孩子的时候,就默念三声"我亲生的"。我现在告诉自己,当我想对恩之发火的时候,就默念三声"来度我成佛的"。

不过,虽然已经发誓不对恩之发火,但今天恩之中午吃饭的时候,总是嘴里包着饭看电视,半天都不咬一下,说了多次都不听,真的是怒从心头起,恶向胆边生,又忍不住用手打了他一下,可是打完后,马上就后悔了。

每个人心中都住着恶魔,稍不注意,他可能就会被释放出来。我们每天照顾孩子,其实都是在安顿自己的心灵,是在尝试如何让自己不被内心的那个恶、凶、烦、累的恶魔所控制。这才是带孩子最不容易的地方,但也因此,带孩子才成为一场修行,甚至是一场最好的修行。

4月21日　卢梭论父亲

恩之睡觉前总要我或者妈妈给他讲故事，准确地说，是让我们给他编故事。慢慢地，我发现我和妈妈编的故事有着明显区别。

妈妈讲的故事都是月亮姐姐、挖掘机妹妹、有着神奇按钮的小书包等，而我编的都是坦克叔叔、挖掘机哥哥，不是坦克叔叔打坏人就是挖掘机哥哥救好人，总之都是英雄的故事。

我还给恩之虚构了一个会飞的有两个炮管的坦克叔叔，每天睡觉前都给他临时瞎编各种坦克叔叔救好人或打坏人的故事，以至于现在每到讲睡前故事时，他都要先问下，"今天坦克叔叔要救谁呢？"。

英雄故事的效果还是明显的。比如，恩之还是严重便秘，我们每天给他吃青汁、益生菌B12加上低聚乳果糖（一般成人吃1包就见效，他要吃3包），他都要3天才拉一次便便，而且前面的便便都是硬结，加上长期便秘导致有些肛裂，他每次拉便便都很痛苦。过去他都要花一两个小时，满头大汗甚至号啕大哭后才能把便便拉出来，每次都在那里痛苦地呻吟说"我不行"，现在倒是很少说不行了，都说"我行""我是英雄，好像坦克叔叔"。

他的语境也逐渐变化，前段时间爱讲月亮姐姐、挖掘机妹妹，现在他嘴里每次都是和坦克叔叔参与救人行动的，都是挖掘机哥哥、吊车哥哥、搅拌机哥哥……在他脑海中的人物图谱中，雄性人物无疑已经占了上风。

这个社会总的来说，男性逐渐阴柔化。很多专家建议父亲回归家庭，其实就是希望给子女以母亲根本无法提供的雄性或英雄教育。

卢梭在《爱弥儿》中更是写下了这样一段极其精彩的论述父亲在家庭中应该发挥作用以及如何发挥作用的话：

> 一个做父亲的，当他生养了孩子的时候，还只不过是完成了他的任务的三分之一。他对人类有生育人的义务；他对社会有培养合群的人的义

务；他对国家有造就公民的义务。凡是能够偿付这三重债务而不偿付的人，就是有罪的，要是他只偿付一半的话，也许他的罪还要大一些。不能借口贫困、工作或人的尊敬而免除亲自教养孩子的责任。读者诸君，请你们相信我这一番话。凡是有深情厚爱之心的人，如果他忽视了这些如此神圣的职责，我可以向他预言，他将因为他的错误而流许多辛酸的眼泪，而且永远也不能从哭泣中得到安慰。

现在很多父亲没有认识到这一点，忙于挣钱，认为只要自己挣足够多的钱，就可以请最好的保姆、最好的教师来替自己照顾孩子。卢梭为此接着补充道：

这个有钱的人，这个家庭中如此忙碌的父亲，据他说，他是不得已才放弃他的孩子不管的，他采取怎样的做法呢？他的做法是，拿钱去雇一个人来替他完成他所担负的责任。满身铜臭的人，你以为用钱就可以给你的儿子找到一个父亲吗？你不要犯这样的错误了，你给你的孩子雇来的这个人，甚至不能说是教师，他是一个奴仆。他不久就将把你的儿子培养成第二个奴仆。

所以，如果我们希望孩子仍然保持他们在那个爱的世界的样子，就必须对孩子进行爱的教育，而要进行这样的教育，更多的责任落在父亲身上。虽然很多父亲认为自己承担不了这样的责任或者说没有这样的能力，但他们必须承担这一点，必须用自己对孩子的爱心去弥补自己能力的不足。卢梭又写道：

要是你希望保持他原来的样子，则从他来到世上的那个时刻起就保持他。他一诞生，你就把他掌握在自己的手里，他尚未成人，你就不要放弃他。不这样做，你是绝对不会成功的。既然真正的保姆是母亲，则真正的教师便是父亲。愿他们在尽责任的先后和采取怎样的做法方面配合一致；愿孩子从母亲的手里转到父亲的手里。由明理有识而心眼偏窄的父亲培养，也许比世界上最能干的教师培养还好些，因为，用热心去弥补才能，是胜过用才能去弥补热心的。

卢梭这段文字是很值得人深思的，这也是我阅读《爱弥儿》后觉得其中关于3岁以下孩子的教育中少有的值得参考的部分。之所以这样说，是因为在我看来，卢梭在这个年龄段关于"教育"的思考，除了对"父亲的价值"的认知以外，其他地方都是乏善可陈，甚至是漏洞百出。

比如，面对孩子的哭闹，他的方法是"任他怎样哭，你也不去理他"。在孩子还没长牙的时候，"就给他们嚼食干果和面包皮"，因为这样可以"促使他们快速长牙乃至尽早断奶"。

瑞士教育家裴斯泰洛齐一度是卢梭思想的信徒。1770年其独生子出生时，他甚至根据卢梭的名字，给孩子取名为"雅克"。他切实遵照卢梭《爱弥儿》中的教育思想，逐日观察儿子的行为和实验，为此还记了一本"教育3岁儿子的日记"。结果小雅克像爱弥儿一样，到了12岁还不会读书也不会写字，裴斯泰洛齐由此发现卢梭的教育方法有缺点，并开始形成自己新的教育理论。

卢梭的《爱弥儿》虽然是世界教育名著，但对0—3岁的幼儿教育，并不具有太大的参考价值。卢梭一生虽然生了5个孩子，但他从来没有对这5个孩子尽过一点父亲的责任，这些孩子生下来都被他直接送到了孤儿院。因此，他的这些育儿理论不过是理论空谈，而他本人，我相信，在老年一定会常常为"他的错误而流许多辛酸的眼泪，而且永远也不能从哭泣中得到安慰"。

5月5日　孩子心中的家

从4月27日到5月4日，我们带着哥哥、妹妹回老家去看爷爷、奶奶，最重要的是去看我的爷爷，也就是他们93岁高寿的祖祖。我们担心再不带他们回去让祖祖见见，说不定就没有机会了，对于这样高龄的老人，谁也说不好他能活到哪天。当然,站在孩子角度来说,并不是他们想要去见这些亲人,纯粹是我们需要他们去见这些亲人。这也意味着,他们这么小就不得不参加各种社会活动,应付各种社会关系了。

这是很辛苦的工作。哥哥晕车,来回坐飞机的路上都吐了;妹妹在返回的时候也有些中暑,在机场就拉稀,刚上飞机后就一直哭闹不停。回老家的时间短,生活规律也完全被打乱,哥哥基本中午都没法休息。

但他们真的是很乖的,或者说,我们的亲密育儿法的确有效。虽然妹妹是第一次出门,哥哥也是第一次和这么多人接触,但他们都应对得体,给大家留下了很深的印象。

妹妹不愧拥有"乐之"这个名字,见人就笑,谁都让抱,一点也不怯生;哥哥则是见谁都叫,爷爷奶奶、姑妈姑父、表爷爷表奶奶,一个个都叫得很甜很亲热,大家都夸他乖巧懂事。

可见,他们虽然一直是和我们在一起,但由于和父母建立了很深的爱的关系,或者说建立了对"人"的很深的信任感,就很容易建立好的社会关系。

每次和父母在一起都让我对"家"这个概念有很深感触,这次的感触最直接的动因来自恩之。因为回老家没多久,他就吵着说"我想家",总是不断哭着说,"这里不是我们家"。

所以,关于家,大家都很清楚,它和房子没有任何关系——就好像我们现在住的这个房子,是租赁而来,这个房子根本不是我们的房子,但它绝对是我们的家。

但到底什么是家呢?人们往往有两种理解,很多时候认为有家庭的地方就是家,常用的说法就是有爸妈的地方就是家。所以,当恩之哭着说,这里不是我们家的时候,我们都劝他说,爸爸妈妈都在这里,爸爸妈妈在哪里,哪里就是你的家。但他显然不认同这个观念,始终还是想回厦门那个家,或者说,他觉得厦门才是他们的家,他甚至给我们说,"妹妹也想家"。

仔细想来,对我来说,这次确实也是返回老家这个大家庭,但父母乃至老家人的生活方式与我已经大相径庭,所以,我在心目中也不觉得老家或者说家乡是我的"家"。

所以，家庭不一定就是家。至于一个房子，如果让你觉得是家，那一定是这个房子里的生活方式是你想要的或者说是让你感到幸福的。

这种生活方式往往无法言表，体现出一种整体性。就好像我们问恩之，你到底想厦门那个家什么？他其实也说不上来，偶尔说是想他的挖掘机。光这一点显然不是真正的原因，因为在老家的日子里，基本上每天逛街，或者是我，或者是他爷爷，都要给他买个挖掘机，短短几天，在老家的房子里已经堆了好几个挖掘机了。

我想之所以他觉得厦门才是他的家，根源在于厦门那个房子里已经有他习惯的生活方式，有他随处乱丢的挖掘机，有他翻烂了的图画书，有他专用的刷牙服，有他可以滚来滚去的小床，有他的手推车、摩托车、滑板车，有他熟悉的洗衣机、小餐椅、皮沙发，总之，他已经习惯了厦门那个房子里的一切生活方式，所以，他觉得只有厦门才是他的家，也只有回到那个家他才觉得幸福。这就好比昨天他坐飞机回家后说的话——回家真幸福。

5月9日　斗智斗勇与顺其自然

进入5月，厦门的天气变得很炎热，这段时间都是30℃的高温。也正由于天气很热，我可以放心地给恩之洗澡，所以现在基本是妈妈带妹妹，我带恩之，负责他的穿衣、吃饭、玩耍、洗澡、睡觉等所有事宜。

这样一来就保证了妹妹有充裕的时间用来睡觉。她只要想睡，妈妈就抱她睡，不再受到哥哥的影响。兄妹俩之间的负影响逐渐减少，正影响逐渐增加。比如，我们发现，妹妹特别喜欢看着哥哥玩耍，甚至满脸笑意地用目光追随着哥哥移动。当哥哥挨在她边上的时候，她也常常主动伸手去摸摸哥哥。

哥哥也很喜欢给妹妹展示他的玩具，给妹妹表演"做饭"（他现在常常用我们叫外卖剩下的饭盒假装做各种饭），经常拿个摇铃逗妹妹玩，在妹妹哭闹的时候去安慰她。有时哥哥的安慰甚至比我们的安慰更能让妹妹很快停止哭泣。

这充分说明，妹妹是很喜欢哥哥的，而哥哥自然也是很喜欢妹妹。我们常常抱着妹妹，让她用脚踩在哥哥头上，哥哥对此从不反抗，似乎还挺享受。特别感人的是，今天妹妹在客厅里小便，他甚至蹲下身，拿着纸巾去把地上的尿液擦干净，然后又把纸巾扔到垃圾桶。

这样一来，从亲密育儿法的角度来说，妹妹无疑比哥哥的条件更好。她从现在开始，就不仅可以通过父母，还可以通过哥哥来与社会建立亲密关系。或者说，她在与父母建立亲密关系的同时也与哥哥建立亲密关系，这样的关系（其中的核心是信任关系）将帮助她更好地与社会建立信任关系。

这无疑是二胎的一个巨大价值，作为第二胎的孩子，在他（她）幼年时期就多了一个建立亲密关系的途径，由此可以让他（她）将来更好地去建立社会关系。

陪恩之睡觉这段时间以来，我感觉每天都在斗智斗勇。斗勇是因为他在没有入睡前，在床上是爬来爬去乃至走来走去，有的时候是爬到我身上，有的时候是踩到我头上，有的时候甚至一屁股坐在我头上，我必须一次次"打退"他的进攻（一次次把他抱下来放到床上躺着），逐渐消磨他的精力，逐渐增加他的困意。

至于斗智，判断何时该让他上床就需要智慧。如果在他完全没有睡意的时候让他上床，会大大增加他在床上折腾的时间，但真要等到他困得不行，时间又往往太晚，会影响他的睡眠时间。

上床以后需要做出判断的地方就更多。比如，他要听故事，讲一个还是两个或者三个？讲少了怕他不满意闹起来又不睡了；讲多了怕他听后没有困意又麻烦了。再比如他现在入睡前总要撒1次到2次甚至3次尿，那就必须判断，哪几次他说"要撒尿"是必须要回应的，因为他可能是真要撒；哪一次是不需要回应的，否则你抱他去撒尿，再抹上润肤油穿上尿不湿，穿上衣服，他估计又没有睡意了。包括我到最后阶段采取装睡，以瞌睡吸引瞌睡这一招，都必须判断，对他在边上的哭闹哪些情况要回应，哪些可以不用理会，由着他哭着渐渐睡去。

如果说陪他睡觉是斗智斗勇的话，那陪他出门玩耍则完全是顺其自然了。恩之和他父母一样，也是个随性之人，就像今天下午我陪他出门，也没有什么计划，本来想就在楼下公园玩一下，结果走着走着他想去嵩屿码头，我们就坐个公交车过去，在码头看了下各种船后，又坐上双层巴士返回。到家门口公交站下车后，他还不愿回家，我们又去逛了边上的厦门儿童公园，然后再从公园出来，顺着海沧湖一直走回家。

5月12日 学会静待"突然"

一直希望给恩之以更多的阅历，让他见更多的世面，看更多的事物，以便在他心中种下很多知识的种子。现在看来，这至少为他的语言表达提供了丰富的素材。

今天凌晨4点他突然从梦中醒来，给我讲他梦到船了，然后就不肯睡觉。他一边听我讲坦克叔叔的故事，一边和我聊着天，语言之丰富，表达之精准，在同龄人里应该算是相当不错了。

比如他回忆我们那天去嵩屿码头，说到那里有"一只锈船，一只好船，还有一只警察叔叔的船在休息"。又说起我给他买的那辆蓝色玩具挖掘机，他这样完整地描述整个过程，并第一次使用了"突然"这个词："阿罗海买蓝色挖掘机，吃烧仙草，突然发现轮子坏，质量不好，爸爸修好，回家又坏。"

我从一开始的担心儿子不会说话（这甚至是我当时从公司辞职的重要理由，在我辞职的时候，儿子都还基本不会说句子。我告诉公司同仁，必须回家自己带孩子，保姆根本带不好），到现在确认他的语言表达能力很优秀。这让我想起我写在前面笔记中，妈妈介绍的美国育儿百科上的那个理论，"说话早的孩子不一定词汇量大，因为孩子掌握的可能就只有几个单词，天天想说，天天在嘴里练，自然就会说了，而说话晚的孩子可能是词汇量很大"。现在可以确认，恩之之所以说话晚，倒不一定是我们老家常说的"贵人语迟"，而是因为他心里掌握的词汇量太多，造成说话太晚，一旦会说话，词汇量就很丰富了。

这也再次说明,在育儿过程中记录这样一个笔记是十分有价值的,它可以让我们随时回去对孩子的情况做一个对照研究。特别是现在有了妹妹,我们更加可以把她的情况和恩之当时的情况做一个对照。

妹妹现在也还不会自主翻身,按照所谓"三(个月)翻六(个月)坐"的理论,她无疑也是不达标的。开始,我也有些着急,但看了下前面的笔记,哥哥是在6月24日,也就是5个月22天的时候才突然会翻身的,而且只能翻一半。这样来看,妹妹现在也才5个月10天,我心里就踏实了很多。根据妹妹现在的情况来看,她应该在这两天就会突然翻身的。我没想到儿子突然会说"突然"这个词,看来孩子们很多时候的变化就是这样突然而至的,我们能做的只是安静等待。

5月20日 社区空间的孩子性

现在的妹妹,和当初的哥哥一样,也很喜欢"外面兜",每天不出去转一下,就会不开心。一出门,她就双手狂舞,双脚在空中狂踢,以表达她欢欣雀跃的心情。现在的她已经俨然成为一个小小的"观察者"了,不仅是"低着头看着,好奇地观望着",而且常常为某一朵花、某一片叶甚至某一段路而兴奋得手舞足蹈,嘴里"啊啊"地惊叹不已。

总的来看,我们在厦门住的这个绿苑海景小区相比于珠海的国会公寓来说更适合抱孩子出门。这个由贝尔高林园林设计公司提供园林设计的小区,绿树成荫、花团锦簇,同时还贴心地放置了3张适合孩子纳凉的长椅。

不过,如果我们严格按照"孩子性"的标准来衡量这个小区的话,不如意的地方同样很多。比如,孩子休憩和玩耍的地方,边上都是垃圾桶,臭味飘散、苍蝇乱飞。我专门统计了下,在孩子们经常活动的地方不足100米的距离内,摆了足足21个垃圾桶。而放置在这里的唯一3张椅子,距离这些垃圾桶均不足10米。

这里也没有适合抱孩子的大人交流的空间。在人们居住的社区里,成人之间在庭院里相互交流是很少的,往往是各自抱着孩子后才有了相互交流的可能。社区中对话空间的设计,核心是要方便抱着孩子的大人进行对话。绿苑海景完全没有让大人坐着对话的桌子,每天我看到的都是一群大人推着婴儿车在垃圾桶边站着对话。

这个绿苑海景小区,已经是海沧最高档的楼盘了,房价在这轮暴涨中已经接近5万每平方米,这里的很多房子都已经是市值千万。但是,如果我们站在孩子的角度,就会明白这样的"千万资产"对孩子是没有价值的,每天在影响乃至制约孩子成长的完全是这里的空间设计以及生活方式。

对0—3岁的孩子来说,他们最主要的生活空间一定是在社区里的。毫不夸张地说,是一个个的社区空间在形塑着这些孩子,进而形塑着他们未来的发展。只可惜,我们的房地产开发商、物业管理公司乃至社区管理部门对这个问题却缺乏清晰的认知。

5月30日　纸巾成了哥哥的玩具

到了今天,妹妹果然在"突然"的情况下就会翻身了。

按照"三翻六坐"的理论,哥哥翻身都比较晚,但妹妹却更晚。从时间推算,妹妹如果在5月24日那天翻身,和哥哥翻身的时间是一样的。可到了那天,妹妹并没有要翻身的迹象。那天开始,我对妹妹这个翻身问题还是有些担心的(虽然从百度的情况看,有很多小孩6个月甚至9个月都还不会翻身)。

为了让妹妹翻身,我们常常用她喜欢的东西来逗她,把她想玩的摇铃乃至纸巾之类放在侧面,希望吸引她翻身过去抓。但在很长时间里她都没有要翻身的意思。没想到今天中午她和哥哥躺在一起时,她很想过去抓哥哥,一个翻身就过去了。看来哥哥作为目标对她的吸引力(或者说"勾引")比其他物质要来得更大。我觉得,妹妹作为第二个孩子,有个哥哥在她身边,陪伴她、激励她,的确比哥哥当初要幸福得多。

当哥哥不在身边的时候,我发现她和同一月龄时期的哥哥一样,把抽纸视为最好的玩具。抽纸巾就像一个潘多拉的盒子，这种神奇的体验极大地激发了宝宝的好奇心，柔软的纸巾还会随着小手不断地揉搓，呈现出不同的形状变化。总之，这个毫不起眼的再普通不过的物件委实可以带给婴儿以丰富的感官刺激。

我们做父母的其实也可以充分利用宝宝对纸巾的热爱，把纸巾作为一件很好的早教道具去训练孩子的各项能力。比如在婴儿还不会抬头的时期，我们可以让婴儿趴在床上，然后一边搓响纸巾，一边移动纸巾，让婴儿的眼光追踪纸巾以锻炼宝宝的视觉，吸引宝宝抬头追踪纸巾以锻炼他们的颈部力量。在婴儿学习翻身时我们也可以用同样的方法去勾引他们，以练习他们的翻身技巧；学习爬行时我们又可以把纸巾放在他们的前方作为目标去勾引他们爬行。当孩子平躺时我们也可以把纸巾放在他的脚边，并拍打出声音，以吸引孩子用脚丫子去够纸巾，够到纸巾后宝宝还会用脚把纸巾勾到手边以方便拿起来玩儿。这样的过程可以有效锻炼孩子的听力、触觉、腿部力量，以及多个身体部位协同努力的协调性。看来，小小的抽纸却有着大大的功能，而且在我看来纸巾所发挥的早教作用一点也不啻于很多价格不菲的早教玩具。

这种现代包装的抽纸巾，对今天的孩子来说，可能是最好的娱乐玩具和锻炼工具。唯一的问题是，以这种纸巾作为玩具，可能在床上玩半天下来，要撕掉一包纸，确实浪费资源，但收益无疑是很大的。

6月7日 最好的生日礼物

今天是我生日，恩之坐在马桶上自主排便，拉得很快，拉得很多，便形也很好。这泡屎称得上是恩之送给他父亲最好的生日礼物，经过这段时间的努力，我感觉我们今天终于可以宣布攻克了恩之这个拉屎的顽疾。

拉屎问题看上去是个小问题，其实是个大问题，是关乎我们是否快乐的根本问题。林语堂就经常说"快乐问题基本就是大便问题"，甚至引用一个美国老校长给学生的话说，"我要你们记住两件事情，读《圣经》和使大便通畅"。

而这个问题在我们家不仅关乎恩之的快乐,甚至关乎我们整个家庭的快乐。它从恩之出生开始就困扰我们,后来越发严重,我在前面的笔记中也多次提到。

这个问题的解决无疑是多方努力的结果。

首先是医生的帮助。前段时间武汉协和医大的医生过来海沧医院义诊,我专门带恩之去咨询专家,对方指出恩之的排便问题就是一个习惯问题,必须要建立起他按时排便的习惯。而在建立习惯之初,可以大胆借助药物的帮助,并反复向我明确,短期使用开塞露不会造成依赖,低聚果糖吃5包也没事。我们终于敢大胆使用这些药物,也终于帮助他养成了每天都拉屎的习惯。

其次是设施的改良。妈妈研究后发现,我们这种抱着孩子拉屎的传统的中国式排便方式很不科学,不但容易造成孩子肛门的拉伤,而且会加剧恩之排便的紧张。为此,我们买了一个婴儿专用的马桶圈放在马桶上,让恩之坐在上面,脚下再放一个小凳子让他踩着,这下他拉屎过程就轻松多了。

然后是讲故事的威胁与激励。这样的故事包括"威胁",比如给他讲说,不拉屎会很臭,出去玩臭到小朋友怎么办呢?更多的是"激励",比如妈妈就常常绘声绘色地给恩之说,现在一堆便便已经堆在肛门口,它们在大声说"主人主人快把门打开呀,我要出去",以激起恩之的英雄意识,希望他能努力放它们出去。

最后是全过程的观摩与表扬。恩之拉屎时,都需要我搬个小凳在厕所门口坐着,陪着他拉。每拉出一坨,我就大声鼓掌,以示嘉许,拉屎结束后,我还要在儿子的邀请下,过去"欣赏一下",并再次予以肯定。

在这样的拉屎全套解决方案之下,恩之最近终于每天排便,并在今天很顺利地拉出一泡很漂亮的屎,怎不可喜可贺?它也确实当得起我的生日礼物了,因为它让我的生日真正变得如此快乐!

6月22日　父母的心理素质

今天凌晨,妹妹开始突然发烧。起初,我们怀疑是感冒,因为最近天气不好，实在太热。但她却没有感冒的诸如流鼻涕、咳嗽等症状。

然后，妈妈怀疑是尿路感染。因为妹妹小便的时候感觉很费力，似乎还有些痛苦，每次小便时她都身体打挺和哭闹，先是给她吃了家里有的阿奇霉素，发现并没有效果。我们想是不是抗生素不对路，于是又去外面买了头孢颗粒，但吃了两次，发烧并没有止住。

本来都准备是否要去医院看看，但妈妈通过查阅资料判断妹妹是小儿急疹的可能性比较大，因为这种病的特点就是72小时内反复高热，体温都在39℃以上，而且没有其他并发症状。3天之后，烧退疹出。疹子出齐后就慢慢消退，并不会瘙痒和疼痛，也不会留下疤痕。

这是一种马后炮似的病毒感染的疾病，你只有到出疹子的时候才能确认是否是小儿急疹，很多有经验的医生都常常误判（或者说也不敢先向家长确认是这个毛病，只能是预防性地采用抗生素乃至住院、输液治疗等）。而之前发烧的这3天对父母就是极大的考验，是否要送医院，是否要用抗生素，是否要输液，面临很多艰难的选择。

由于哥哥之前并没有得过这个病，我们没有任何经验可循。只能根据我们的知识和观察去判断，好在妈妈的心理素质很好，虽然家里当时有人被妹妹的连续高烧吓到，好心提醒我们去医院看看，我们硬是坚持住，没送妹妹去医院，而是在家里精心观察和护理。

当坚信妹妹是幼儿急疹后，我们便再没有给妹妹吃任何抗生素，更没有服用任何中药，只是在她体温超高时给她用对乙酰氨基酚栓降温，在退烧药作用时间内若体温虽降下来但还是偏高就给她洗澡降温。在耐心等待和受煎熬近72小时后，妹妹的体温渐渐恢复了正常。虽然妹妹脸上、脖子上、头上、背部、腹部都出现了大量玫瑰疹，看上去很是吓人，但因为已经了解到幼儿急疹的特点，我们并没有担心。

事后想来，我们之所以很淡定地扛过这段颇为考验心理素质的过程，很大程度上是因为我和妈妈统一战线，没有相互抬杠。要是当时我们有任何一方坚持要送去医院挂水什么的，估计妹妹就会被送去遭受无辜的检查。

百度显示，面对这个疾病，往往是母亲需要做决定是否送医院。这个时候，面对着高烧的孩子，以及家庭里来自老公、爷爷奶奶、外公外婆等各方的压力，母亲遭遇很大的挑战。

我一方面是相信知识的力量，特别是相信妈妈天天学习所掌握的那些育儿知识；另一方面也感受到，不确定性确实无处不在。本来以为我们带恩之的经验是热乎乎的，妹妹出现什么情况都可应付，没想到妹妹就出了个从来没有遇到过的情况。而且，这个病本身就充满不确定性，在没有出疹子前是没有人敢确认就是这个病的，很多时候就是在赌博。我们也是决定如果等到3—4天，妹妹还不退烧，还不出疹子的话，就只能送医院了。好在最终我们赌赢了！

6月26日　父亲在依恋关系建立中的重要作用

今天看到一篇文章《是什么决定了你在爱情中的表现》，里面提道：

"在对于爱情的研究中，依恋理论影响深远。心理学家将人们分为不同的依恋类型，认为它们是从我们婴儿时和父母的相处中发展出来的，并由此影响了我们的一生。"

依恋理论源于20世纪60年代，英国心理学家John Bowlby发现，哺乳动物的幼崽自身没有存活能力，而那些成功获得父母关注的幼崽则比较有机会获得照顾，最终存活下来。所以，幼崽会通过哭泣、尖叫、纠缠等方式，来拒绝和父母的分离。我们人类也是如此，婴儿对其主要照料者（一般为父母）的依赖会以不同的模式表现出来。"害怕与父母分离，害怕被父母抛弃"，是进化造成的人类的天性。

1978年，他的学生Mary Ainsworth继而根据当婴儿需要父母时，父母对婴儿的行为和回应程度，提出了婴儿的三种依恋类型：

1. 如果当婴儿需要照顾时，父母总是在婴儿身边的、有回应的、给婴儿注意力的，婴儿就会感受到安全、爱和自信。这种婴儿会比较不拘谨、爱笑，容易和其他人交往，发展出"安全型"（Secure）依恋；

2. 如果大人对婴儿的照顾时有时无,行为无法预测,婴儿就会开始用各种行为试图找回自己的父母。由于不确定照料者什么时候会回应,婴儿会表现出紧张和过分依赖,发展成"焦虑-矛盾型"(Anxious-ambivalent)依恋;

3. 如果当婴儿需要的时候,父母总是不出现,态度是冷漠和拒绝的,婴儿就会认为他人是无法信赖的,从而对他人充满怀疑,甚至陷入抑郁和绝望,发展成"回避型"(Avoidant)依恋。

Mary Ainsworth 认为,这三种依恋类型形成后,婴儿在之后对人际关系的处理、对新环境的反应上都会体现出差异。当儿童面对新环境时,安全型的儿童会向父母寻求支持,但很快就会安静下来,勇于探索新环境;焦虑-矛盾型的儿童则会不敢面对,转而对父母大哭大闹;回避型的儿童即便是在害怕的情况下,也会和父母保持距离,不向父母寻求帮助和安慰。

照料者的态度是婴儿依恋类型形成的关键因素,而这种影响会一直延续至成年。Russell A. Isabella 通过对婴儿出生 1 个月、3 个月和 9 个月时母亲表现的记录,及婴儿成年之后的依恋类型比对,发现母亲对新生儿的行为几乎可以用来预测成年后的依恋类型:那些母亲表现出更敏感的回应、更少的拒绝的婴儿,会更多地发展为安全型;反之,婴儿则会更多地发展为不安全型。(Isabella, 1993)

荷兰学者 Dymph Van den Boom 等人的研究还发现,即便婴儿的天生气质偏向焦虑、敏感、易怒,母亲仍然可以通过高回应度、高可及性的养育过程对其造成影响。如果母亲在婴儿出生的第一年,就在婴儿需要的时候对其表现出更多的注意与回应,那么从第二年开始,婴儿就会表现出自信心提高,安全感增加。这种效应将长期发挥作用,他们今后在与同伴玩耍时也会表现出更多积极的互动。(Boom, 1995)

我从这篇文章得到启发,进一步展开对"依恋理论"的研究,才知道西尔斯博士的亲密育儿法其实是源于依恋理论,因为这个"attachment"对应的正是依恋理论中的"依恋"二字——依恋理论的发明人 John Bowlby 在 1969 年出版的奠定"依恋理论"基础的《依恋》这本书,英文正是 *Attachment*。

所以，我前面提到，有两本书把西尔斯博士发明的"attachment parenting"分别翻译为"依附性教育"和"亲密育儿法"，现在看来都不够准确，准确地翻译应该就是"依恋育儿法"，也只有这样的翻译，才真正体现出这个理论背后的心理学渊源。

当然，有这样的翻译误区也不足为怪，因为 Attachment 这本书至今还没有在中国翻译出版，这也造成"依恋理论"这套在精神分析治疗中极为重要的理论，在今天并不为太多国人所知。

说到精神分析，国人大多知道弗洛伊德、荣格。事实上，今天以"依恋理论"为代表的一套名为"客体关系治疗"的理论，已经在精神分析治疗领域，与弗洛伊德的传统理论分庭抗礼。

两者的区别简单说来就是关注点的不同，一个关注点在"性"，一个关注点在"爱"。弗洛伊德认为，今天成年人的精神疾病，是在"性"上出了问题，特别是在从3岁开始的性欲望（性本能）上出了问题，而依恋理论则认为，今天成年人的精神疾病，是在与客体的关系或者说是在"爱"这种关系上出了问题，其中特别又是在0—3岁与父母（特别是母亲）的爱的关系（亲密关系）上出了问题。

两种精神分析治疗理论都是从儿童期去寻找成人的精神疾病的病因，只不过一个关注的是3岁以后，一个关注的是3岁以前。也就是说，3岁是这两种理论最重要的时间分界点。

现在看来，依恋理论无疑与我对0—3岁的孩子的关注一致。我一直强调对0—3岁的孩子"爱在手上抱"，也就是说"爱"的关系需要通过"抱"来建立，这一点同样是"依恋理论"的核心。

"依恋理论"的重要代表人物温尼科特就专门提出了一套"抱持理论"，他认为："在人们彼此需要的所有方式中，抱持是最基本的，也是最不明显并且最难描述的。抱持通过一根看不见的细线将我们和我们的存在联系在一起。从我们生命的第一刻到生命的最后一刻，我们都需要被抱持。否则，我们就会摔下来。"

在温尼科特关于"足够好"的母亲所必需的条件的观点中，抱持是处于核心地位的。在他看来，婴儿最需要的是一个充分的"抱持环境"，一个能够使他们自身内在潜能的出现成为可能的环境。这是关系背景中最基本的部分，在这部分中，心理的成长逐渐展开。总之，"婴儿要作为自体而存在必须被充分地抱持"。

这与我的体验相同，父母（或者说照顾者）对 0—3 岁孩子的抱持（抱）是极为重要的——因为这个年龄的孩子感知的是环境，是一种让他觉得安心、感到安全的环境。

我们小区有个孩子，父母工作很忙，孩子一直交给奶奶在照顾，家里也没有请保姆。这个奶奶很能干，既要做家务，也要带孩子。她把孩子的身体照顾得很好，现在个子很高，饮食也很好。但是，她对孩子的精神照顾无疑是欠缺的。

我做出这个结论的原因是，在这个奶奶带孩子的过程中，我几乎就没有见过她抱孩子，都是用婴儿车推着，孩子坐在前面，她在后面推——结果到现在，孩子已经 2 岁了，还不会说话（这种情况和当初恩之的情况完全不同，因为他是一个音都不会发，连爸爸妈妈都不会叫）。更严重的是，他看人的眼神总是怪怪的，有时很凶，有时显得呆滞。

对孩子的抱，其重点并不是身体的照顾，而是精神的抚慰，是给孩子创造一个精神上得到安慰、感到信任的安全环境。由此看来"爱在手上抱"，这个"抱"具有极重要的意义，这一抱，对孩子来说，全是精神的抚养；对我们来说，全是灵性的提升。

我针对 0—3 岁的孩子，讲"爱在手上抱"，现在看来，正是依恋理论所倡导的内容。不过，从一个正在家中抱着两个 0—3 岁的孩子的父亲的观察来看，这套理论也有着巨大的问题。

首先，他忽略了父亲在依恋关系建立中的重要作用。事实上，John Bowlby 之所以提出"依恋理论"，是基于他所展开的一系列"母亲剥夺"的研究，前面提到的 Ainsworth 在 1978 年的试验，其内容也是评定 1 岁婴儿对其母亲的依恋的安全性。至于前面那篇文章提到的 Isabella 在 1993 年和 Boom 在 1995 年的试验,仔细一看,也全都是关于母亲和孩子的关系的试验。

温尼科特教授在探讨儿童教育问题上有一本名著,叫作《妈妈的心灵课:孩子、家庭与外面的世界》,这也是一本完全写给妈妈的书。

该书共三篇三十三章,只在第二篇"家庭与小孩"中用一章去探讨"父亲该做什么",而最终得出的结论是"父亲可以为小孩做的最重要的事情就是好好地活着,而且是在孩子的幼年时期持续地活着"。温尼科特的意思就是,0—3岁确实对孩子一生很重要,但作为父亲来说,为孩子所能做的最重要的事情仅仅是确保自己这个时期千万不能死。

所以,在整个依恋理论中,父亲其实是缺席的,或者说,依恋理论其实是认为在整个依恋关系中,父亲的角色不重要(至少相较于母亲来说)。

在美国的 David Wallin 博士所著的《心理治疗中的依恋:从养育到治愈,从理论到实践》(中国轻工业出版社出版)一书中就提道:

"根据 Bowlby 的研究,婴儿会优先选择向母亲寻求亲近的事实,是源于依恋的实质作用主要在于可获得性。有意思的是,Mary Main 引用了瑞典做的研究,指出就算是母亲离家外出工作、父亲实际上成为主要的照看者,婴儿还是强烈地喜欢母亲。Main 认为这个'令人惊诧的发现'可以用孕期经历来解释(比如婴儿在子宫内听到母亲的声音并且立即对之产生偏好),在孩子还未从母亲子宫里出来前,就或多或少地确定了母亲将会成为主要的依恋对象。"

从弗洛伊德所关注的 3 岁以后的"三元关系"(父亲、母亲、我,所谓"俄狄浦斯情结"阶段)到依恋理论所关注的 3 岁以前的"二元关系"(母子关系,或者按照依恋理论的标准术语叫作"母婴互动养育关系"或者"母婴二元动力关系"),被认为是精神分析理论的一次重大进步。

但在我看来,哪怕是 3 岁以前,一套完整的依恋理论也应该是关注父亲、母亲、孩子这样的三元关系,甚至在今天的二孩时代,应该关注父亲、母亲、老大、老二这样的四元关系。四元关系才是一个原生家庭里完整的爱的关系。

今天社会的精神疾病实在是太多了,有统计表明,全国各类精神病患者超 1 亿,也就是说我们身边每 13 个人里可能就有一个人患有精神疾病。而依恋理论的另一重大进步就是认识到,现代人的诸多精神疾病(从简单的不会处理人际关系到依赖、分裂、偏执、反社会以及边缘性人格等更为严重的心理障碍)的形成原因,其实是在于我们3岁之前未能与父母建立这样的依恋关系(亲子关系)。这套理论不仅能让我们找到今天自己精神疾病的根源,也提醒我们,特别是提醒那些即将成为或者已经成为0—3岁的孩子的父母,要去与你们的孩子建立"依恋关系",以免他们重蹈我们今日的覆辙。

这套"依恋理论",被认为是"为我们提供了正确养育婴儿的理论和策略,让我们能够从临床实践的角度更好地理解早期母婴关系的建立和其对人格发展及成熟的影响,从而具有从婴儿期就开启精神疾病一级预防的重大意义"。

问题在于,对我们这些成年人来说,"依恋理论"难道仅仅具有病因发现,而不具有疾病治疗的作用吗?在我看来,"依恋理论"还没有注意到的一点就是我在前面提到的"爱的双向教育"。

就是说,当我们有机会作为父母,去与0—3岁的孩子建立"依恋关系"的时候,不仅是在为我们的孩子预防明天的精神疾病,事实上也是在为今天的我们做精神治疗和人性提升。

比如,温尼科特就特别强调"独处的能力",认为今天人们的精神疾病也包括不具有独处的能力,体现为害怕孤独。而在他看来,独处的能力"是一个人情感高度成熟的指标。只有那些有能力独处的人,才有能力去爱,去分享,去走入另一人内心的最深处"。

根据依恋理论,温尼科特认为今天的成人之所以没有能力独处,是因为在婴儿期没有掌握这个"独处的能力",而"婴儿能够独处,源于母亲的在场"。归根到底,今天的害怕孤独、无法独处是因为在婴儿期没有与母亲建立依恋关系。

正如我前面讨论"抱子禅"时所言,今天的我们,确实很多人都不具备"独处的能力",但通过抱孩子的过程,却可以慢慢地逼迫我们去逐渐养成独处的能力,这就是孩子对我们的教育之功,或者说是孩子对我们的治疗之德。

越来越体会到,我在实践的是一套"依恋育儿法",这套方法起源于西尔斯博士的"亲密育儿法",根源是Bowlby的"依恋理论"。不过,我的实践又与之有所不同,我比他们更强调父亲的作用,更强调爱的双向教育,这算是我从自己亲自养育两个孩子,并与他们建立依恋关系的经验中形成的对"依恋理论"的发展。

7月10日　原生家庭与成长关键期

最近发现,其实有很多学者在中国推广"依恋理论",只不过没有明确介绍自己是依据这套理论而已。

比如,美国普渡大学的黄维仁博士被称为"爱情博士",出版了《亲在人生路上——原生家庭三堂课》一书。该书就引用了很多"依恋理论"的内容,其目的是要说明,今天社会的婚姻问题、爱情问题的根源往往在于自己的原生家庭,尤其在于0—3岁时期的依恋关系没能得以建立。

精神治疗领域有人本主义、认知行为、精神分析这三大流派鼎足而立,其他各种治疗流派都可以看作这三大流派的杂交品或延伸品。而家庭治疗这种新的治疗技术,成为这三大流派共用的技术,这也说明,现在所有的精神治疗都看重原生家庭的影响。

黄维仁博士的家庭治疗基于依恋理论来展开,因此可以划入精神分析家庭治疗的范畴,或者说得更准确些,是属于"客体关系家庭治疗法"。而我最近看到名气更大的萨提亚家庭治疗法,由于其创始人维吉尼亚·萨提亚服膺的是人本主义心理学,因此也可以称之为"人本主义家庭治疗法"。

萨提亚同样指出,一个人和他的原生家庭有着千丝万缕的联系,而这种联系有可能影响他的一生。儿时的安全感以及其他的心理感觉大都来自原生家庭,如果这些感觉没有得到及时满足,就会在儿时形成"心理坑洞"。

这些"坑洞"将会如何影响之后的人生呢?萨提亚认为,原生家庭带给人那些强烈、痛苦的经验感受,往往使当事人在不知不觉中就做出影响一生如何待人接物的重大决定。这些潜意识中产生的"隐形的内在誓言",会在当事人生命中最重要的人际关系上造成决定性的影响,虽然这个影响并不见得一定是坏的。

这段话的意思就是,隐形的比显形的更有影响力,我们不记得的事情对我们的影响更大。人好比一台运行良好的电脑,我们看到的是电脑界面,但决定这些界面的却是隐藏的看不见的程序。

这正是我这本笔记乃至我所思考的"依恋育儿法"的主题。一般来说,0—3岁特别是0—2岁所发生的事情,孩子长大后,其实都是不记得的。但恰恰是这些不记得的事情,可能对他们影响更大,往往影响乃至驱使着他们成人后的行为。所以,我们才必须对这个年龄段的孩子给予最大的关怀。

所谓对孩子的教育其实最重要的是发生在这个时期。或者如西尔斯博士所说,"真正的教育是从孩子一出生就开始"。这样的教育更多的是关系的教育,是环境的教育,是为孩子创造一个充满爱的关系的环境,而剩下的就是静待花开。我们在孩子不记事的时候展开教育,而这个教育的结果,必须要等到10年乃至20年以后才能看出来!

但这样的教育才是真正的爱的教育。孩子长大后既然不记得这段时间发生的所有事情,自然也不会记得这段时间我们对他们的所有的好。当我们认识到这一点后,仍然愿意去对孩子好,这才是真正的爱,才是《道德经》所谓的"生而不有,为而不恃,功成而弗居"。也正因为我们从一开始就知道,所给予孩子的是一场注定不会被记得的"爱",我们才得以找到那曾经离我们远去的真正的"爱"!

佛家讲因果循环,认为是前生因决定今生果。我们可以把人们长大后不再记得的0—3岁称为"前身",无论是根据依恋理论还是心理坑洞理论,这个"前身"对我们成长后的影响,绝对比那个所谓的"前生"来得更大、更久。

作家格林(Graham Greene)曾说,他人生的前二十年涵盖了他的全部经验,其余的岁月则是在观察。他说:"作家在童年和青少年时观察世界,一辈子只有一次。而他整个写作生涯,就是努力用大家共有的庞大公共世界,来解说他的私人世界。"

台湾作家朱天文依据他这个说法,指出,"我后来的写作生涯,整个的其实都在咀嚼、吞吐，反复涂写和利用这个前身"。

我所谓的"前身"概念正是来源于此，依据这个说法，我想说的是：

孩子在0—3岁时观察世界，一辈子只有一次。他后来的人生，整个的其实都在咀嚼，吞吐，反复涂写和利用这个前身。

人们常常在找寻自己的前生，人们也痛苦于找不到自己的"前生"。其实比那个出生前的前生更重要的是这个0—3岁的前身。

虽然我们如同不记得自己的前生一样，终将不记得自己0—3岁的这个前身，但是这个前身是如此重要，我唯有在这里，恳请所有已经成为父母以及即将成为父母的人，去用心关怀、用爱善待你们的孩子，善待他们的前身！

7月20日 尊重孩子的观察

7个月的妹妹也和哥哥一样喜欢出去看"风景"，但她的关注点和哥哥完全不同。

同月龄时期的哥哥喜欢的是水管、柱子、消防栓之类的东西，妹妹则展现出她女生的一面，她更喜欢花花草草。她也比哥哥要好动，看着这些花花草草，会展开手伸出去，似乎要和它们打招呼，要去拥抱它们的样子（哥哥那个时候只是安静地看着）。

有这兄妹俩最大的好处是，我可以有机会同时抱着妹妹带着哥哥出去，然后同时对他们俩进行观察，体验他们完全不同的观察角度。

比如，一直停在小区里的那台烂的推土机轮胎坏了，今天物业公司又开来了一台破卡车在那里修。儿子在一边看得很起劲，而妹妹明显不感兴趣，看两眼就不想看了。于是，恩之一个人在太阳底下看，我抱着妹妹躲在阴凉下看花草。

后来我又带着他们去和小区的孩子们一起玩耍，兄妹俩依然选择在一边默默观察，但他们的观察角度依旧完全不同。妹妹是只要发现一个她想观察的小孩，就一直盯住，直勾勾地看着，全不管其他地方在发生什么在我们看来更好玩的事情。而哥哥呢,已经开始喜欢随着热点而转移,比如哪边小孩玩得热闹就看哪边,而且有一种代入感,即使他自己不参与,也在一旁看得很开心。

作为观察者,哥哥的观察能力乃至由此展开的联想能力、类比能力、推理能力都是很强的。比如,在我们看那台破卡车的时候,他远远地就一下发现这个车的驾驶室顶上挂着个电扇,进而类比出"和老火车上的电扇一样"。他其实并没有见过老火车上的电扇,只是上次我去江西办事的时候,由于刮台风动车被取消,改换了一辆最老式的火车,没有空调,全靠车厢顶挂的电扇吹风,我回来给他描述了下,他就记住了。

哥哥的观察过程与结论,我现在是完全能理解的。我更想理解并试图破译的是妹妹的观察,就像当初我抱着同龄的哥哥时,试图理解哥哥的观察一样。因为我觉得妹妹这个年龄的观察,才是可能直接看到事物本质的观察,也就是说,不拘泥于事物的形状、位置、属性、名称,而是直接在事物的"性"的层面,与事物做对话与交流。

哥哥会说话后,也与妹妹成了两个世界的人。好多时候我看见妹妹观察完后很热情或者很激动地对哥哥说话,哥哥明显是听不懂了。我问哥哥,"妹妹在看什么,在说什么?",他根本回答不上。看来,哥哥在掌握了"人"的语言后,已经无法理解妹妹的语言和妹妹的观察了。

这就是孩子的必然成长规律。我要感谢上苍让我现在还有妹妹这个让我可以继续观察的、还在神的世界的孩子,同时,让我可以把哥哥和妹妹这两个孩子放在一起去做比较观察。

虽然无法从哥哥那里了解到妹妹的观察内容,但我毕竟有了当初陪伴哥哥观察的经验,因此,即使我完全不懂妹妹的观察,我也将坚决地协助妹妹的观察。

这就意味着,在抱着妹妹进行观察的整个过程中,我很清楚自己只是一个协助者的角色——孩子才是观察的主体。在整个观察过程中,虽然我是"驾驶员",但我绝不会以自己对事物的观察角度,自顾自地抱着孩子走来走去,让孩子随着我的移动做各种被动观察,而是全然地以孩子为中心,以孩子为整个观察的"掌舵者",追随孩子的目光,去协助他们展开一次次属于自己的主动观察。

为此,我逐渐总结出这样的观察方式的四大特点:

第一,随时开始。一旦我发现妹妹歪着头看着或者突然低下头,要展开观察,我就立马停下,让她观察。所以,我常常在小马路或者某个小树丛那里突然停下,正是因为我感觉到妹妹突然对某个事物产生了兴趣。

第二,提供支持。也就是说,为她的观察创造条件、提供支持。首先是要朝前正抱,而不是侧抱,这是她最喜欢的观察姿势;同时,在抱的时候不要让太阳晒着她,如果有抽烟的人过来要及时躲避(这是我很不喜欢厦门的一点,抽烟的人太多,每天抱孩子逛街都要不断躲避烟雾)。更重要的是,我们需要用力撑着她,让她不至于突然翻下去,因为孩子的观察实在是太用力,有的时候扭着头,有时候弯下腰。

第三,参与观察。我不断试着参与妹妹的观察,注意观察她所观察的,同时,也观察妹妹的表情。当她很享受她的观察的时候,她会或是很享受地边观察边啃她的手,或是很惬意地晃着她的小脚,不停地在我肚子上敲打。通过这样的参与,我也得以享受她的观察。

第四,及时结束。虽然我不知道妹妹的观察何时会突然开始,但比较欣慰的是,我能发现她何时结束。当她看了一会不想看后,有个动作是突然把头仰后靠在我胸前,然后很开心也很信任地看着我。这一方面可能是确认下是否是我在抱着她;一方面是在与世界建立一段联系后,又希望再与我重新建立一下联系。这个时候,我总是很亲昵地用嘴亲亲她额头或小脸,然后抱着很开心的妹妹继续展开她的下一次观察。

通过这样的观察,我也是到今天才认识到,虽然每天有无数的父母(老人、保姆)在抱着这个年龄的孩子散步,但恐怕很少有人注意到这个问题,那就是我们当如何抱孩子散步?谁才是这项活动的主体?

让我们从孩子的角度来还原下这项活动。假如我是如妹妹一般大的孩子,现在正被某个大人抱着在外面散步,基本的情况就是:我刚刚才准备投入地观察一片树叶,就突然被大人抱着去看前方的一朵鲜花;我突然发现地上的一片砖块甚至是某个垃圾很有趣,但大人却不理解我的乐趣,非要抱着我去看他们认为很好看,并相信我一定会看的东西。我自然是什么都不会说,但我的心情可能就这样一次次地被破坏了。

孩子对这个世界的观察兴趣就这么一次次被打断,对这个世界的整体认知就这样一次次被肢解。最终散步之旅变成碎片之旅,孩子本来拥有的一个完整的世界逐渐与他们远离。

如果采用我前面介绍的观察方式,我相信,孩子一定会爱上这样的观察。每一次的观察都全然由他(她)所发起,由他(她)的兴趣所展开。

通过参与这样的观察过程,父母不断受到来自孩子的教育,一方面去发现那些在我们过去看来毫无价值的事物的价值;一方面学会放慢脚步,抱着孩子也带上灵魂,在这个世界慢慢行走、慢慢欣赏。每一次抱着孩子的散步之旅,都是我们爱的教育之旅。

当我们有了这样的观察后就会发现,通过"观察"这个问题,我们与周围其他人清晰地区别开来。在绿苑海景小区,我相信将来会有很多人记得我和妹妹这个"另类"。每天早上,在一堆抱着孩子的爷爷、奶奶或者母亲中,我是如此特殊地出现在这个队伍里,抱着同样特殊的妹妹。因为妹妹总是在边上"歪着头看着,好奇地观望着",而我则一直歪着头看着好奇的妹妹,"自己身在局中而又在局外,观望着亦为之惊奇"。

妹妹应该感谢哥哥。因为这样的观察体会,完全是建立在我前期抚养哥哥或者说观察哥哥的经验之上的。这就是二胎的价值所在,他既让老二可以站在老大的肩膀之上,也让父母抚育第一个孩子的经验不至于浪费,并有进一步完善与提高之可能。

我要感谢妹妹。妹妹的到来,让我知道自己过去的很多经验还不完善,还有待总结和提高;妹妹的到来,让我再一次回到原点,重新做一次"爱在手上抱"的伟大运动,有了更深刻的认识。

我把它们写下来,为了让很多父母可以从我对两个孩子的抚养与观察经验中获得启发,为了让他们对孩子的抚养与观察更有价值,少走些弯路,也多些经验可循。

8月4日　让孩子陪伴孩子

我刚辞职在家的时候，我们每天让恩之去楼下上半天的托班。不过，他上了几次就不愿意上了，一个可能是因为这个托班本身老师变动频繁，新来的老师他不喜欢。再加上这么一个在住宅楼内的幼儿园（准确说就是托儿所），空间实在有限，而且每天也就只有大概两三个小姐姐在那里上学，实在没什么好玩的。

交了3个月的学费，恩之只上了3天学，我们就没再让他上，一直由我每天陪他玩。连妈妈都说，在儿子心目中，我就是他的玩伴。

不过，前段时间他8岁的小表姐涵涵利用暑假来我们家玩，她每天都陪恩之玩，我从儿子的表现发现，孩子和孩子玩，与我们大人陪孩子玩有着很大的不同。

我们陪孩子玩，是一种非对称的玩耍，要么就是孩子设计一个游戏主题，我们假装参与甚至仅仅是响应；要么就是我们安排一个自认为孩子会喜欢的项目，带着孩子玩。

这样的游玩，孩子虽然也会投入，但明显没有和表姐玩时那么投入或者说那么高兴。孩子和孩子玩是对称的玩，是双方对游戏项目的共同设计，全程全身心的互动。正因为双方都全身投入，所以能都玩得很开心，而我们不过是陪孩子假装游戏，为孩子的开心而开心，但决不会从这个游戏项目本身中获得多少开心。

很可惜涵涵只待了半个月就走了。好在最近在我们家做半天保姆的阿姨家3岁的大孙子放暑假了，正好也没地方玩，我们就让她把孩子带来我们家玩，其实是希望给恩之找一个玩伴。

这个孩子年纪和恩之差不多，所以，他们两个在一起玩时恩之就更开心了。表姐毕竟比恩之大不少，作为姐姐很多时候她都让着弟弟，很多时候还是以弟弟开心为"我开心"。

而这个孩子就不一样,他跟恩之几乎一样大,不存在他为了恩之开心来设计游戏一说,而真的就是两个人自然而然地在那里共同玩耍,这种玩耍是一场完全对称的游戏。

比如,在去楼下的海沧湖边玩的时候,两个人是你抱个警车,我抱个救护车,一起来比赛甚至一起来打架——妈妈看了我在边上给他们拍的照片后,也觉得恩之的笑脸比和我在一起时灿烂多了!

今天我又带他们去湖边玩耍,更加确信,我们大人设计的游戏项目未必是孩子喜欢的项目,孩子在互动中自己设计出来的游戏项目或许更有价值。

湖边草坪上有一个不断旋转浇水的喷水器,他们俩对这个很是着迷,先是远远观察,然后就慢慢靠近。

面对这个"玩具",我本来给他们设计的娱乐项目是躲着水旋转的方向,然后跑过去摸那个喷水器。为此,我还亲自示范了两次,甚至因此摔倒在滑滑的草坪上,把脚都扭伤了。但是,两个孩子对我设计的项目完全不感兴趣。他们俩扔水枪、扔警车、扔救护车、扔树叶甚至扔我的拖鞋去打这个喷水器,扔一下,跑开,然后捡起来再扔。

我慢慢明白了,他们把这个喷水器当成妖怪了,而他们就像当年堂吉诃德挑战大风车一样,在不断地对这个妖怪发出挑战。

看着他们俩的身影,我深刻体会到,孩子除了父母的陪伴,还需要孩子的陪伴。无论父母多么爱自己的孩子,有些陪伴都是你永远无法给他们的。

这样一来,我就觉得妹妹是很幸福的,因为等她很快长大、可以走路后,就可以有哥哥陪她玩耍了。当然,哥哥也是幸福的,他们俩的年龄差距不大,他和妹妹可以在一起对称式玩耍,并在这样的玩耍中,一起幸福地长大!

到现在我已经越来越感受到,对父母来说,生两个孩子,特别是生两个年龄接近的孩子,对两个孩子都充满着正效应。除了在一起玩耍,很多其他方面都对他们各自的成长有价值。

对哥哥来说,妹妹的出现,让他变得更有责任心、更有担当精神。

他最近看了电影《黑猫警察》后，在家里最爱说的一句话是"妹妹别怕，dede（哥哥）是黑猫警察，dede 保护你"（恩之一直把 g 这个音发作 d，所以，哥哥就一直被他说成 dede）。

昨天我带他们去滑滑梯，我让妹妹躺在滑梯上半段，哥哥躺在下半段顶着妹妹。虽然哥哥的头被妹妹的屁股压得歪到一边，小脸都变形了，但明显感到哥哥依然是在用力顶着妹妹，嘴里还不断说着"妹妹，你别怕，有 dede 在"。

至于妹妹，有个哥哥每天在床上作为目标吸引她去抓，她现在已经会用很标准的姿势爬一段时间（哥哥可是到了九个半月才会爬行）。同时，由于哥哥每天在她身边不停说话，妹妹现在每天也在不停说话，虽然啊来啊去的，我们不知道她在说什么，但我们相信，妹妹说话也一定会比哥哥早很多。虽然对两个孩子而言，我们作为父母都是同样的陪伴，但是对妹妹来说，由于多了哥哥的陪伴，她的生长发育问题确实就没有让我们操太多心。我们自然得再次感谢哥哥了。

8月28日　做儿子的最佳玩伴

哥哥现在展现出很强的男孩子特点，看电视最开始是看《黑猫警长》，天天拿个手枪说自己是黑猫警长，当妹妹哭闹的时候，就说"妹妹别怕，黑猫警长来"。后来给他看超人奥特曼，他又天天抱着个奥特曼，还不停比画着变身，说自己是奥特曼。现在他要去救妹妹，就变成"奥特曼来"，甚至是"奥特曼五兄弟来"。

再后来我给他买了个变形警察珀利的玩偶，他又变成了变形警察，连睡觉都抱着这个玩偶。在路上看见车就说人家超速，"我是变形警察珀利，我要抓你们"；在人行道上看到摩托车就批评他们，"这里是小朋友走路的地方，又不是停车场，我是变形警察珀利，我要抓你们"。

最近他的身份又变了。今天早上在梦里迷迷糊糊地对我说："爸爸我不当变形警察了。"我猜可能是因为他现在又当上了"迷你特工"，他从昨天中午开始,爱上了《最强战士之迷你特工队》这个韩国动画片。

这些电视节目在他看来都是男孩子看的节目,所以,他现在爱说的一句话是"妈妈不懂"。当妈妈认错了我给他买的变形警察,认为这个不是变形警察而是小飞侠的时候,他就老说"妈妈不懂","真的是和电视里一模一样"。当上迷你特工后,他是迷你特工宝宝,我是迷你特工爸爸,连妹妹也可以当迷你特工,但妈妈不行,因为"妈妈不懂"。妈妈只能遇到"虎人"(他自己发明的一个代表"妖怪"的名词),然后迷你特工宝宝和迷你特工爸爸去救。昨天下午他就兴奋得没睡午觉,一直在家里救妈妈。

看了《变形警察珀利》,他还知道了"探险"这个词。前天他就和我去探险(其实就是去了我们小区里一个相对偏僻的小树林),在那里捡了几个石头,但他反复讲不要告诉妈妈,因为妈妈不能探险,这是他和爸爸的秘密。

我很高兴真的如妈妈所说,我在儿子心目中,就是他的玩伴。同时我也更加觉得,在孩子特别是男孩子的玩耍过程中,确实需要父亲的陪伴。这样的陪伴给他带来的雄性意识的启蒙,是母亲永远无法给予的。

8月30日　恶魔期的孩子

中国人常说2岁的孩子是恶魔期,西方也有所谓"terrible two"的说法,看来如何面对2岁的孩子,是个全世界的难题。

我们一直觉得在亲密育儿法下长大的恩之似乎没有这个问题,但最近却也常常让我们感觉不可理喻,他甚至动不动就发脾气。

一个最明显的例子就是他现在长高了,摁得到电梯按钮了,只要去坐电梯,都要由他去按电梯按钮。如果你先按了,他就会很不高兴,就会说自己"永远不坐电梯了",或者要回去"睡觉"。这是恩之现在最常用的表达不满的两种方式,一种是对他明明要的东西,如果没有得到,就说自己"永远不要",或者"把它丢到垃圾桶里";另一种就是对自己想做的某件事情,如果大人没让他做,他就会说"我想要睡觉"。

我后来仔细分析后发现，之所以说他们是恶魔，其实是这个阶段的孩子有他们独特的程序或逻辑。这些逻辑可能不被成人的标准接受，或者我们出于自己的考虑不想去遵循他们，但一旦你违背他的逻辑，不遵循他的程序，他可能就会很生气。

比如，他喝完牛奶的盒子要扔在客厅的垃圾桶里，我给他扔在厕所的垃圾桶里，他就会生气。

他认为洗水果必须在厨房的洗手台里洗，我跑去洗手间里给他洗，不符合他的程序，他就会生气。

更有趣的是，恩之晚上睡觉有一套最长的程序：

首先是"看电视程序"：在洗澡前，先坐在床上看下手机电视，然后电视结束（其实就是我趁他不注意，把WiFi的插头给他拔了，然后骗他说是电视台阿姨下班了），他去洗澡。我给他洗好澡后，在等我洗澡的时间，他穿上睡衣，坐在床上再看下电视。等我洗好澡后，电视再次结束，这样他才可以高兴地躺到床上。

接着进入"睡前程序"，这个程序包括要喝口水，象征性滴下眼药水，撒个尿，这些事情完成了，我才可以关灯，并进入下一个程序，也就是"讲故事程序"。

在这个程序中，往往需要我讲上几个故事。这些故事都是他要求的，比如讲蓝色挖掘机的故事，讲戴帽子的警察的故事等等，然后我开始现场瞎编。由于儿子特别擅长的是"忽然发现"这个词语，所以，基本上讲故事都是他引领着我瞎编，比如他开个头，"戴帽子的警察叔叔骑着摩托车，在街上走着走着，忽然发现"……然后我开始瞎编一个比如捉独耳鼠、打虎人、救挖掘机哥哥等的故事。

故事讲完后，他会来句"警察叔叔又往前走，突然发现"……于是，我又开始编……

直到我一次次说"这是最后一个故事，再让爸爸讲你就是小狗，爸爸已经困得不行了"以后，他才勉强放过我，进入"准备睡觉程序"——自己在床上晃着晃着，逐渐迷糊，最终睡着。

这个程序往往充满变数。他晃了这么段时间后,可能又要喝水,这个倒不算什么,我可以在黑暗中摸索着完成,就怕他要撒尿,那就得开灯,因为他需要我拿尿瓶过来,他站在床上,撒在尿瓶里。最让我烦恼的就是这个程序,如果进入这个程序,他就变得清醒了,又要重新进入讲故事程序。

　　而这个时候我往往已经困得不行了,甚至很多时候他是在我迷迷糊糊的时候把我叫醒,说他要喝水或撒尿,我哪里还能自愿为他服务,他不乐意了,马上就会哭闹,更加不睡觉。

　　更麻烦的是,他现在把他这套程序引入到中午睡午觉的过程中。在他看来,都是睡觉,自然要遵循同样的程序。同样是上床前看下电视,睡觉前讲下故事,讲完后偶尔还要起来开灯撒尿,哪怕房间里其实很亮,他一样要"开灯撒尿"。这让我觉得实在是不可理喻,不愿服从,而他自然又是大哭大闹,一副恶魔样子。

　　几次冲突下来,我越来越感觉到,你觉得困也好,觉得他不讲理也好,其实都是站在自己角度而不愿按照他的程序。带来的结果就是他哭闹不停,可能更加不睡觉。所以,还不如都按照他的程序来,他顺着自己的程序这么一遍走下来,倒是就安心睡着了。

　　仔细想来,你如果不遵循他的程序,同样是破坏了他心目中的那个整体性,这和我们抱着妹妹却按自己的节奏走是一样的道理。只不过妹妹还小,不会说话更不会抱怨,而现在的哥哥就会大哭大闹来表示他自己的程序被打断后的痛苦。

　　看来,无论是面对需要抱在怀里的几个月的妹妹,还是面对到处撒欢的2岁多的哥哥,我们都需要有"孩子性"思维,一切以孩子为主体去思考问题,去追随孩子的想法和意愿,去追随他们心目中的那个整体性。

　　不过在这个过程中,我们追随的方式仍有所不同:

　　对妹妹是追随于他们的同一性,是他们对世界的全然接纳与欣赏,对一切事物都觉得有欣赏的价值。在抱着妹妹的时候,我们是只需要以她为司机,她去哪里,我们就去哪里。

对哥哥是服从于他们的逻辑性，是遵循他们自己设计的程序。在陪着孩子的过程中，无论是陪他睡觉还是陪他玩耍，我们只需要以他们为导演，他怎么设计情节，我们就怎么参与。当我们想明白这个道理，当"terrible two"们再大哭大闹的时候，我们就可以反求诸己，到底是孩子的问题还是我们的问题，是不是我们破坏了他心目中的完美程序？

这样的同一性或者逻辑性，都是孩子独特的整体性，都是我们需要向孩子学习，而不应该去破坏的地方。

9月6日 爬行期的教育

妹妹现在进入"爬行期"，很多时候她已经不愿意被抱着了。如果我们不及时放她下去爬，她就会头往后一仰，手脚一伸，挺直了身体来表示抗议。

这个时期她与世界的关系发生了新的变化，在上一个阶段，虽然她对任何事物都充满好奇并投以关注的目光，但那毕竟是一种旁观者思维，她与世界并没有亲密接触。而进入爬行期，她终于可以按照自己的意愿，选择自己感兴趣的事物来一次或抓或啃的亲密接触。不过她觉得有价值的事物与我们认为有价值的事物依旧完全不同。

比如，我们在家里安上爬行垫，希望她在这上面爬，这样又安全又干净。可绝大多数时候，她根本不甘心在这上面待着，总是一会工夫就爬到外面的地砖上去趴着。

我也一直关注她在爬行中喜欢抓的物体，可是她今天抓的和昨天感兴趣的常常完全不同。比如前天喜欢抓摇铃，昨天却喜欢抓地上的卡片，今天喜欢抓的又变成了鞋子甚至是果皮。

这就意味着，你根本无法设计一个目标来勾引她，让她按照你所希望的方向爬行。我一次次把摇铃之类我觉得比较干净也方便洗涤的东西洗干净后摆在爬行垫上，希望吸引她爬到那里去抓取，这样即使她拿来啃也没关系。可妹妹对我这样的安排总是不屑一顾，往往我这边摆着摇铃，她就往另一边爬去，去抓甚至去啃餐椅的轮子之类。

如同我抱着她在外面观察一样，在她进入爬行期后，一次次的失败尝试告诉我，我唯一能做的就是任由她自己爬，只有在她实在是爬到太不干净的地方，或者啃到太不干净的东西时候才去加以制止，其他的时间就是静静地观察在她眼里到底什么是有价值的，静静地观察她如何按自己的目标在爬行，并尽量不去破坏她所沉浸在其中的那个完整的爬行世界。

9月14日 泉州行，对文化的亲近

哥哥人生第一次旅行是去的惠州，妹妹第一次正式的人生之旅，我们选择的是泉州。2016年9月9日到13日，我们带兄妹俩坐高铁去泉州做了一次为期五天四晚的旅行。

泉州是个千年古城，是世界宗教博物馆，最值得看的是各种寺庙，而这些地方我们觉得不大适合带这么小的孩子去看。而且他们俩一般早上起得比较晚，中午又要睡午觉，说是五天四晚，最后带他们去看了的所谓旅游景点，其实就只有洛阳桥、清源山和崇武古城这三个地方。

即使是这三个地方，妹妹的旅游也是以睡觉为主，她在洛阳桥头睡了一觉，在清源山的老君岩下睡了一觉，在崇武古城里被妈妈抱着，一边走，一边又睡了一觉。

不过，泉州是个很有意思的城市，它从明朝开始，就逐渐衰落，甚至可以说是沉睡了几百年。海外学者花了很长时间，才考证出当年的世界第一大港——刺桐，原来还存在于这个世界，这也就是今天的泉州。

我们9号中午抵达泉州，直接在涂门街的百年老店——好成财牛肉馆吃午饭。这家牛肉馆正好在清净寺和关帝庙的中间，距两者都近在咫尺。在妈妈喂哥哥吃饭的时候，我抱着妹妹到门口散步，她很快就在我的怀抱里睡着。我就抱着她，在涂门街的骑楼之下，于清净寺和关帝庙之间来回散步，我觉得妹妹这一觉实在是睡得很应景，或者说很有文化。

妹妹不在睡觉的时候，还是能感觉出她很享受这次旅行的，比在家里要兴奋得多。特别是在崇武的海边时，她十分开心。时值中午，她却毫无困意，面对大海，开心不已。想不到妹妹在厦门的海边生、海边住，第一次真正面朝大海赏美景，背对大海留倩影，却是到了崇武的半月湾才实现。

我们觉得，这也正是带这么小的孩子出门旅行的价值。虽然在很多人看来，他们什么都看不懂，甚至对很多我们所认为的景点熟视无睹，但旅行一定会给他们很多新鲜的刺激，甚至给他们很多人生第一次的经历。

就好像哥哥，同样是对这些景点中我们大人认为应该关注的东西毫无感觉，但他从自己的角度，发现了很多新鲜的刺激。比如，在洛阳桥头，他更感兴趣的是那里有个碎石堆，不断从那里抓取碎石子来扔在桥下；在老君岩下，他发现那里有一群放养的母鸡，兴奋不已；到了崇武，他则是拿着一把铲子，从进门处的石雕博览园，一路挖沙挖到半月湾的沙滩。

全程最让他兴奋，玩得最久的是洛阳桥头的蔡襄像。他在这个高高耸立的石雕像的基座上，不断绕着圈子跑来跑去。看着这么开心的儿子，我就反复想起一年前他人生第一次旅行，坚持着一路爬向苏东坡塑像的镜头。

我在心中祝愿孩子们，从小到大，都能始终保持着这样一份对"文化"的亲近，就好像董桥在《赶紧掏出我的文化》一文中所写："文化修养有那么一套准则，意念着处，花开花落都见玄机；切切实实去亲近他，不论是沉浮在功名利禄之中，还是跌宕于词场酒海之间，他都依偎在那里。"

9月21日　哥哥对家的理解

9个多月的妹妹，已经迷恋上了哥哥当年最喜欢的游戏——坐摇摇车。

不过妹妹第一次坐摇摇车的感觉，无疑比哥哥要好（在对很多新生事物的尝试上，我们都发现，妹妹比哥哥要更容易接受，或者说妹妹的胆子要更大）。妹妹是8月27日在我们家附近的小卖部门口第一次尝试坐摇摇车，她一上去就很开心、很适应。记得哥哥第一次坐摇摇车是在珠海，也是8个多月大，但当摇摇车突然启动时，把他吓得够呛，当天晚上还一直哭闹不停。

现在我们抱着妹妹在外面走，一旦看见摇摇车，她就会手舞足蹈地吵着要上去坐。当我们做出要抱她去坐的动作，她就立马把腿脚抬高，一副迫不及待的样子。坐上去之后更是一副洋洋自得的表情，而且已经可以娴熟地扳方向盘、摁小喇叭之类。

也正是由于妹妹的"勾引"，哥哥也重拾了对这项已经很久都不屑一顾的游戏的兴趣，当妹妹玩时他也要去玩。

于是，我们就常常看到一幕感人的场景，哥哥和妹妹挤在一起玩摇摇车，哥哥很自然地用一只手抱着妹妹，怕妹妹摔下去，而自己用另一只手去掌方向盘。对妹妹来说，虽然比她一个人坐要挤得多，但她无疑很享受这样的形式，还常常把一只脚跷在哥哥腿上，享受这种在哥哥怀抱里摇来晃去的感觉。

恩之不仅越来越展现出他的大哥风范，也越来越展现出他非凡的语言能力。他现在的语言，已经好得令人匪夷所思，因为他经常说出一些让我和妈妈都惊讶不已的话，我们也完全不知道他是从哪里学来的。

比如，他表达自己喜欢喝白水，因为水有"淡淡的清香"；他每天都要打虎人，因为对他们"不必客气"，对付他们是"小菜一碟"；他对妹妹也越来越喜欢，换着花样表达自己的喜爱之情，"妹妹好可爱""妹妹非常可爱""妹妹特别可爱"云云；当妹妹抢他玩具玩时，他会说"妹妹你总是玩我的""妹妹你怎么玩我的""妹妹你非要玩我的"这样相近但不同的表达。

当然，最让我诧异的是他再次表达出他对家这个概念的理解，他的理解甚至超过了很多成年人，因为他真正从文化意义上认识到"家"是种生活方式，是个让人幸福的地方。

我们现在租的房子的房东姓蔡，记得有次他在家里乱画，我们口不择言："宝宝不要把墙画脏了，这是蔡伯伯家的房子，不然他会来批评你的。"当时他就受到了刺激，伤心地哭了很久，并在心中埋下了很深的芥蒂。

现在当他在家里玩得很开心的时候，都还会忍不住对我说："这是我们的家，和蔡伯伯一点关系没有。"我也跟着附和说："是的，这是我们的家，和蔡伯伯一点关系没有。"

今天早上阿姨在家里打扫卫生,把铺在地上的垫子用不同于以往的方式重新摆了下,他马上就不高兴了:"奶奶你这样搞,这就不是我的家了。"

中午吃饭的时候,不知道他又看哪里不顺眼了,突然哭起来:"我不开心,这里不是我的家。"妈妈见到这样的情形也学他的样子说:"这里不是我的家,妈妈不开心,妈妈不想吃饭,因为这里不是妈妈的家。"说了几遍后,他真的以为妈妈不开心了,连忙跑过去安慰妈妈说,"妈妈,这是我们的家,宝宝好开心",还让妈妈看他在大口大口吃饭,而且吃得好开心。

所以,真正的家一定就是一个让你觉得开心的地方,只要你觉得开心,"野荒伫久亦是家";如果你在这里不开心,觉得这里不是你想要的生活方式,那么,哪怕你处于再大的房子(house)之中,或者在一个再完整的家庭(family)里,你都会觉得这不是你的家(home)。

家从头到尾就只是一个与幸福、文化、生活方式有关的概念。我很骄傲,这么小的儿子就能对此做出如此正确的理解。我更自豪,我这个儿子把我们这里当成他的家,他觉得在这个家里很开心,包括去泉州旅游,哪怕他玩得再开心,都还是想回这个家。

10月1日　兄妹的性格差异

随着妹妹的不断成长,她和哥哥之间已经表现出明显的性别差异和性格差异了。

妹妹是比当时的哥哥更会玩的。只要把她放在垫子上,身边倒一堆哥哥的玩具,她就可以自己在那里玩好一会。她可以嘴里呜呜地推着小车,会拿着手枪嘣嘣地打,还可以拿个绳子在那里扯来扯去。

妹妹在玩的时候,也能看出她的性子没有哥哥那么急。比如,她这几天喜欢玩的游戏是把东西塞到盒子里,有的时候塞不进去,她也并不着急,知道要不断调整方向直到塞进去为止。哥哥玩这个游戏就要晚得多,而且只要试几次都放不进去,很快就开始着急起来。

她还喜欢骑哥哥的那个"奔驰"牌扭扭车,只要看到我们准备把她抱上去,她就立马很配合地把腿分开,上去后已经懂得把方向盘扳来扳去,偶尔还摁摁小喇叭,甚至向我们挥挥手,俨然一副"香车美女"的做派。妈妈是到厦门后才给哥哥买的这个扭扭车,买来之后哥哥过了很久才愿意坐或者准确说是才敢坐。

妹妹也已经会和我们互动。最有意思的是,她玩着玩着,会把你的手拉过去,让你的手掌摊着,然后用一只小手温柔地按着,另一只手拿来东西放在你的手上。

同时,她还听得懂很多指令。包括"亲妈妈",每当妈妈发出这个指令的时候,她就笑着张开嘴伸出舌头去舔妈妈。

妹妹是不愧于"乐之"这个名字的,她很有幽默感,最搞笑的是她表达心情愉悦的方式——眼睛放光、嘴巴大张、双手伸开,然后笑意盈盈地把头晃来晃去。

妹妹已经展现出女孩子的很多特点。比如,特别爱干净。她坐在垫子上玩玩具的时候,常常要拿着纸巾把玩具乃至垫子擦几遍。

她还特别爱美。妈妈给她买了两双小皮鞋,刚打开包装,她就知道是给她买的,把脚伸出来呀呀地让她妈给她穿。两双鞋子中她更喜欢黑色,早上妈妈明明给她已经穿好了红色的鞋,但看到黑色的那双鞋摆在外面后,她就咿咿呀呀地叫着,并指着黑色的小皮鞋暗示她妈给她换这双,穿上之后就不叫了。

晚上就更搞笑了,妈妈在厨房做饭,我陪着她在卧室床上玩,哥哥在外面书房看电视。本来我把鞋给妹妹是想让她当玩具玩的,结果她非要指挥我给她穿上,然后又指挥我抱着她出去找哥哥,在哥哥面前炫耀了一番,然后还自己鼓掌并让我和哥哥也鼓掌。

而恩之哥哥,到现在都还没穿过皮鞋,好像也不喜欢穿皮鞋,妈妈给他买过几双,最终一双都没穿过。

说到恩之,我越来越感觉到随着他的成长,他因情感更加地丰富而越发地敏感了。

最近接了个咨询项目,偶尔要出差一两天。那天我在深圳出差,凌晨1点多妈妈给我打来电话,说儿子突然醒来,大哭不止说是想爸爸了。我出差的话一般是恩之一个人睡,他一哭妈妈连忙过去安慰他,可根本安慰不了,我只好在电话里安慰了他半天,但他还是很伤心,搞得我在那边也很伤心。

我第二天就赶忙结束手头工作并返回,给恩之带了礼物,他自然很高兴,也没再说什么。没想到过了两天,昨天晚上我给他洗好澡后,他找我谈心了,说了一大段话。

首先是晓之以理,"爸爸你不要去挣钱了,家里好多钱的","家里不需要太多钱"。然后是明之以法,"你要再去挣钱,我就让警察来抓你","你要再去挣钱,我就让警察罚你款哦"。最后是动之以情,"爸爸挣钱好远的,我就看不到你了,我就哭","爸爸你不要一个人出门了,你带我去吧"。

看来孩子对我出差这件事情是真的不喜欢的,好在我这个项目每个月最多出门一次,每次最多在外面住两天,并不太影响我对他的陪伴。

10月19日　四元关系的依恋

很高兴我现在又荣升为妹妹的玩伴了。

每次只要看见我,哪怕我在房间这头,妹妹远在房间的另一头,她都要欢快地爬过来让我抱她玩。

她最喜欢的是坐哥哥的各种车。摇摇车、滑板车、三轮车、摩托车,她都喜欢坐,坐上去就摇头晃脑,高兴得不行,然后让我推着她在房间里转来转去。

在我看来,妹妹的能力比同一月龄时期的哥哥要强很多,能听懂更多的话,身体发育也要好很多。

她现在还不会叫"妈妈",但已经能清晰地发出"爸爸、爸爸"的音了。一旦看见我,就常常"爸爸、爸爸"地扑过来。

她还很喜欢摁家里墙角的门铃,我们只要说"妹妹放音乐",她就立马爬过去,摁响门铃,然后随着音乐声,高兴地把脑袋晃来晃去。

她现在坐的这些车,本来都是买给哥哥的,买来很长一段时间后,哥哥都不愿意玩。比如这个脚踏三轮车,到现在为止哥哥都还不知道怎么玩,也不敢去玩。

所以,我现在甚至都可以大胆地说:妹妹一定会比哥哥更早说话,更早走路,甚至将来在社交能力方面也会强很多。

尽管如此,我还是坚信哥哥是大智若愚,有着很高的智商甚至是情商。两岁半的恩之似乎进入了某种对生命价值的思考,老是问我们"你是谁呀?""我是谁呀?"的问题。

昨天晚上,妈妈买来一条马鲛鱼煎给他们吃,哥哥却不想吃,说"这条鱼好可怜"。妈妈安慰他说,这条鱼是为了让他长身体、牺牲自己来给他吃的,他终于开始吃,但又说了一句,"哦,那它好勇敢"。

我们觉得妹妹能有今天的"成就",很大程度上要归功于哥哥。有哥哥天天在家里不停说话,妹妹自然有更好的语言环境;有哥哥陪妹妹玩,甚至哪怕是抢她的东西,也会让她获得能力的提升。其实现在家里常常是妹妹和哥哥抢东西,她常常用力把哥哥手里东西夺过来,还常常去抓哥哥头发,甚至掐哥哥的手。但正因为妹妹喜欢和哥哥抢,我们就常常用这一点来勾引妹妹,她不爱吃饭,只要我们作势要把东西给哥哥吃,她就会吃。这些都是靠哥哥来促进妹妹的能力的提升。

妈妈今天感叹,我们这样的情况不生二胎确实是可惜了,一方面是我们在哥哥身上积累了很多经验甚至是教训,确实需要再有一个孩子来实践;另一方面就是由于有与妹妹差不多大的哥哥的存在,使得妹妹现在的成长更快更好(妈妈就常常回忆,哥哥之所以说话晚,或许也是因为过去就我们俩带他,而我们两个大人之间是不会有太多话说的,哥哥的语言环境就会差很多)。

所以,依恋理论只是讲 0—3 岁的母子关系,是所谓二元理论。我现在相信,如果我们要从依恋理论出发去探讨如何处理成年后的人际关系,那么在幼年期,不仅需要孩子与母亲的依恋,也需要孩子与父亲的依恋,甚至,最好是有两个孩子,这样第二个孩子还多了一个与哥哥(或者姐姐)的依恋。等到这个孩子成长以后,她就一定是心理健康、生活和谐的。

看来为了解决未来社会的心理问题,依恋理论确实是有必要发展为对这样一种四元关系的倡导,也就是在依恋理论所倡导的母子二元关系中认识到父亲的价值并引入父子这种关系,同时认识到二孩的价值并为第一个孩子再引入一个弟弟(或妹妹),从而形成整个家庭一种基于爱的四元关系。

10月29日　二孩的依恋关系

前面提到,依恋理论属于精神分析学的客体关系学派。有客体(object)就会有主体(subject),客体关系学派对传统的弗洛伊德精神分析学的发展,是对来寻求精神治疗的病人(主体),从弗洛伊德的单纯对这个主体成长历史的挖掘(弗洛伊德说,"精神分析工作像是考古工作,是把来访者很早以前的,现在已经记不得的东西挖出来,只要找到那个东西,来访者的问题马上就能得到解决"。不过,这里的所谓很早以前,主要是指主体3岁以后的成长史),发展为把这个主体置于他在0—3岁的时候与客体(主要是母亲)的关系中去认知。

但是,我们一旦把事物分成主体与客体,往往就很容易犯后现代大师德里达所批评的逻各斯中心主义的错误。德里达所批评的逻各斯中心主义正是现代性的关键,或者说对逻各斯中心的批判正是后现代性的核心。

德里达认为,逻各斯中心主义使得西方传统的形而上学思维方法建立在一正一反二元对立的基础之上,如:灵魂/肉体、自然/文化、男性/女性、语言/文字、真理/谬误等。这种二元项的对立并非是平等并置的,逻各斯中心主义通过设立第一项的优先性而迫使第二项从属于它,第一项是首位的、本质的、中心的、本源的,而第二项则是次要的、非本质的、边缘的、衍生的。如把善放在恶之前,肯定放在否定之前等。

也就是说,传统的哲学一方面使得二元对立;另一方面,还要分个主次、分个高下,分出谁是中心、谁是非中心。依恋理论或者说客体关系学说,本质上也面临同样的问题。这套理论其实蕴含一个假定，就是这里只有一个主体，其他的客体都是来成就这个主体，甚至是来定义这个主体的。我们对主客体关系的研究，其最终目的也仅仅是为了促进这个主体，这个唯一的主体的发展。

在我看来，在养育孩子的过程中，我们当然要坚持孩子性，也就是一切以孩子为本，但是，这并不意味着在这种关系中，孩子是永远的主体，父母是永远的客体。这就是我讲的"爱的双向教育"，在养育过程中，父母有的时候也是主体，而孩子有的时候是客体，我们这个主体同样可以被那个客体所教育、所发展、所成就。

而现在的依恋理论中，主体其实只有一个——孩子。这样的依恋理论无疑无法解决过去困扰中国社会的另一个问题——独生子女问题。

在很多家庭看来，他们可是一直在坚持客体关系学说，无论是爸爸、妈妈，还是爷爷、奶奶、外公、外婆，整天都是作为客体，围绕家庭里唯一的主体（孩子）打转，千方百计地希望去成就这个主体。最终的结果，真的是让这种主客体关系陷入某种逻各斯中心主义的痛苦，主体出现各种以我为尊和自私自利的独生子女病。

而通过二孩的加入而形成的父亲、母亲、老大、老二这样的一个新的四元关系，极大地丰富和发展了客体关系学说，同时，也极大地丰富和发展了依恋理论，因为它增加了两个孩子相互作为主体与客体所产生的那种独特的依恋关系（主客体关系）！

这里包含两个层面的意思：

第一个层面是说，主体是依靠客体来更加完整地定义自己。这意味着，一个孩子的存在，可以让我们对另一个孩子有更加完整的认识，更好地认识其优点与缺点，也更好地认识其现在和过去。

当妹妹作为客体时，或者说妹妹的存在，让我们更加确认哥哥过去确实有脑瘫倾向，甚至可以说当时哥哥的身体发育是有问题的。

比如，妹妹从来就没有过大拇指内扣的情况，而哥哥到现在都还偶尔会有。还有，现在随时让妹妹站着，她都不会尖足，而哥哥过去一直是尖足，虽然他现在站得很好了，但站着站着，就像我一样，会不自觉地把一只脚崴在那里。

当哥哥作为客体时，或者说以哥哥做对比，让我们更加确认妹妹真的是很调皮，甚至我们常常觉得她都不像个女孩子，常常称呼她为"小太妹""女土匪"。

同样是玩一天下来，她身上脏得不行，而当时的哥哥就要干净得多。

她吃饭也要比同龄的哥哥不乖得多，吃东西全靠心情，很多东西都不吃，而且没吃几口似乎就饱了不愿意再吃了（她的胃恐怕是很小，基本上吃得就像小鸟一样多，所以，我们说喂她吃饭好像在给小鸟喂鸟食）。

第二个层面是指，主体是依靠客体来更加完美地成就自己，这意味着一个孩子的存在，可以为另一个孩子创造更好的环境，从而更好地促进另一个孩子的成长。

当然，这样的环境要分情况。如果孩子之间年龄差距太大，比如我在小区里常常看到的，第一个孩子已经10多岁，而第二个孩子由于最近二胎政策的放宽得以刚刚出生，那么，第一个孩子对第二个孩子的成长就不会有太大影响，或者说就不能被作为"客体"来对待。

同时，这样的环境也要分时间或者说分阶段。恩之和乐之这样的年龄差距，使得他们能够互相作为客体而存在。但这样的客体在妹妹刚出生的时候，正如我前面所体会，更多的是作为一个负面的环境而存在，相互给予对方以不好的影响。好在这个阶段很快过去，我现在已经完全感觉到，两个孩子之间那种相互促进、相互成就的关系。

比如，妹妹现在脑袋里掌握的词绝对比同龄的哥哥要多，很多东西我们一旦发出指示，说妹妹去拿过来，她都能准确地爬着去找过来。但是，仔细想来，她所掌握（听得懂）的很多词，比如水枪、奥特曼、挖掘机，全然是因为这些都是哥哥的玩具（或者说是哥哥所创造的环境）。

而哥哥由于妹妹的出现，也愈发体现出他的善良、宽厚与值得托付。有这样的一个哥哥，我们才会放心让他们兄妹俩在一起玩，绝对不会担心哥哥会欺负妹妹（其实常常是妹妹欺负哥哥，今天妹妹又把哥哥欺负哭了）。当我偶尔走开下，可以放心让哥哥看着妹妹——今天我在蹲马桶的时候，哥哥就突然冲过来给我讲,妹妹要掉下去了,我赶快冲出来一看,妹妹不知道什么时候又爬上沙发,然后爬到沙发的边沿,头都快伸到沙发外面了。幸好有哥哥在!

11月3日　福州行,一代站在一代的肩膀上

第一站惠州,第二站泉州,我们把孩子们人生旅行的第三站选在福州。10月30日到11月2日,带着他们在福州做了四天三晚的旅行。

不过,这次旅行并不是很顺利。10月30日出发那天,哥哥刚上的士车不久就开始晕车,到厦门火车站后就开始吐。甚至在动车上他也晕车,一路吐到了福州站。下车打车到酒店的路上还是晕车,又一路吐到了酒店。

可怜的恩之就这样浑浑噩噩地又晕又吐了一整天,对身体伤害实在很大。所以直到第二天他的精力都没有恢复,心情也大打折扣。在我们逛三坊七巷的过程中,他的情绪都不是很好,几乎整天都在哭闹。

而妹妹的状态也不太乐观,我们到达福州的第二天早上她起来后就拉绿屎,第三天开始又不拉屎。所以,原计划五天四晚的旅行,最后无奈地提前1天结束了。

不过,这次旅行依旧有很多有意义的地方,特别是对妹妹来说,她突然又收获了两项新技能:

一个是在三坊七巷的南后街边逛边拍照的时候,她突然学会了摆pose,每当我们说妹妹摆个pose,她就立马把右手伸出去,小手张开做出"嗨"的姿势,笑容可掬地等我拍照。

更有意思的是,她突然特别喜欢叫爸爸,而且叫得特别好,声音很响亮,吐字也很清晰,还有各种声调的变化。

旅游这几天特别是在酒店的时候,妹妹总是没事就爸爸、爸爸地叫不停,31日晚上更是连觉都不睡,就那么她叫一声爸爸、我叫一声妹妹地玩到晚上11点多。

至于哥哥,到了第三天逛西湖的时候就好了很多,因为西湖边上的左海公

园有很多儿童游乐设施,他在那里玩得很开心。那里还有个喂鸽子的地方,我们又让他好好过了把喂鸽子的瘾。后来我问他,是福州好玩还是泉州好玩,他觉得福州要好玩得多:"因为这里有游乐场。"

仔细想来,带孩子们出来旅行,是为了让他们人生增加新的阅历、开阔新的视野或者说通过新的环境给他们新的刺激。对我们来说,又何尝不是以带他们旅游的名义,让自己也获得新的体验和新的感悟呢?

就好像福州,其实我和妈妈也是第一次来,所以,我就给孩子们说,"托你们的福,你爹我40多岁才第一次到福州"。

再比如佛跳墙,虽然在其他地方也吃过,但这次因为到福州,我也才得以在聚春园这个佛跳墙的发源地,第一次吃到最正宗的佛跳墙。

当然,孩子们就比我们幸福得多,这么小或者说这么早就可以体验到这么些东西。人生其实就是这样,一代站在一代的肩膀上,把上一代很多的第一次在自己身上提早实现。

11月5日　孩子是成人之师

今天走在路上,我一直在想,客体关系理论(依恋理论)核心是强调以孩子为主体、父母为客体(环境),父母要为孩子创造一个好的影响他们的环境。但其实,父母在很多时候同样是作为主体,被孩子这个客体所影响。姑且不谈我前面一直思考的爱的角度的影响,单就普通的言行来看,我这个已经年过不惑的人,就常常感到被不足3岁的儿子影响。

比如我现在在坐车,但凡看见挖掘机、搅拌车之类,就会给予特别的关注。脑袋里一定是立马浮出"快看,蓝色挖掘机""快看,黄色搅拌车"之类的话,想提醒恩之去看——哪怕他其实当时并不在我身边。

再比如,我现在看见小狗乃至小孩在路上撒尿,马上就会响起恩之的话,"你们怎么这么不讲文明呢?"。看见井盖也再不会踩在上面走,因为脑海里总是会浮现出儿子的提醒,"爸爸,不要在井盖上走嘛,这样好危险"。我也很少再背着手走（这是我保持了几十年的走路习惯），因为我常常想起那天陪儿子在外面散步的时候，他突然冒出句"爸爸，这样好丑的，像我这样走嘛"，然后就向我示范他那"标准"的走路姿势——两手摆开往前走。

突然想起那天在小区的电梯里，碰到一个在政府机关上班的2岁孩子的妈妈，在给她老公讲某天发生的趣事。事情是这样的：她突然发现上班要打的卡没带，然后想都没想就冒出一句，"主任，我得回去拿下我的卡卡"，把他们主任搞得惊诧不已。原来是自己在家里给孩子讲门卡用"卡卡"这个词用惯了，才脱口而出，这同样是孩子在潜移默化地影响着我们的一个很好的证明。

由此，我的"依恋育儿法"确实是基于依恋理论、源于"亲密育儿法"，但又和这两者有很大不同。我认为，对0—3岁孩子的抚养（教育）过程其实是爱的双向教育的过程，整个过程中，父母与孩子互为主体和客体，互为教育者与被教育者。

在这期间，孩子对父母本身的塑造，乃至孩子对世界的创造，确实是依恋理论所忽略的。当我讲孩子性的时候，一方面是讲当以孩子为主体，创造一切有利于孩子成长的环境；另一方面是讲，孩子本身就是创造者，在孩子成长的过程中，他本身就在创造着世界、改变着世界，特别是在创造和改变着与他有最直接关系的父母的世界。

这就是蒙台梭利讲的"孩子是成人之师""孩子是成人之父"的真正含义。蒙台梭利在她的封笔之作《有吸收力的心灵》中就明确提出"儿童是人类的创造者"这一命题。

她认为，"儿童是我们自己的心灵的塑造者，是一个自我引导按照精确的时间表在愉快和欢乐中孜孜不倦地从事着创造宇宙中最伟大奇迹的人"。

"儿童不是一个事事依赖我们的呆滞的生命，儿童是成人的创造者，是儿童创造了成人。不经历童年，不经过儿童的创造，就不存在成人……"

由此可见，蒙台梭利认为是儿童创造了成人。我们这些成年人，其实是通过养育孩子，与孩子一起成年，并在这个过程中被孩子重新创造。

11月10日　哥哥的秩序感

今天算是见识了恩之这个年龄对秩序感的极度强调。

今天上午,妈妈由于见他最近老是咳嗽、打喷嚏,怀疑是不是我和他睡的书房那个小床挨窗帘太近,粉尘太多影响到他,就叫保姆阿姨把床边的东西挪开,把床往前面挪了大概1米。

没想到恩之看到后,一下就生气了,说这不是他的床了,一会儿把床上的枕头扔在地上,一会儿说自己就睡地板了,总之,非要让我们把它恢复原样。我们原本想要坚持一下,想着他应该会慢慢适应这样的变化,然而他绝不妥协,号啕大哭起来,直到我们放弃了这样的坚持。

我们给他讲道理不行,我抱着他安慰不行,忍不住打他屁股甚至把他放在地上也不行,后来妈妈又抱着安慰还是不行,最后实在忍不住把他关在厕所里让他冷静。总之,过去对付他发狂的所有招式,今天都不行,他就是在那里声泪俱下、坚定不移地指着床大叫,"我要睡觉","给我放回昨天的样子"。

我们实在是没办法,又怕他哭到闭过气去,只好宣布投降。我在他的指挥下,先是把床搬回去,把挪开的箱子、桌子重新挪回来。桌子里有个沾满灰尘的包,我准备拿出来扔掉,他都让我放回去。总之,一切都要回到昨天的样子。

然后他为了宣布自己对床的主权,早上11点多,午饭也不吃,就让我给他换好睡衣,让他上床睡觉,还让我也换好睡衣,陪他睡觉。躺在床上后就不停念叨"他们两个大坏蛋",我问"他们是谁",他就说"奶奶和妈妈",说完后就冒出那句我猜他一定会说的话,"这床挪走了就不是我的家了"。

等他睡着后,我和妈妈在外面边吃饭边反思,得出这样两个结论:

第一,今天这个事情,儿子倒是没什么需要反思的,他今天确实没做错什么,只不过是对自己心目中原则的坚持,或者说对自己某种权利的坚决捍卫。如果他在未来的日子里,真的能养成这样的性格,倒是也不错。

第二,我们发现,他对自己的"财产权"倒不是那么计较,比如小朋友抢他玩具,他一般都不怎么反抗。但恰恰是对他的家,也就是他心目中认同的某种"生活方式",他是坚决地捍卫。

财产是物质,生活方式就是文化,所以,从这个意义上,儿子对文化的这种坚持与捍卫,倒是值得他这个一直在研究文化、追求文化的爹学习甚至让他这个爹感到汗颜。

现在我唯一担心的是,我们已经决定明年三四月搬到昆明去居住,不知道到时对现在这个家如此喜欢的哥哥,是否愿意、是否能适应?

12月2日 妹妹抓周

乐之今天满周岁了,到我们家来并给我们带来快乐已经有整整一年了。从此,她就不再是婴儿(baby),而是幼童(infant)了,真是为她高兴!

连哥哥都在为她高兴!今天我们在家里为妹妹举行一个简单的抓周仪式,找来一些东西堆在他们兄妹俩平时玩耍的爬行垫上,好让妹妹去抓。为此需要把现在堆满各种玩具的爬行垫先收拾干净,哥哥很高兴地接受了这个任务,一边收拾还一边在那里自言自语,"我收拾得比奶奶(保姆阿姨)还干净"。

等到妹妹隆重出场后,我挺担心她会去抓个硬币或者手枪之类(这些都是她平时最喜欢的玩具),没想到她没有丝毫犹豫,干净利索地爬过去,一把就把笔抓了起来。不过,她很快又抓了一个首饰盒,我和她妈妈说,看来确实是女孩,将来是在学文化的同时还不忘打扮了。我们很快发现妹妹拿着首饰盒后,用笔在上面写来写去,看来妹妹将来也会和她爸、她妈、她哥哥一样,是一个文化人吧!

但有趣的是,上面摆着两支笔,一支粉色、一支黑色,妹妹毫不犹豫抓的是那支粉色的笔。至于她抓的首饰盒,同样是红色。再看着今天穿着粉色衣服、系着粉色发带的乐之,我突然发现,1岁的妹妹似乎突然出落成一个小姑娘了。要知道,在过去的日子里,她无论是长相、发型,还是动作都很像男孩子,每次我们抱着她出去,哪怕我们给她穿着美丽的裙子,都还是有不少人叫她"弟弟"。但今天我突然发现妹妹,在眉目流转乃至举手投足之间,已经完全是女孩子的标准做派了!

王阳明讲过著名的"无善无恶心之体,有善有恶意之动",大概也可以改成"无男无女婴之体,有男有女童之动"。在1岁前的婴儿期,孩子很难分出男女,我们看到的乃是浑然一体的世界本体,而1岁以后,成为幼童的孩子,算是真正成了一个独立的"人",于是开始分个男女,也要分个你我了。

12月11日　回到儿童那里去

恩之现在已经懂得朋友的含义,也有了自己的朋友,不过他的朋友分虚拟和现实两大类。

在他最近看的动画片中,很多主角都是他的"好朋友",比如迷你特工队、狗狗汪汪队、无敌极光侠、奥特曼、蜘蛛侠、忍者龟……

为什么这些人成为他的朋友了呢?因为他觉得这些人都是英雄,"我的朋友都是英雄","因为我也是英雄"。

恩之是很喜欢这些朋友的。比如,他一开始不吃蓝莓,我们说这是他的朋友雷寄给他的,他于是就很喜欢吃;他不喜欢穿黄色的衣服,我们说这是麦克斯的衣服,于是他就穿(雷、麦克斯都是迷你特工队里的人物,一个穿黑色,一个穿黄色)。他现在已经把各种颜色与迷你特工队的人物画上等号,黑色的水果、黑色的衣服都是雷;黄色的出租车、黄色的衣服,那都是麦克斯……

如果说恩之选择电视上的朋友是以"是否是英雄"为标准的话,在选择生活中的朋友时,他看的是是否对他好。比如我们楼里的凯凯、珊珊都是他朋友,但另外一个孩子就不是,"因为他打人!"

他现在最喜欢的是凯凯,凯凯是个刚满2岁的小男孩,家就住我们楼上。凯凯也很喜欢恩之,每次看见我,就问我"哥哥呢?"。现在更发展到,经常在家里不吃晚饭,要跑到我们家里玩一会,然后吃我们家的饭。

恩之昨天也去凯凯家玩了下,回来就很兴奋地跟我讲,凯凯家真好玩,有雷的警车,有麦卡斯的小汽车,有枪,有滑滑梯……我就问他:"那是我们家好玩还是凯凯家好玩?"他回答说:"都好玩。"我又问他:"那凯凯家是不是我们家?"他毫不犹豫地回答说:"凯凯家也是我们家。"由此我更加确定,他所谓"家"的定义,就是一个符合他生活方式,让他觉得很好玩、很开心的地方!

我也更加确定,儿子是一个有"文化"的人,或者说已经展现出对"文化"的准确理解。这体现在他对"家"的理解,也体现在他无意间表现出的对"金钱"的抵抗和对"知识"的渴望,因为真正的文化正体现在对经济的抵抗上。

虽然现在全职在家带孩子,但偶尔我也帮朋友做些项目研究,挣点收入来贴补家用。为了安心写报告,偶尔我就要背着电脑出门工作,但儿子对我出门工作是很反感的,每次我说要出门工作了,他就会哭很久,坚决不同意。平时抓住机会更要给我做工作,说些"爸爸你不要出去工作了"、"家里钱够花了,再挣钱警察就要来抓你哦!"之类。

后来我发现,如果我说我出去学习或者出去读书,他就没那么反对,因为他知道,"爸爸最爱读书了"。他还说,"我们一家人都爱学习"。所以,我跟他说,"你在家学习,爸爸也出去学习下"、"爸爸出去读本书",他就比较能愉快接受了。

很欣赏一句话:"如果整个文化全面被异化了,我们就回到儿童那里去。"今天的社会,无疑是一个文化异化的社会,或者说是一个文化衰亡的时代。我回到家里带孩子,正是要从孩子身上了解真正的文化,感悟真正的文化,找寻真正的文化,恩之今天无疑又给我上了一堂文化课。

12月17日　反思,见其过而内自讼

哥哥妹妹现在是越来越不好"对付"了。

妹妹突然间就习得了项新技能,只要稍微有点什么不满意,立马就趴到地下躺着了。这个情况和当初的哥哥一样,同样是在没有看过任何人躺在地上抗议的场面,自己就突然明白了可以用这个姿势来表达抗议。看来,这个应该是全世界的小朋友生下来就自带的技能了。

我越来越体会到,全世界小朋友其实在很多方面都是一样的,不需要模仿谁,而是天生就具有这样的特点。比如,在龙应台的《孩子,你慢慢来》这本书中,放了张她儿子用手抓着马桶,把小汽车一辆一辆扔进马桶,然后又小心地一辆一辆捞出来的照片,今天的妹妹也同样在做着这样的事情——妈妈稍不注意,她就爬到厕所里,抓着马桶站起来,要去玩里面的水。

家里还有一本买给哥哥的,由比利时作家拉莫编绘的《睡觉去,小怪物》的书,写尽了小朋友睡觉前的各种赖皮举动,和哥哥现在的表现一样。特别是那个拿牙刷刷水管的动作,正是每天我稍不注意,哥哥就要干的勾当。

总的来看,哥哥现在很多时候的表现,已和全世界很多"terrible two"的小朋友一样了,最明显的表现是,一言不合就会生气。比如,他说了个什么事情,你要是说不可以做,他立马就生气;他现在想吃个什么东西,你哪怕是说过会儿再吃,他马上也会生气,说我再也不吃了,其实心里是想吃得很。

好在恩之生气和别的小朋友不大一样,不会生太久。最重要的是,我有招撒手锏,我会立马说,"今天还没抱过宝宝呢","原来是没抱过宝宝,难怪宝宝生气",他就会很高兴地让我抱,然后就不生气了。

当然,这招也有不灵的时候,或者有不方便使用的时候。比如,昨晚我给他洗澡,边洗澡边和他聊天,问他说:"宝宝,你今天和妈妈去湖边玩耍,有没有看到什么挖掘机、压路机呀?"他不知道为什么突然又生气了,说:"没看什么挖掘机、压路机,什么机都没看。"然后洗澡的时候就很不配合,在那里又哭又闹,搞得我自己也很生气,因为天气很冷,怕他冻着了,于是不停地凶他。

我们俩"吵"了一会的结果是恩之躺在床上后不停咳嗽。这下我吓坏了,不知道到底是感冒了还是过敏性鼻炎又犯了,连忙给他又是吃肺力咳合剂又是吃顺尔宁。好在今天早上醒来,恩之就没事了,估计可能只是当时哭泣的时候吸了点风。

我今天一直在反思,感觉自己最近的脾气没那么好,很多时候恩之急的时候我也会跟着急。然后就告诫自己,以后无论如何,不能再跟孩子生气了。

又想起妈妈最近也一直在反思,不能和妹妹生气。虽然妹妹吃饭总是不乖,喝奶总是咬她,半夜总是醒来就大哭,但毕竟他们是什么都不懂、有不开心就要发泄的孩子,而我们是可以控制自己情绪的父母。

"反思"这个词是在我们家出现频率很高的词,恩之做错事情,我们就常常让他去厕所"反思";妹妹不乖的时候,哥哥就会让妹妹去"反思"。但在我们看来,真正需要经常反思的还是我们父母自己——世间父母都爱自己孩子,但在用力把所有都给孩子的同时,还懂得用心去反思自己不足的却是不多。

想来这个"反思"的能力应该是父母通过养育孩子的过程急需提高的能力,甚至是整个社会都需要提高的能力。孔子在《论语》中长叹道:"已矣乎!吾未见能见其过而内自讼者也。"("这个社会完了!我还没有看见一个能够看到自己的过错而又在内心责备自己的人。")如果我们能在带孩子的过程中"见其过而内自讼",那我们就还有救!

12月27日 父子关系的三个层次

10天前刚发誓说不再和恩之斗气了,没想到,昨天、今天,连续两天又凶了他两次,甚至都打了他。

昨天是因为他中午上床睡午觉前就不乖,脱个衣服折腾了半天,没想到睡醒起床后,又莫名其妙生气,在床上翻来覆去就是不下床。后来妹妹过来边上看他,他居然还用拳头打妹妹,前面我以为他是开玩笑,没想到警告他后还是打,气得我连拍他屁股两下,把他打哭了倒是安静了。但打完我就后悔了,因为妈妈前两天刚给我看篇文章,说人们认为最安全的打孩子屁股,其实都可能造成孩子脊髓损伤,或者老年腰椎间盘突出。

后悔是后悔,但今天他确实又让我气得不行。早上起来给他吃面包,我一大早给他买的他最爱吃的葡萄面包。本来他很开心,我也很开心,但是因为这个葡萄面包太大,我怕他吃完以后不吃早餐,就给他稍微分了点下来,没想到他就不答应了,哭着闹着在沙发上打滚说不吃了。

我先是凶了他两句,但于事无补。后来想起来妈妈说的,我和恩之都是比较容易激动或者说急躁的人,当这种情况出现的时候,我们俩应该各自去冷静下,他要哭就让他接着哭好了,让他激动的情绪宣泄下可能就会好。

于是我就没理他,自己去一边喂妹妹吃面包去了,没想到过了一会,他倒是平静了,说他要看电视以及吃面包。

这就让我开始思考一个问题,我们在家带孩子,确实应该是通过这个过程,或者说以孩子这个试金石,来发现自己的不足,进而实现自己的成长。这才是带孩子对我们的真正价值所在。

就好像我一直认为我最大的优点是温文尔雅、对人谦和,这也是所有和我交往过的人的共识。但没想到,通过带孩子印证出我内心里确实还有着急甚至暴躁的一面,只不过这一面在过去隐藏得很深,现在通过带孩子暴露出来了。

因此,带孩子的过程确实可以让我们发现自我,也不断完善自我;带孩子的过程确实就是一个修行的过程,也就是我所谓的"抱子禅"。当然,这样的修行其实是很痛苦的,我越来越体会到,以父亲与孩子的关系为例,可分这样三个层次:

第一个层次是传统的父亲的角色,也就是挣钱养家。总之,只要把钱拿回家里,让孩子有衣有食,好一点的把所有挣的钱都拿回家里,这就被很多父亲认为是很了不起的行为。但在我看来,要做到这一点其实是很容易的。

第二个层次,就是父亲亲自在家里照顾孩子的饮食起居,这是现在一部分人(包括很多妈妈)提倡的,目的是让所谓挣钱的父亲感悟做家务的母亲的不易。这样做确实很有价值,就像我这一年辞职在家,瘦了10多斤,亲自体会到带孩子确实比上班辛苦多了。

我和妈妈一人负责一个(当然,分工中也有合作),我主要负责带哥哥,每天负责给哥哥穿衣、喂哥哥吃饭、带哥哥玩耍、替哥哥把尿、陪哥哥拉屎(这孩子每天蹲在马桶上拉屎的时候,都要我搬个凳子在边上陪着)、给哥哥洗澡、同哥哥睡觉,说来也算辛苦。但我感觉,在这个过程中,要做到无怨无悔,其实还是不难的。

最难的在我看来是第三个层次,那就是在带孩子的过程中,需要面对孩子很多时候的"不乖"。总之就是各种无理取闹、莫名生气、不可理喻、蛮不讲理，总之就是气得你是火冒三丈，觉得要骂他甚至打他都是"师出有名""理直气壮"的时候，还能做到不怒、不打，真的就实在是很困难。

这才是这场修行最难的地方。当然，仔细想来，就像当年苏东坡自认为"八风吹不动"，都被佛印"一屁打过江"一样，面对孩子的种种"挑衅"，真的能做到如如不动，确实很难，几近成佛。

就好像我给恩之把尿的时候（他还不会自己脱裤子，每次要撒尿的时候，就告诉我，然后我帮他脱掉裤子，用个矿泉水瓶给他接着，让他直接撒在瓶子里），这个臭小子，我这边蹲着给他接尿，他那边却用手来戳我眼睛——在他看来，这自然不是什么坏事，纯粹就是好玩，但在我这边，发现口头教育总是没用的时候，就自然容易发怒甚至想打他。

好在我经过今天的这番反思，又再次发誓以后不骂他，更不打他了，然后捡起了我忘记了很久的"抱子禅"的修行方法，要是再遇到类似情况，就继续在心里默念，"来度我成佛的，度我成佛的……"

12月30日　育儿：观念比方法更重要

今天我在手机订阅的微信公共号上，看到一篇名为"父母子女一场，就是不断地目送他的背影渐行渐远……"的文章：

文中提道：

> 我们能拥有孩子多少年？
> 3岁，他去上幼儿园，整整一个白天，都不能陪伴。
> 6岁，他上小学，他已经开始适应了集体的生活，放学后也更喜欢和小伙伴们玩。
> 12岁，他上初中了，如果上的是寄宿制学校，只能一个月回家一次。
> 18岁，他上了大学，一年只能回来两次，一次寒假，一次暑假。

> 大学毕业后,他留在远方工作,一年都难得回来一次,就算回来,也过几天就走。
>
> ……
>
> 对于很多人来讲,计算题中的数据可能更不乐观,本就不多的拥有孩子的时间,也大部分已成为往事。
>
> 有人说,这个世界上所有的爱都以聚合为最终目的,只有一种爱以分离为目的,那就是父母对孩子的爱。
>
> 父母真正成功的爱,就是让孩子尽早作为一个独立的个体从你的生命中分离出去,这种分离越早,你就越成功。

对于前面一段话,"这个世界上所有的爱都以聚合为最终目的,只有一种爱以分离为目的,那就是父母对孩子的爱",我完全同意。这也正是我前面的感悟。甚至这样的感悟还分成两个阶段,第一个阶段是认知到我们在今天对孩子采用依恋育儿法,就是希望将来他离开我们的时候更从容;第二个阶段则发现,我们在0—3岁采用"依恋育儿法",是为了孩子将来长大后更好地获得爱,而我们对孩子这样的爱是无我之爱,因为孩子长大后并不会记得这段时间发生的事情。

但也因为这样的认知,我完全不同意作者接下来写的,"父母真正成功的爱,就是让孩子尽早作为一个独立的个体从你的生命中分离出去,这种分离越早,你就越成功"。

这样的认知与我前面批判的孙隆基在《中国文化的深层结构》中的认知如出一辙。在那里,孙隆基也是从所谓独立出发,反复提到,"西方人很早就开始让孩子单独睡,以便培养孩子的独立性","西方人从小起就训练子女独睡,使他们不要出现常常与别人'在一起'的需要,以便培养独来独往的精神"。这正是今天社会上很多鸡汤文乃至很多育儿理论最大的危害所在。由于缺乏真正的知识的掌握,更缺乏真正的生命体验,在那种貌似优美、抒情,貌似伟大、正确的文字背后,传播的却是平庸、错误的甚至是恶的观念。

我们作为人当然要追求独立与自由，但我通过这三年来对育儿知识的反复学习与亲身体会，充分认识到，要让孩子在未来变得独立，一定是需要先与孩子变得亲密。这个让孩子独立的过程绝对不是越早越好，而一定是要在你与孩子已经真正建立亲密关系以后。

总的来看，在育儿过程中，方法或技巧并不是重要的部分，因为它们很容易获得。比如孩子有哪里不舒服，我们只要百度一下，就有无数的网站在分享经验、传授知识。但是，在所有这些育儿的方法与技巧背后的观念却常常被大家所忽略，而最为重要的，我们首先要辨析的恰恰是这些观念。

这再次说明，看不见的东西其实比看得见的东西更为重要，我们在选择看得见的知识之前，必须首先去辨别他们背后那些看不见的观念。

凯恩斯就说过，"或早或晚，对善恶形成威胁的是观念，而非既得利益"。特别是针对亲子关系这个全世界最原初，也最重要的人与人的关系的观念，一定不能是坏的观念甚至是恶的观念，否则可能就如荷尔德林告诫我们的，"总是使一个国家变成人间地狱的东西，恰恰是人们试图将其变成天堂"。

我想我这本笔记以及我这本笔记中所倡导的一些观念，比如抱子禅、爱的双向教育、依恋育儿法等，是必须要拿出去与人分享的，因为它或许有助于澄清今天在微信公共号、育儿机构乃至育儿书籍中一些流行的然而可能是错误的，甚至是对孩子、父母乃至社会极为有害的观念。

在这个问题上，不存在所谓的学术争论，而是为了救孩子所必须展开的观念之战。

有这番感悟，还是因为听妈妈讲到她今天带孩子们出去碰到小区里的那个孩子，感觉他的情况明显更严重了。不说话是其次，听他奶奶讲，孩子现在2岁3个月了，连摇摇车都不敢坐，对着个小草却能看半天，这即使不能说自闭，但已经明显有孤僻的倾向。可是他内心里一定是渴望与人交流而且是身体交流的，因为妈妈今天抱着妹妹在他边上的时候，他突然把妈妈的手拉过去，把他的手心放在妈妈的掌心，就这么一直静静握着，不愿意放开。

我就想起那天我早上买菜回来的时候，看见孩子的爷爷难得过来一次，和他奶奶一起带着孩子去买菜。在这样的情况下，他们也不愿意抱下孩子，仅仅换成是爷爷用手推车推着孩子，奶奶在后面走，两人有说有笑，依旧是孩子一个人在前面独立地（孤独地）看着世界。他们怎么就不愿意抱抱孩子呢？他们（无论是天天带孩子的奶奶，还是很少带孩子的父母）为什么就不多抱抱这个孩子呢？

英国诗人菲利普·拉金曾经这样说过，"他们害了你，你的爸爸和妈妈，虽然不是故意的，但是他们的确害了你"。今天的父母爱说"不要让孩子输在起跑线上"，却不知道，你与孩子的关系才是孩子真正的人生起跑线，如果在这个关系上输了，孩子就输了，父母也输了！

1月2日　哥哥三岁，我的依恋育儿法

哥哥今天3岁了，很开心，因为我今年是很期盼给他过这个生日的。

他前段时间身体不是很好，特别是饮食很不好，吃点东西就说饱，还吐过好几次（有一次还严重到需要去医院输液。当时还是晚上，医院又没有床位，只能坐在住院部走廊的椅子上，由我抱着他，从晚上10点一直输到凌晨5点），感觉他都瘦了很多。

生病的原因在我们看来，可能是我们过去虽然有给他专用的碗筷，但并没有注意严格地消毒，结果感染了幽门螺杆菌。他这么小，没法治疗，只能采用保守疗法，另外就是我们现在每天都用开水把碗筷煮一遍。

而在爷爷看来，这是每个小朋友成长所必须过的一个关，所谓"3、6、9"关的"3"这个关，进入3岁这个年龄关口的孩子往往比较容易生病。奶奶还进一步提到"男生前、女生后"的说法，说是这个关口的孩子，男孩子在生日前、女孩子在生日后是最容易得病。

既然民间有此说法，我也是宁可信其有，自然希望恩之能尽快过了这个生日，闯过这一关，然后一直平平安安、健健康康。

其实，关于3岁，我更欣赏的还是民间的另一个说法"三岁看大，七岁看

老"。不过我欣赏这个说法,并不是认同民间所说的从3岁的样子就可以看出孩子未来的命运(比如,《柳庄神相》这本民间相书就有一节写到"三岁定八十",并解释说"此言三岁已不食乳也,看五官六府三停骨格,可定性情贤愚")。我只是认为3岁确实是人生的一个重要节点:在3岁前我们对孩子的抚养方式,决定了孩子3岁以后的人生命运。

蒙台梭利说"人生的头三年胜过以后发展的各个阶段,胜过3岁直到死亡的总和",讲的正是这个道理。

事实上,为证实3岁在一个人一生中究竟起到多大作用,1980年英国伦敦精神病研究所教授卡斯比同伦敦国王学院的精神病学家们进行了一项别具一格的试验观察。

研究者以当地1000名3岁幼儿为研究对象,先是经过一番调查分析,然后将他们分为5种类型:充满自信型、良好适应型、沉默寡言型、自我约束型和坐立不安型。到2003年,当这些3岁孩子都长成了26岁的成人时,卡斯比教授再次与他们进行了面谈,并且对他们的朋友和亲戚进行了走访,结果发现他们在3岁幼童时的言行竟然准确预示了他们成年后的性格。

这让卡斯比教授十分惊讶。他对自己的试验结果进行总结,并在2005年发表了报告。这一报告在国际育儿学术界引起了轰动,为"三岁看老"的说法提供了强有力的证据。

卡斯比教授指出,一个人对3岁之前所经历的事情会像海绵一样吸收。这意味着孩子性格形成和能力培养的关键期就在3岁之前,这个阶段的孩子跟随什么样的人,接受什么样的教育,将会形成相应的性格——和其朝夕相处的成人所说的每一句话,所做的每一个动作都可能会深深地烙在他们的心灵深处。

我虽然不知道恩之未来的命运,但我很庆幸,在3岁前给了我能够给予他的最好的教育。包括在这个关键的节点,辞职回到家里,与妈妈两个人一起带孩子,与孩子朝夕相处,从而让我们(而不是老人乃至保姆)的每一句话、每一个动作可以烙印在孩子的心灵深处。

进一步来说,也正是在与孩子的朝夕相处中,我逐渐认识到我是在探索乃至创造一种新的幼儿教育理论,这种教育理论我把它称为"依恋育儿法"。而到了今天,也是我可以完整给出这种理论定义的时候了。

所谓依恋育儿法,就是针对0—3岁的一个乃至两个孩子,依据依恋理论,以抱为核心手段,由父亲扮演重要角色,立足"孩子性"、实施"爱的双向教育"的一套新育儿理论。

之所以称为新的育儿理论,是因为通过这三年的实践与学习,我发现,我这套理论与已有的育儿理论都有所不同。

这套理论是一套专门针对0—3岁的孩子的教育理论。关于这一点,应该说,已经有越来越多的教育研究者关注过或正在关注,比如,蒙台梭利就专门著有《三岁决定孩子的一生》一书。

如果在网上搜索"三岁决定孩子的一生",同名的书籍还有很多,比如北京大学赵红梅博士写的《宝宝出生头三年》,正面管教创始人尼尔森博士写的《生命最重要的前三年》等。

但是,我一边带孩子,一边研究这些书籍,发现我的依恋育儿法和这些理论都有不同:

首先,之所以叫依恋育儿法,是强调我依据的是依恋理论,这样的理论基础和很多幼教书籍完全不同,或者说,我还没有看到一本基于依恋理论来展开0—3岁的孩子的教育的书籍。

比如,尼尔森博士的《生命最重要的前三年》一书倡导的是"积极训导法",这是属于人本主义学派的心理治疗方法。人本主义学派本质是对人的本质也就是人的意义和价值的强调,这种方法对成年人乃至对开始有"人"的意识的幼儿展开都是可以,但是对0—3岁特别是0—1岁的幼儿,显然就不适用——在心理学领域,真正关注这个时期的心理学理论只有依恋理论。

我之所以推崇依恋理论,是因为从中发现了重视0—3岁孩子的教育的重大意义。其意义在于我们将以此解决成年人的种种社交问题乃至精神问题,而这些问题在今天的社会是如此普遍存在。

也就是说,我们对现在的孩子实施依恋理论,是为了20年后成人的他们不再犯我们今天所犯的这些精神疾病。所以,今天对这个幼儿教育问题的着力,乃是着眼于20年后社会问题的解决。这是真正面向未来的社会问题的解决战略。

"抱"是我这套依恋育儿法的核心手段,我也因此特别强调"爱在手上抱",甚至提出"抱子禅"。在这个问题上,很多育儿书籍是没有认识到其巨大价值的,包括赵红梅博士的《宝宝出生头三年》一书,有一章的标题居然就是"别总是抱着宝宝",而我在前面的书中,不断总结为什么要抱,当如何抱,为什么父亲更适合抱等问题,都是在反复强调我对"抱"的价值的独特发现。

依恋育儿法之所以强调"由父亲扮演重要角色",是因为我发现,在0—3岁孩子的教育问题上,父亲不仅往往在实践中"不在场",甚至在理论上也基本被忽视。

对于这个问题,我在前面的笔记中,对依恋理论进行介绍时已有所涉及。进一步说,从父亲的缺席到父亲的在场,从一个孩子到两个孩子,正是我的依恋育儿法与传统的依恋理论的不同甚至说是发展之处。

事实上,不仅是依恋理论,在其他的针对0—3岁孩子的育儿书籍中,父亲也基本是缺席的。比如,Silvana Quattrocchi Montanaro是国际蒙台梭利学会0—3岁婴幼儿师资训练的主任,在他著的《生命重要的前三年》这本书中,序言部分就写到,"为了精简之故,全书把最主要的幼儿照顾者视为母亲,虽然父亲和其他未提到的成人也可能是主要的照顾者"——父亲这样一个在0—3岁幼儿的教育期间如此重要的角色,就这样在这本介绍蒙氏教育法的书中,"为了精简之故"被很自然地精简掉了。

立足孩子性,实施爱的双向教育,这里提到的孩子性、爱的双向教育是我在前面反复提到的依恋育儿法的核心概念,这些概念也都与现有的理论有所不同。

比如,蒙台梭利讲"孩子是成人之师,是成人之父",也提到孩子对成人的教育。但在这个话题上,她更多是理念阐述,并没有太多说明,以至于现在大家对此的解释纷繁杂乱。

奥修也讲我们"再次成为孩子",但他主要是从修行的角度。这样的修行是从意识上"回归孩子"而展开的修行,并不是在现实中基于"抚养孩子"这个行为而展开的修行。

而我通过这三年的育儿实践,越来越认识到,与其说是我在育儿,不如说是孩子在育我。我从活生生的孩子那里,一次次真正地体会到,孩子是我的老师;我的育儿过程,真正的是孩子教育我的过程——无论是爱的教育、家的教育,还是文化的教育、生活的教育。

这样一来我的依恋育儿法与这些育儿书就有了很大的一个理念不同或者说目的不同:它不是单纯就育儿谈育儿。

我之提出依恋育儿法,乃是为了解决今天社会已经存在的文化问题。我越来越体会到,当一个社会出现文化衰落甚至是文化危机的时候,我们应该回到孩子那里去寻找解决问题的答案。

这样的"回到孩子",首先是从孩子,特别是0—3岁的婴童那里去寻找文化的真谛,以此去抵抗今天文化的异化和文化的衰亡。

这就是蒙台梭利讲的"发现孩子",奥修讲的"再次成为孩子",也是李贽的"童心说",《道德经》的"复归于婴儿"——孩子(婴儿)在这里其实就是文化或者说是爱的代名词。

这是从理念层面认识到孩子的独特意义。而"回到孩子"则是从行动层面强调,我们只有真正地回到孩子身边,与孩子耳鬓厮磨,接受孩子的耳提面命,才能不断发现自我的问题,并实现自我的提升。也只有通过这样的方式,才能进一步体认中国文化的深层问题,并因此找到文化问题的解决之道。

所以,依恋育儿法的本质,是要发现教育0—3岁孩子的独特意义和父亲回到孩子身边的巨大价值,从而为未来社会问题的解决做准备,同时也为今天文化问题的解决做努力。

关于今天的文化问题,在20世纪80年代曾经有过一次影响深远的"新启蒙运动"。历史学教授许纪霖在评论这场运动时指出:"在那场运动中,有两个热中之热,一个是中国文化热,另一个是深层结构热。"他同时指出当年有两位西洋学者对中国文化影响深远,一位是心理学家弗洛伊德,另一位是人类学家列维-斯特劳斯。"弗洛伊德告诉大家,不要看文明人人模狗样的,其实人的意识有表层、深层之分,那深层的潜意识层次,不知道埋藏着多少弑父情结,可怕得很。列维-斯特劳斯又将这表层、深层推演到了文化身上,拼命挖掘文化的深层结构。"

历史学家孙隆基的作品《中国文化的深层结构》正是在这样一场运动之中,依据列维-斯特劳斯的深层结构理论而写就,并成为当时的大热之作。对于这本书,正如许纪霖教授的评论,"在这本书里,孙氏不仅谈文化,还是文化的深层结构,这就不能不撩拨大家的好奇心了"。

事实上,孙隆基在书里,不仅引用列维-斯特劳斯的深层结构理论,还反复引用弗洛伊德的理论。他认为中国解决"杀子文化"这个深层结构要采用的西方的"弑父文化",正是全然地引用自弗洛伊德所讲俄狄浦斯时期的"弑父娶母文化"。

记得我在这本笔记的开头,就提出我希望能在孙隆基所描述的"中国的杀子"和"西方的弑父"之外探索出一种新的父子关系,当时我对依恋理论并不了解。现在我已了解到依恋理论正是对弗洛伊德理论的发展,而我的依恋育儿法所倡导的父子关系也正是完全不同于"杀子"和"弑父"的第三种父子关系。

由此,我发现了对中国文化的深层结构这个问题的新的解决方向。也就是说,并非只有用"弑父"去代替"杀子"这一种选择,我们完全可以在依恋育儿法的爱的双向教育中去重建一种新的父子关系,进而重建一种新的代际关系,重建中国文化的深层结构,解决中国文化的深层问题。

3岁真是一个神奇的年龄,恩之也真是一个神奇的名字。中国文化的深层问题就在一个"恩"字上,而解决文化问题的关键就在最重要的"头三年"。

孔子说:"子生三年,然后免于父母之怀。夫三年之丧,天下之通丧也,予也有三年之爱于其父母乎!"看来,孔子也认为,头三年是孩子应该在父母怀抱里的三年,不过他这么讲的目的,是要说明我们因此需要对父母报恩,尤其是在父母死后,子女更要为父母守丧三年,以此"三年之爱"来回报父母的"三年之抱"。

可见,孔子讲"子生三年",是为了引出孝这个价值:所谓"三年之爱"不过是"三年之孝","生三年之抱"是为了"死三年之报"。

而我的依恋育儿法,讲"子生三年",则是为了引出爱这个价值:在这三年中,流淌在父子之间的是双向的爱,是循环的爱。我倡导之依恋育儿法,乃是"爱在手上抱,恩在其中还",我们抱的不是属于我的孩子,我们抱的是爱。这个过程中,如果真的有什么养育之恩的话,孩子也都已经还给我们了,甚至他们给我们的比我们给他们的还要多。

恩之今天3岁了,真的得感恩恩之,照顾他的过程,让我得以形成了这样一套对依恋育儿法的完整认知,而这套依恋育儿法是否真的有价值,我依然需要从恩之这个个体的成长中去不断寻找答案。

妹妹现在刚刚1岁,未来还有两年的日子,让我可以在她身上继续实践依恋育儿法,同时不断完善依恋育儿法。

我今年43岁了,在未来的日子里,通过将这两个孩子抚养成人,并在这个过程中不断接受两个孩子的教育,我希望能看到自己的不断成长,看到自己在依恋育儿法的帮助下获得更大的成长。

1月8日　关注孩子的心理

楼上那个孩子的家长终于意识到他们的孩子有问题,听说前两天挂了专家号,带孩子去看病了。

今天碰见孩子的奶奶,问她看病的情况如何,结果听她讲,他们一听医生说要做什么脑部的核磁共振检查,就马上跑回来了。

在他们看来,孩子即使有病也绝对不是什么脑部或精神方面的疾病——在一直照顾孩子身体的奶奶看来,最多就是缺什么营养(但这次去检查,发现是什么营养都不缺);在一直陪孩子睡觉的妈妈看来,孩子可能只是睡眠有问题,因为孩子常常5点左右就醒来了(但在我看来,这样的醒来可能仅仅是因为他们每天都要求孩子在晚上9点必须上床睡觉）。这孩子一定是在精神层面有什么疾病了，最明显的表现不是他现在2岁多还不会说任何一个词，而是他从来不和人有任何眼神交流，你叫他名字的时候他也不会有任何反应。

这个孩子的家长实在是太注重身体而忽视精神了。他们不知道，孩子所需要的健康一定是身心健康，或者说与身体健康同等重要的是心理健康，与照顾孩子身体同样重要的是对孩子心理的照顾。

我以前看松田道雄的《育儿百科》和美国育儿协会的书，更多地从中学习对孩子身体照顾的知识，后来学习西尔斯的亲密育儿法乃至逐渐定义出自己的依恋育儿法，就是从中了解如何对孩子进行精神的照顾。我也因此认识到"抱"这种最有效的精神育儿法，因为"抱"正是让孩子建立依恋关系的最好途径。

在我看来，这个孩子不仅精神不健康，甚至可能有自闭症的倾向。为此，我专门研究了下自闭症，发现自闭症又叫孤独症，很重要的一个表现，就是不能与照顾者建立依恋关系。

由此看来，依恋育儿法确实是治疗孤独这种时代疾病的最好方式，也就是说，通过在婴幼儿时期建立依恋关系，不仅是为了让孩子成年时不至于有社交障碍乃至患上孤独的心理疾病，而且是让孩子健康度过婴幼儿时期，不至于在这个时期就患上孤独症的最好方式。

当然，依恋关系不只是"抱"这种形式，依恋关系也不仅存在于父母和子女（照顾者和被照顾者）之间，还包括兄弟姐妹之间。

我在对恩之兄妹俩的照顾中，发现了放开二胎后带来的依恋关系建立的另一种途径，那就是在两个孩子之间建立依恋关系（当然，这需要这两个孩子的年龄差距不太大），这样的关系同样可以预防孤独。

就好像我们家，妹妹正是因为哥哥的存在，或者说由于建立了对哥哥的依恋关系，才更加不孤独。

总的来看，妹妹是很依恋哥哥的，而哥哥倒是没那么依恋妹妹。就好像昨天晚上，哥哥坐在那里看动画片，妹妹就像往常一样爬过去凑热闹（她总是这么依恋哥哥,哥哥做什么她就要做什么),但哥哥正在兴头上,并不愿妹妹来打扰。在妹妹刚刚爬来挨着他、准备站起来的时候,他一把将妹妹推倒在地上,妹妹后脑勺着地,痛得哇哇直哭。

目睹此景的我,由于前段时间的反思,倒是没有大发雷霆地把哥哥打一顿以资教训,只是把他关在厕所里让他反思。无论他在里面怎么哭闹,我就是坐在厕所门口,拧着钥匙不放他出来。

没想到妹妹首先不答应了——她正在那接受妈妈的安慰,发现我把哥哥关起来了,立马就爬过来要救哥哥。

她先是抓着我的腿站起来,"哥哥、哥哥"地指着门口叫,意思是要我放哥哥出来。我不理她,她立马就躺在地上,然后直勾勾地看着我以示抗议。我怕她着凉,赶忙把她抱起来,没想到抱起来她又躺下。接连搞了三次,我相信这妹妹跟她哥哥一样固执,只好开门把哥哥放了出来。救兄成功的妹妹这下也就不再躺地上了。

依恋哥哥的妹妹,自然不会孤独;有了妹妹的依恋,哥哥也同样不会孤独,甚至无助了。

1月13日　成长需要他者

前段时间带妹妹去打自费的轮状病毒疫苗,说是和上次疫苗间隔时间太短,不能打。昨天去打,又说这个疫苗暂时没货。结果昨天晚上妹妹就上吐下泻,典型的轮状病毒感染症状,难道真是奶奶说的"男生前、女生后",妹妹生日刚过就迎来此劫?!

好在哥哥已经有过好几次得轮状病毒或者医生所谓急性肠胃炎的症状,我们倒是一点不着急,连医院都不用去,就在家里按照我们已经掌握的一成套方法进行处理。

仔细想来,我们这种在各个城市生活的生活方式,对我们处理孩子的疾病倒是有很大帮助。同一个地方的医生似乎有相同的用药习惯(或者也可能是当地医院统一采购的原因），但孩子有些病按照当地的通用处方却未必有效，这个时候我们在其他地方积累的经验却更有效。就像我们发现，当孩子急性腹泻的时候，用珠海医生爱开的"消旋卡多曲"就比较有效（这个药在厦门医院是不开的，药房也几乎没卖），而针对孩子（乃至大人）的过敏性鼻炎，厦门这边医院和药房常用的"鼻渊通窍颗粒"就相当对症。

我们甚至发现，当妹妹消化不良、拉绿屎的时候，用珠海和厦门这些地方常用的益生菌都效果不佳，倒是她苏州三姨妈推荐我们用的，苏州医院开的江苏产的"复合乳酸菌胶囊"比较有效。

所以，我一直很推崇他者理论。萨特讲"他者即地狱"，这是指没有处理好和他者的关系的情况。而如果处理好与他者的关系，他者即老师，可以让我们对事物本身有更完整的认识，并因此推动事物本身的成长。

我们对事物的了解是如此，孩子自身的成长也是如此。依恋育儿法的本质就是要处理好父母与孩子的关系，让父母成为促进孩子成长的他者（而不是作为对立面的"他者"）。同时，我发现，如果为孩子引入更多的他者，可以为孩子带来更多更好的成长。

这个他者类似依恋理论中的客体，但又有所不同。仔细想来，他者这个概念也是我的依恋育儿法虽然基于依恋理论，却不同于依恋理论的一个地方。

依恋理论或者说客体关系理论，强调的是主体与客体的关系，但是在这里主体是一个，客体也只有一个（主要就是母亲），并因此形成所谓二元关系。

而我的依恋育儿法采用的是他者这个概念，对应于主体的他者是有很多的——总之，在孩子的生活环境中，与孩子发生关系特别是发生促进关系的人，都构成我所谓的他者。

比如妹妹，除了我们这个他者（依恋理论定义的客体），更多了哥哥这个他者，所以，她有了更多参照或者学习的对象，各方面的发育明显比同龄的哥哥要好。她现在什么都模仿哥哥，玩具玩哥哥的，动作也学哥哥的，包括哥哥发明些什么玩法，她也立马就照着玩，比如把硬币塞在挖掘机里，把塑料箱子盖在头上，拿几根塑料管在那里套来套去等。

今天我更是见证了哥哥在引入一个新的他者以后，如何快速成长的神奇：

下午我带他去我们隔壁的鼓浪花园玩，在这个小区一楼的架空层里，有一个由很多滑滑梯组合而成的游乐设施。这是恩之第一次去那里玩。这个设施中有一个离地 1 米左右，需要孩子抓着两边扶手前行的绳网。恩之站在上面，无论我怎么鼓励，他就是不敢从那里走过。

实在没办法，我只好带他在边上玩木马。这个时候来了三个八九岁的小女孩，她们在滑滑梯那里欢快地玩耍。看见她们站在绳网上，我过去跟她们商量能否牵着恩之让他过去，没想到恩之看见她们后，立马就说不用牵，自己可以过去，然后就走了上去。虽然是颤颤巍巍，但终究是一个人勇敢地走了过去。

这三个小女孩接着邀请恩之和她们一起玩追逐游戏，她们跑，恩之追。在追逐过程中，由于无数次需要走过这个绳网去追她们，恩之在上面一次比一次走得快了，甚至到后来用他常用的话说，简直就是"电光石火"（这是迷你特工队里福特的外号，是恩之每次用来形容自己速度很快时使用的成语）。

更有意思的是，后来又有个小姐姐带着小妹妹来这里玩，恩之很主动地跟那个小妹妹说"不用怕，抓着两边扶手就过去了"。

短短一个小时不到，我见证了恩之在新的他者帮助下的成长，甚至已经在作为他者去帮助别人成长。所以，生活确实需要他者，遇到他者虽需要机缘，但首先需要我们自己去主动创造条件。

我们带着恩之、乐之，在不同城市观光，在同一城市漫游，正是希望能让他们邂逅更多的他者，能获得更多更好的成长。

1月18日　爱的三方共赢

我发现恩之的观察能力极强，这种观察能力体现在他不仅关注整体性，而且也注意细节。比如，今天早上我给他穿袜子，边穿边讨论这双袜子是"福特＋霍特"（蓝色＋绿色），他非说这双袜子还是"麦克斯"（黄色），我找了半天，终于发现这双袜子的上沿果然有一抹黄色。

再比如,那天我们去鼓浪花园,看见一个奥特曼,几个小朋友都过去看。但那些小朋友就是在边上看看而已,他不但看,还认真观察这个奥特曼会不会发光、按钮在哪里,手会不会旋转、脚会不会旋转等等。

同时,他还要问对方:"这个奥特曼叫什么名字?"因为他知道,奥特曼是很多的,长得都不同,有艾斯、欧布、迪加、戴拿等等。哪怕都是艾斯,我们平时看的是"艾斯奥特曼",但有天我给他放了个"超人艾斯",他立马就发现放的故事不同。

我觉得他能有这样的观察能力,一定与当初我抱他的方式有关,那让他从小就养成了很好的观察习惯和观察方式。"依恋育儿法"未来能对恩之(和乐之)处理人际关系有多大帮助,现在我自然无法得知。但现在,它至少已经展现出一大价值,那就是极大地提高他们的观察能力。因为这种方法为孩子创造了一个最好的观察环境,这个环境是以孩子为主体,让孩子每天都在展开完整的不被打扰的观察。

说到恩之为什么有这么多关于奥特曼的知识,这自然是与他看的电视(手机里的电视节目)有关。这让我想到一个问题,在这种多媒体时代,想让孩子不看手机是很难的——不看电视机倒是可以。我们家自从有了恩之后就没看过电视,他自然也不会要求看电视,但你总会在孩子面前看手机,他长期见你看手机,他自然就会要求看。

不过,这种看其实也没有那么大危害,只要注意以下三个方面我觉得就还好。首先,从保护视力的角度,只要让孩子不要离视频太近,每次看的时间不要持续太久。其次,注意内容把关,大人很有必要对节目内容进行筛选,最好陪同孩子一起观看,这样才能及时发现一些语言粗俗、内容暴力的节目并及时中断孩子的观看。最后,千万不要完全用手机视频来取代亲子阅读,每天可以看一会儿手机,但仍然要留足时间陪伴孩子阅读纸质书籍。一方面亲子阅读有利于培养亲子感情;另一方面,能够培养孩子对纸质书籍的感情。声音、色彩、动感这些过于具象的视频节目将严重影响孩子的自主思维能力和想象能力,它对孩子的影响是单向的输入。而绘本则大量留白,给予孩子想象与思考空间。同时妈妈或爸爸的阅读，与孩子之间是有互动的，爸爸、妈妈的声音抑扬顿挫，表情丰富，不时穿插其中提出思考，对孩子来说这样一场亲子共读无疑是有温度的。

其实，要不要给孩子看电视节目，我和妈妈一开始还是有些分歧的。我有时因为实在很忙，就会打开手机让恩之一个人看，以免他来打扰我。妈妈就常常对我这样的行为进行批评，我也因此认识到自己的错误。

这段时间，我和妈妈常常就我们各自看到的育儿知识，总结的育儿经验，观察到的育儿误区展开交流，这让我也更加体会到，在与孩子的亲密关系的建立中，父母的相互交流、相互鼓励乃至相互批评是很重要的。

首先，带孩子确实是很辛苦的，每个人都会有情绪失控的时候。但是，基本不会出现两个大人同时都情绪失控的时候。所以，当一个大人面对孩子情绪失控的时候，另一个大人这个时候往往可以冷静地对对方进行批评，从而不至于伤害（无论是身体还是言语）到孩子。

前面是站在对孩子的角度。事实上，两个人平时对育儿经验的交流、分享，也可以促进夫妻双方亲密关系的建立，这是我以前没有注意到的。也就是说，父母共同实施"依恋育儿法"的过程，其实对双方亲密关系的建立有很大的帮助。像妈妈就常常讲，我到厦门后的表现（主要是指家庭的表现）比在珠海要好很多，我们俩的关系也比在珠海要好很多。

仔细想来，我正是到厦门后才认识到基于关系的"亲密育儿法"，进而在这个方法的基础上总结出"依恋育儿法"的。而我在珠海的时候，初为人父，主要还是通过看松田道雄的《育儿百科》和《美国育儿百科》这两本书，来学习当如何对孩子进行身体的照顾。

很多人不愿意生孩子，担心有孩子后会影响夫妻关系，但我通过自己的实践恰恰发现，如果父亲能回家与母亲共同实施"依恋育儿法"，将能促进双方亲密关系的建立，并因此给孩子更好的照顾。

这一点在今天特别有现实意义。今天的母亲很多都在"丧偶式育儿"，而很多母亲在这个过程中早已焦头烂额。这个时候，如果父亲能参与进来，替母亲接过孩子，给孩子多一点陪伴，为母亲多分担一点，恰如雪中送炭，既让母亲得以恢复体力、修整情绪，也给母亲以莫大的精神安慰，极大促进夫妻双方关系的改善。更重要的是，能够给孩子创造一个更有"爱"、更加"亲"的家庭环境。

仔细想来，"丧偶式育儿"这个词背后还对应着"妈宝男"这样一个概念，很多家庭的父亲即使成人、成为孩子的父亲了，依旧像个大男孩一样，什么都是听他妈妈（也就是孩子奶奶）的话，什么都是以他的妈妈为中心。究其根源，恰恰是因为这些父亲们小时候被他的妈妈以"丧偶式育儿"的方式养育。

这样的"妈宝男"对他们的妻子来说，在很多时候成了一种巨大的灾难，比如很多妈妈的产后抑郁症的根源就在此。要想让这些老男孩们真正变成男人，最有效的办法就是把他的孩子交到他手上，特别是在他的孩子刚出生下来的时候就交到他手上，而不是交到孩子的奶奶或者孩子的外婆手上。这样一来，妈妈们可以从爸爸们的分担与体贴里感受到爸爸的爱，爸爸对家庭的责任。当她从最亲密的爱人那里得到理解和关爱，而不是冷漠与指责时，带孩子的辛酸、焦虑，以及琐碎家务所带来的疲惫都会得到很大程度的缓解。我甚至可以断言，没有什么产后抑郁是父亲的分担、理解、支持、包容所不能医治的。

进一步来说，产后抑郁症其实也是产后焦虑症，是母亲过度焦虑的一种体现。焦虑是当代年轻父母的写照，"母亲的焦虑"更是普遍的家庭现状。有媒体根据百度搜索指数，列出了中国妈妈特别是年轻妈妈最常见的八大焦虑因素，包括孩子的安全健康、孩子的教育、夫妻关系、家庭经济积累、婆媳关系、赡养老人、财务、二胎。我们如果仔细分析的话，就会发现这些焦虑不是相互独立的，而是缠绕在一起的。其中很多焦虑背后都是同一个原因，那就是父亲没有更多地参与育儿，也因此没有更多地为母亲分担家庭事务！

从减少母亲的焦虑出发，尤其需要父亲更多地实践"依恋育儿法"，这将更好地促进夫妻关系的改善，也促进整个家庭关系的和谐。实施"依恋育儿法"带来的其实是父亲、母亲和孩子的"爱的三方共赢"。

它不仅能改进父母与孩子的关系，改进夫妻之间的关系，而且还能完善自我。实施"依恋育儿法",以此来进一步地提升自我、成就自我,是这套方法最大的价值。

在这个过程中,孩子是我们的镜子,我们以此更好地观照自己,甚至发现自己"皮袍下面的小";在这个过程中,孩子更是我们的老师,我们在他们的教育下,更好地提升自己、完善自己。

这段话是写给这本笔记未来的读者的,但首先是写给现在的我自己的。事实上,当我写下"带孩子确实是辛苦的,每个人都会有情绪失控的时候"这段话时,我内心中充满着羞愧。

因为在前面的笔记中,我并没有记录下我曾经情绪失控最厉害的一次。那大概是1个多月前的早上(时间应该是在我12月17日的反思之前),我早上带恩之出门,很高兴地给他买了个变形金刚,没想到买回来后,他不会玩这个变形金刚,就在那里说自己不玩了,要把它丢掉。(这个孩子的性格到现在依然很急,买个新玩具,只要不会玩,就立马生气,要把它丢掉——当然,我现在清楚,这或许是我的遗传,我已经在恩之的帮助下,发现自己的本质其实是很急的,这样的急甚至被恩之批评。今天早上我给他穿衣服,为了怕他冻着,就着急了些,手碰到了他的下巴,儿子就教育我说,"爸爸,你太急了"。)由于这种情况出现过很多次,他在那里越说我越生气,于是真的给他丢到垃圾桶里,没想到他更生气,在那里大哭大闹,我也更生气,盛怒之下,把那个变形金刚捡起来,然后用力砸掉了。

幸亏妈妈在边上,冷静地制止了我和儿子的这场大战。后来经过我反复给他道歉,他好像也原谅我了,我们父子又重归于好。但我没想到,孩子其实是记着这些事情的,都快2个月了,他还常常突然就冒出句,"爸爸不好,砸坏了我的变形金刚"。我才知道,这件事情对孩子的伤害居然是如此之深,也更加清醒地认识到,在实施"依恋育儿法"的过程中,我得以发现一个更加真实甚至更加丑陋的自己,得以发现一个首先需要改变甚至需要改造的自己。

而这些问题的发现,无疑得再次感恩于恩之对我的帮助,或者说感恩于恩之对我的"教育"。否则我可能就永远是那么自以为是,真的认为自己是自己乃至朋友所认为的那么温文尔雅、彬彬有礼。

这让我再次想起蒙台梭利讲的"真正的教师是孩子本身,而我们许多人却常常是坏学生","没有儿童对他们的帮助,成人将颓废。如果成人不努力自我更新,一层硬壳就开始在他心脏的周围形成,最终会使他变得麻木不仁"。

因此,"依恋育儿法"其实也是"依恋育己法",这是一场对孩子的新教育,更是对养育者本人(特别是父母自己)的新教育。特别是对后者而言,如果在实施这个方法的过程中,不能完成对自己的更完整的认识,不能因此实现对自我进一步的提升,那么这样一个教育就可以说是失败的教育。

爱在手上抱,子为父之师!

1月30日　孩子的词汇来源

今年春节,我们为哥哥妹妹分别找了一个"他者"——主动邀请苏州三姨妈带她的两个女儿到我们家过年。三姨妈的大女儿湉湉9岁,正好可以作为恩之的"玩伴";小女儿曦曦比妹妹大3个月,刚学会走路,正好可以作为妹妹的"示范"——我们希望通过她天天在妹妹面前走,刺激妹妹更早地学会走路。

要成为"他者",其实是没有那么容易的,用互联网术语来说,双方一定要有"连接",连接的程度越紧、连接的频次越高,"他者"的作用才越明显。就像恩之的大表姐,其实到我们家的时候最多,我们在珠海和在厦门,她都过来玩过,但和恩之之间几乎没有任何互动(连接),所以她在恩之成长中就完全没有留下任何痕迹。

湉湉就不一样,她本来就还是个小孩子,愿意带着恩之一起玩,也愿意跟恩之一起玩,恩之自然也就喜欢她。7月份的时候,她就在我们家玩了10天左右,给恩之留下深刻的美好印象,以至于我们上次在泉州崇武古城的沙滩上玩的时候,恩之突然冒出句"我想湉湉了",让我们惊讶莫名。

1月15日她们到达我家后,恩之就兴奋得不得了,从见到湉湉那刻起,就不停给她介绍他的新玩具,请她吃好吃的东西,和她一起在家里捉迷藏,甚至乖乖吃她喂的饭。

通过这段时间进一步的"连接",我发现恩之对她甚至有了依恋的感觉:

有好吃的会想到她:有天他早上起床,看到我给他买的两种不同的面包,他马上就跑到湉湉的房间,说要请她吃新面包。

湉湉不在的时候会想她:有次湉湉和姨妈出去旅游,恩之中午起床后见她还没回来,立马就哭了起来,说是想湉湉了。

同时,湉湉也确实发挥了很多我们无法发挥的"他者"的作用,让我体会到恩之"有个姐姐真好"的感觉。

比如,她可以骑着滑板车,带着恩之在湖边的绿道上飞奔,这显然是大人无法做到的;去儿童公园,那里有个很高的滑梯,只有大些的孩子才可以上去玩,湉湉就可以带着恩之一起玩。

不过,曦曦对妹妹的"他者"的作用就没有那么明显,妹妹刚开始甚至还有些怕她。这或许也是因为曦曦比较喜欢争,看上去有点凶的原因。但慢慢地,她们俩之间也有了互动,也可以站在一起玩一会。而在曦曦的影响下,妹妹也越来越想要走路,大年初一我们去鼓浪屿,她就一个人扶着海边的栏杆走了好一阵。

这段时间的相处,也让我发现,"他者"的出现其实不以我们的意志为转移。从她们姐妹俩的年龄来看,我一开始是希望她们一一对应,分别作为兄妹俩的"他者"。但慢慢发现,曦曦也能成为哥哥的"他者"。由于她常常去抢哥哥的东西,我们这个从来不争的哥哥慢慢也懂得了要"争",在曦曦抢他东西的时候,开始学会"反抗"。

至于湉湉,同样是妹妹很喜欢的"他者"。说来奇怪,她不大喜欢三姨妈抱,却很喜欢湉湉抱,而且,她很喜欢和湉湉玩,或者说很享受湉湉对她的照顾。

当然,"他者"其实是相互的。就好像曦曦是兄妹俩的"他者",而兄妹俩同样成为她的"他者"(特别是哥哥,是曦曦最喜欢的"他者",我们常常开玩笑说,她对恩之的迷恋,已经超过了乐之对哥哥的迷恋)。在我们家的这段经历,给她带来的变化其实比她们带给兄妹俩的变化更大,用姨妈的话说,这段时间下来,曦曦路走得很稳了(因为我们家客厅很大,特别是很长,这头走到那头将近有20米,可以让她很尽兴地走来走去),会说的话也多了很多(这自然是因为一下多了这么多人,而且是特别爱说话的一家人天天在她面前说话的缘故)。

总的来看,浠浠可以陪恩之玩,但在语言上却给不了恩之什么帮助,因为从她写的作文来看,简直连流水账都算不上。用恩之妈妈的评价说,还不如恩之的故事讲得好。

仔细想来确实如此,恩之现在张口就能编出一个完整的故事,而且词语很丰富——就好像今天中午他睡觉时给我讲的故事:

"宝宝正在睡觉,突然发现家里的面包不见了,到底是谁干的呢?宝宝连忙起床调查下,结果发现不是阿姨家的小朋友干的。然后发现家里的窗户开着,原来是外面的野猫干的。然后宝宝就把野猫赶跑了,然后宝宝就继续睡觉……"

由此我发现"依恋育儿法"对孩子在当下产生的第二个价值及产生价值所需要的条件:

前面提到,"依恋育儿法"对孩子的成长具有的第一个价值是对孩子观察能力的提升。获得这一能力的基础在于多抱孩子,其中的关键是"追随孩子的眼光",以不破坏孩子观察的完整性。

现在我发现,"依恋育儿法"对孩子成长的第二个价值是对孩子表达能力的提升,获得这一能力的基础在于多与孩子对话,当然这也与养育者的文化水平有关。由此,我才建议由一般来说文化更高的父母(而不是老人甚至保姆)来抚养孩子,并在这个过程中注意经常与孩子对话。

事实上,有研究者对于美国三种不同类型家庭中的孩子所掌握的词汇量做了跟踪调查,结果显示在福利家庭(享受政府资助)、工薪阶层家庭和受过大学教育的父母家庭中生活的孩子,在18个月以前所掌握的词汇量没有差异,但是从18个月起,分化开始出现。

而等到这些孩子36个月时,福利家庭的孩子掌握的词汇量大约在300—400左右,工薪家庭孩子的词汇量在500—600之间,受过大学教育的父母家庭中的孩子所掌握的词汇量已经达到1000—1200。

由此,研究者得出结论,孩子词汇量悬殊如此之大的原因与生命早期家庭中是否具有丰富的语言环境有关,或者说与家庭中的早期语言输入、语言交流密不可分。

在我看来,这个调查其实还有两个细化的值得讨论的内容:

第一,就是"依恋育儿法"所倡导的"抱"这种方式,它是最好的"观察培养方式",也是最好的"语言输入方式"。我之所以提倡要多抱孩子,正是因为只有通过这样的方式,你才可以与孩子有更多的对话——边抱着孩子观察,边就孩子所观察的内容与孩子展开对话。

试想一下,如果是推个婴儿车,孩子在前面坐着,你在后面走着,孩子在观察什么你都不知道,自然谈不上以孩子为主体做观察,更谈不上就孩子所观察的内容展开对话了。如果说"依恋育儿法"可以提高观察能力和表达能力的话,一定是与"抱"密切相关的,前者是在抱中让孩子观察,后者是在抱中与孩子对话。所以,我算得上是"反婴儿车主义者"。我们家虽然有一个很大、很贵的婴儿车,哥哥坐的次数并不多,至于妹妹,是一次也没坐过。

第二,哪怕父母都是高学历的人群,由于性别不同及背后的语言方式不同,带给孩子的词汇体系也截然不同。这一点我在今天有了深刻的感悟,当妈妈听我说恩之最近很会讲故事以后,让恩之给她讲个故事,然后恩之就像前面一样,用了很多"然后、然后……"给妈妈讲了一个很连贯但不华丽的故事。当妈妈问他为什么要这样讲时,他说"爸爸就是这样讲的"。

于是,妈妈建议我以后给恩之讲睡前故事的时候,尽量多用形容词,尽可能多使用夸张和比喻,让语言变得更生动、形象、好玩。

这让我突然思考到我给恩之讲故事(语言输入)的方式确实有很大的问题。作为数学系毕业的我,偏重逻辑性或者说是线性思维。每次睡觉前我给恩之讲故事,都是用"突然、然后、继续、终于"这样的连词,给恩之讲一个个情节连贯却平铺直叙的直线型故事。

而作为中文系毕业和语文老师出身的妈妈,具备的是非线性思维,她给恩之讲故事，就好像是写作文，语言华美、形容词很多、画面感很强，更多的是构造一个场景空间，算是空间型叙事。

这两种语言输入方式，都会让恩之积累很大的词汇量，特别是名词的词汇量。区别在于，在我这样的直线型叙事中，输入更多的是连词，而在妈妈的空间型故事中，输入更多的是形容词。

恩之一直是我抱也由我陪睡觉，所以今天的恩之虽然词汇量很大，但其实是名词和连词的词汇量大，形容词掌握得并不多。我认识到这一点后，决定以后给恩之讲故事的时候，采用更多的形容词，而抱妹妹观察的时候，更注重直线型和空间型的观察叙事同时展开。

这样的一番比较，让我有了一个反思，但换个角度，也更让我认识到父亲抱孩子的价值。因为如果是妈妈带孩子，哪怕是像恩之妈妈这样学中文的妈妈，给孩子讲的故事也必然是各种空间型故事，而对孩子的全面成长来说，一定同时还需要爸爸以男性特有的逻辑思维给他们展开直线型叙事，以培养孩子在连词方面的词汇量以及逻辑思维能力。特别是在逻辑教育被当前的教育体系忽视的背景下，这样的逻辑叙事（也可以算是逻辑教育）就显得更为宝贵与重要。

2月4日　孩子是成人之父

今天恩之吃饭又不是很乖，我追着他喂他吃饭搞了很久，但由于有了前面的反思，我现在心态已经平和了很多。而且，每当他吃饭不乖时，我都会说句自嘲的口头禅——这是报应。

我上次打电话给爷爷说起恩之吃饭不乖的事情，爷爷回忆说我小时候吃饭也不乖得很，喂我吃顿饭要走过一条街，而且常常是敲一下暖水瓶才吃一口饭，喂我吃饭都敲坏了几个暖水瓶。

有了这样的认知，再遇到恩之吃饭不乖的时候，我心情就已平和了很多。我知道，我今天的喂恩之，正如同在喂小时候的自己。

卢梭有"一个漫步者的沉思",我甚至有了一番"喂饭者的沉思"。我突然想到,蒙台梭利讲"孩子是成人之师,孩子是成人之父",是作为同一个意思在讲,但其实两者有完全不同的含义,也正好对应着我所说的"依恋育儿法"的两大意义。

"孩子是成人之师",包含着两个方面的含义。一是从孩子那里,从童言、童行、童心中感受自然本性和爱的真谛;二是在照顾孩子的过程中,发现自己的性格缺点乃至人性弱点,从而让自己无论是为人处事、工作生活都有进一步的提升,是从我们这个个体出发,"为今天文化问题的解决做一努力"。

恩之、乐之才是我的老师,而我照顾恩之的这3年,就好比是在恩之这里读了个"博士"。妹妹正好比哥哥小两岁,她到3岁还有两年的时间,相当于我在妹妹这里还要读一个"博士后",而且读这样的"博士"和"博士后",可比全世界其他所有的博士和博士后更有价值,因为这样的学习和提升更为全面与彻底。

"孩子是成人之父",同样包含着两个方面的含义。一方面每个成人都是从孩子成长而来,我们对今天的孩子用心关照,是为了将来成人后的他们活得更好,这就是"为未来社会问题的解决做一准备"。

另一方面,每个成人都是从孩子而来,而我们已经无法知道自己小时候的样子,感谢孩子的降临,借由遗传基因的强大作用,让我们从今天孩子的身上看到过去的自己。

我从恩之身上才知道我也吃饭不乖、有脑瘫倾向、性情急躁、胆小懦弱。孩子这面镜子,照出了更多真正的被我所不知(所忘记、所不愿承认)的自己。

"孩子是成人之师",是让我们发现自己的不足,发现自己现在的性格弱点乃至人性缺点;"孩子是成人之父",是让我们照见真正的自己,发现自己一直没有注意到的性格特点乃至人性本质。

这是何等的机缘,在我们已经成人,变得越来越自以为是、刚愎自用的时候,上天给我们送来这样亦父、亦师的孩子,让我们得以重回起点、重新成长。

我突然想起在眉山三苏祠的正殿悬挂的那个匾额,上面写着"是父是子"四个大字。这四个字的原意是"这样的父亲这样的儿子",因为苏洵、苏轼、苏辙三父子应该算是中国文化史上最伟大的父子了。这样的父亲和这样的儿子依旧是在传统的中国文化深层结构中的父与子,也就是说,父就是父,子就是子,父子之间的纲常关系是不能乱的。

而正如我在这本笔记一开篇所讲,我通过这样的育儿过程,致力于在中国的杀子、西方的弑父之外,探索第三种父子关系。现在看来,不同于弑父、弑子的这种新的父子关系,正是"是父是子"——这里的"是父是子"就是要认识到孩子既是儿子也是父亲,在孩子身上是"父"和"子"的统一。这样的认识论,正是解决中国传统的父子关系难题,乃至中国文化的深层结构问题的关键。

这也正是蒙台梭利所谓"孩子是成人之父"这句话真正的含义与价值所在。她在《童年的秘密》这本书正式提出这句话,并这样阐释道:

"要解除成人与儿童间的冲突,就必须根除成人心中的偏见,使成人对儿童采取一种新的态度,认识到'儿童是成人之父'。"

事实上,无论是杀子还是弑父,父与子之间都是冲突或者说对立的关系。而如果认识到,父与子的对立其实在某个层面可以统一,也就是说,儿童其实"是父是子",这样一种冲突就不会存在。

而从这样的认识论出发,或者说,如果我们能掌握这样的认识论,社会上很多二元对立的冲突也将不会存在,很多二元对立的文化问题也将迎刃而解!

2月23日　自我中心的误区

妹妹今天突然走路走得很好,我和妈妈一致同意,从今天开始,可以正式宣布"妹妹会走路了"。

其实她前段时间就可以走,但都是颤颤巍巍,走个几步就会摔倒。但今天她一旦自己站好,开始启动走路程序,就可以连续走个几十步,而且速度很快,中间还可以急停、转弯、掉头——这意味着,从今天开始,地球已经阻挡不住妹妹前进的步伐了!

更有意思的是,她在给我们做走路的表演中,还顺便表演了一下她突然掌握的新技能——躲猫猫。

晚上我和哥哥、妹妹三人一起躲猫猫,以前都是我抱着妹妹让哥哥找我们,或者我们找哥哥,估计她在这个过程中,一直在观察何谓躲猫猫和当如何躲猫猫。所以,今天我给她说,妹妹你去躲猫猫,爸爸和哥哥找你。她就踩着妈妈给她新买的会发声的小皮鞋,一个人从我和哥哥的房间,咯吱咯吱地走到她和妈妈的房间,而且是直接走到窗户那边,然后把头埋在窗帘那里,把背对着我们,很开心地等着我们去找她。

这个姿势把我和妈妈笑得不行,因为这个姿势和哥哥一模一样。哥哥很长一段时间躲猫猫也是这么躲,一边把头埋起来(或者对着一棵树、一朵花),一边背对着我们,站在那里一动不动——他认为这就叫躲猫猫,这就是"躲好了"。

事实上,哥哥、妹妹这种躲猫猫的姿势和全世界的小朋友是一样的。就像妈妈说,动画片《海贼王》的作者一定很了解小孩子,那里有个叫乔巴的小孩,每次躲猫猫也是这样。

这正是生命的奇妙之处,妹妹的躲猫猫、躺地上,都与哥哥一样,也一定与全世界其他的小朋友一样。

我上网研究了下,发现国外还有人为此专门做过实验,并发现了很重要的一个事实(英国《每日邮报》对此有专题报道):

孩子在捉迷藏的时候往往只藏脸,这种在大人看来无效的捉迷藏方式一直被作为证明孩子自我中心心态的证据。传统的心理学观点认为,这表示孩子无法跳脱出自己的视角,错误地认为别人看待世界的方式与自己一样。

但认知发展心理的研究已经开始怀疑这个儿童唯我主义的概念了。为此,美国南加州大学的心理学家,邀请年龄在2—4岁的儿童,进入他们的意识发展实验室做了一次实验。结果表明,孩子不擅长捉迷藏的这种现象与传说中的自我中心恰恰相反。

这个实验是让每个小孩都与一名成年人坐在一起,然后研究人员让成年人分别用手盖住自己的眼睛、耳朵和嘴,接着问孩子们他们是否能看到、听到成年人或与其交谈。令人惊讶的是,孩子们都表示不能。

怎么会这样?心理学家认为,在小孩子看来,沟通必须是双向的,要想看到另一个人,双方必须有目光交流,即"只有你看到我,我才能看到你",反之亦然。在听和说时也是如此。

这就是为什么会出现捉迷藏只藏脸这一可笑又可爱的场面。他们认为看见是一个双向性的过程,除非两者进行眼神接触否则是无法看到对方的。和自我中心主义相反,孩子们这样做恰恰是在表达相互认可和尊重,或者说孩子们恰恰是通过这样的互动,来表明他们并不以自我为中心。

研究人员因此得出结论:

学龄前儿童捉迷藏的方式以及实验中他们的答案表明,只有交流双方都发出信息时他们才会找到彼此间的联系。不仅是从你到我也是从我到你,这样的交流才是平等的。

孩子们期望并且努力创造出与他人互动的条件。他们期望遇到能够回报他们的目光的人,遇到不仅能够倾听还能够倾诉,不仅能够诉说还能够回应的人。

从这些方面看来,幼儿理解以及对待他人的方式并不是所谓的以自我为中心,相反他们坚持互相尊重。这是十分成熟的,并且可以让人受到启发的。成年人在遇到感知或者与他人互动的问题时或许可以以这些儿童为榜样,因为他们似乎十分清楚地明白人与人交往的本质。

看来,哪怕和孩子一起躲猫猫也是在接受孩子的教育。

3月5日　潮汕行,文化的神奇

第一站惠州,第二站泉州,第三站福州,恩之人生之旅的第四站(乐之人生之旅的第三站)我们选择了潮州和汕头。2月27日到3月5日,我们完成了七天的潮汕之旅。

在哥哥、妹妹这么小的时候,我们就带他们到处去旅游,特别是去这些有文化的地方旅游,是因为我们相信,正如蒙台梭利所讲,"孩子是有吸收力的心灵"。作为父母,我们只管也只能是去创造更好的环境、更新的环境,而他们自然会从这样的环境中去吸收东西——至于是什么东西,我们并不知道,甚至他们长大后可能也不会记得,但一定会有东西进入他们的心灵。

对妹妹来说,这次旅行的价值还在于,这是她学会走路后的人生第一次旅行,我们也因此让她的脚踏上了潮州的牌坊街,踏上了潮州的广济桥,踏上了潮州的古城墙,踏上了潮州的西湖,踏上了汕头的观海长廊,踏上了汕头的小公园,踏上了汕头的石炮台公园和华侨公园。

她还在潮州牌坊街司徒世家里面的空地上玩耍,在潮州镇记老尾牛杂的灶台前驻足,在汕头嘉和海景酒店的大堂搭积木。

她甚至因为在汕头中山路逛童装店的时候被猫抓伤,被我们带到汕头疾控中心去打了狂犬病疫苗,又由于疫苗反应在晚上发起了高烧,但好在第二天即退去(狂犬病疫苗现在采用2-1-1疗法,第一次要打两针,打完后往往反应都比较大)。这正是旅行乃至人生的意义所在,你永远不知道下一步会遇到什么,但每一步都是一种独特的经历。

至于哥哥,这次潮汕行,他再次展现出他在文化上的非凡之处。在去潮州广济桥旅行的路上,我们无意间看到那里有个饶宗颐学术馆,带孩子进去逛的时候,才发现饶宗颐原来就是当地人。而他能成为今天的一代大师,确实有家学渊源:其父饶锷本身就是一个大学者,更重要的是,饶锷在家中兴建了藏书近10万卷的"粤东第一藏书楼"天啸楼,购置了《古今图书集成》《四部备要》《丛书集成》等大量典籍——饶宗颐先生在这样的环境下长大,焉能不学富五车、才高八斗?!

我和妈妈越是在展馆了解饶先生的学术贡献,越是下决心家中还要不断添置各种藏书。我们相信,只有让孩子在这样的环境下长大,他们的心灵才会吸收到人类文明最丰富和灿烂的成果。参观中,我向展馆的工作人员打听到,天啸楼这个饶先生故居离这里并不远,于是趁妈妈在这里给妹妹哺乳的时候,我决定带哥哥过去看一下。

地方是很快找到了，但发现确实如工作人员所说，这里正在装修而且大门紧闭。好在我突然发现门上的把手居然是可以旋开的，于是径直带着儿子进入。很奇怪的是，我们进去后，来来回回碰到不少在这里装修的工作人员，但没有一个人问我们是干吗的，为什么来这里，似乎他们心中也觉得我们父子俩就是应该来这里的，任由我们父子俩在这里晃荡。

在网上关于潮州的游记（攻略）中，几乎没有任何关于天啸楼的介绍。但在我看来，我和儿子的这趟天啸楼之行才是真正的文化之旅，儿子甚至可能是这么多年来去这个藏书楼参观的第一个孩子，而他也可能因此从中吸收到真正的"文化"——在随后我们去广济桥的时候，他就再一次用"文化"震惊了我们！

广济桥作为中国四大名桥之一（还有一座桥是泉州的洛阳桥，兄妹俩这么小就已经去了四大名桥中的两座，想来也挺让我自豪），其最大的特点是在石桥的中间有一段浮桥。

恩之一路欢快地跑过这段浮桥后，突然冒出一句话，"我管这座桥叫十八步桥"。他话音一落，我抬头就看到桥头的石壁上写着，"浮桥形成了十八艘船廿四洲的格局"——原来这座浮桥确实是由十八艘船构成。

这个"十八"的概念我在恩之说完后才看到，之前自然不可能从我嘴里冒出。我和妈妈在前面交流时，翻来覆去也只是说个"广济桥"。而他到现在其实还是个不识数的孩子，只能搞得懂3以内的数字的含义，超过3以后他就数不清了。比如给他4个草莓，你问他是几个，他要么就是5、8之类乱说一通，要么就告诉你"好多"，乱说也最多乱说到8，从来没有说出过18这个数字。却不知道怎么在这里，跑完这段桥后，就突然冒出句"我管这座桥叫十八步桥"，这让我不得不惊叹孩子的神奇，惊叹神奇的孩子在吸收了神奇的文化后的"不同寻常"！

3月22日　租房记,社区的真正含义

厦门的气候不是很好,夏天太热,冬天也不暖和,特别是湿度太大,造成两个孩子鼻炎不断。经反复讨论,作为气候难民的我们,最终决定带着孩子搬离厦门去四季如春的昆明生活。

为此,从3月13日到3月21日,我们带着孩子飞赴昆明,一方面先选择个昆明的住址,另一方面也看看兄妹俩是否能适应昆明的气候、环境等。

幸运的是,他们很适应昆明的生活。哥哥无论去哪里旅游,玩不了两天都会说"我想要回家",但在昆明这么多天,他一次都没有说过,最多就是在外面玩累了,说我想要回酒店。我们想,或许是因为我们这次在酒店住了个套房,房间里有一个客厅和一个露台,可以作为他和妹妹充分活动的空间。

其实房间面积并不大,但多了这样一个空间,就让他觉得玩得很惬意,不想家,甚至把酒店当家。所以,我们在租房的时候,就到处寻找有露台或花园的地方,最终租下一个有20平方米左右的露台的房子,哥哥、妹妹都很满意。我们反复问哥哥,哥哥都表示愿意搬家到昆明,让我们一直悬着的担心他不愿意搬家的心终于放下了。

不过,我们对这个房子所在的社区却实在是不满意,或者说,我们在昆明实在没有找到一个让我们满意的社区。

首先,由于我们不会开车,加上孩子面临的教育、医疗等问题,我们最终选择在昆明的呈贡新区的核心区居住,因为那里在方圆3公里之内,提供了足够的符合我们要求的生活方式密度——在我们散步可达的范围内,有云南大学附属医院这个三甲医院,有洛龙湖公园、春城公园等几个公园,有一个很大的商场,有几个看上去不错的幼儿园。

但是,在这个区域内,我们却看不到一个让我们心仪的社区。最重要的原因就是在这一带的住宅小区里,专门从孩子角度出发、为孩子设计的活动空间实在太少。

我们最终选择居住的这个小区,是这里最大的小区,居然连一个滑滑梯都没有——我们最终选择它的原因,仅仅是因为那里有一个很大的平台,可以让孩子在那里奔跑。

现在很多房地产商都认识到自己不仅是在建造住宅而且是在建设社区,并把新的业务增长点放在社区服务、社群经济的打造上。却不知道社区这个1933年由费孝通等几位燕京大学社会学系学生在系统介绍和引入西方社会学经典著作时所翻译的概念,其实与社群、共同体是同一个概念,对应的是英文"communnity"。

而要把社区真正打造成社群和共同体,最为重要的其实应该是发挥孩子的作用,因为孩子是人们温情和怜爱的汇聚之点,天然地具有团结的力量,也就是促成真正的社区形成的力量。

上面这些观点全部来自意大利儿童教育家蒙台梭利。她在《有吸收力的心灵》一书中写道:

"不管人们属于何种政治或宗教团体,他们都会十分亲近和热爱儿童。儿童促成团结的力量就是以这种爱为基础的。成年人则有着强烈而又疯狂的信仰,并以此为基础形成各种各样的团体。当他们在一起讨论某个问题时,可能会因为观点不同最后导致互相殴打。但是,人们对待儿童的情感却都是相同的。很少有人认识到儿童的这一巨大作用。"

事实上,今天中国的房地产商们几乎都没有认识到这一巨大作用,没有认识到应该在社区营造更多的让孩子活动的公共空间,组织更多的让孩子参与的集体活动。这样的具备孩子性的空间和活动设计,让孩子们凝聚在一起,也让带着孩子的大人得以凝聚在一起,并最终让现在那种老死不相往来的城市社区,真正变成一个温情的团结的共同体。

这种团结的共同体最大的作用就是去对抗孤独这种时代的疾病。因为现代社会很大的一个问题,就是在它高举自由的大旗,让人获得独立的同时,也让人变得孤独。在德国精神分析和社会理论家埃里希·弗罗姆的名著《逃避自由》中就描述了这样的现代性困境:

"由于每一个人都成为一个潜在的竞争者,人与他人的关系变成敌对的和疏远的;他自由了,但这也就表示,他是孤独的、隔离的,受到来自各方面的威胁。天堂永远地失去了,个人孤独地面对着这个世界——像一个陌生人投入一个无边际而危险的世界。新的自由带来不安、无权力、怀疑、孤独及焦虑的感觉。如果个人想要成功地发生作用,就必须缓和这些感觉。"

然而,人之所以为人,或者说人与动物的根本区别,首先就在于他的社会性。爱因斯坦在《社会和个人》一文中写到,"我们应当承认,我们胜过野兽的主要优点就在于我们生活在人类社会之中","个人之所以成为个人,以及他的生存之所以有意义,与其说是靠着他个人的力量,不如说是由于他是伟大人类社会的一个成员,从生到死,社会都支配着他的物质生活和精神生活"。

马克思同样说:"人的本质不是单个人所固有的抽象物,在其现实性上,它是一切社会关系的总和。"马克思还有这样一句名言,"我们越往前追溯历史,个人就越表现为不独立,从属于一个较大的整体"。

在历史上,这个所谓"较大的整体"就是社群或者共同体。过去的人,都是生活在某个社群之中的,比如宗族、部落或者村庄,并通过这个社群,与社会联系起来,也因此找到自己在社会中的存在感。所以,所谓人的社会性,核心就是人的社群性,人必须在社会中生活,核心就是人必须在某个社群中生活。

俞可平在《社群主义》一书中,提到社群这个概念根本上来源于亚里士多德,因为亚里士多德在其名著《政治学》的开篇就指出,"人天生就是政治动物,他具有合群的本性。正如每一种事物生长的目的就是展示其本性,人类发展到一定程度就必然要显示其合群的本性,组成社群"。

他还提到,"在西方政治思想史上,第一次系统地对社群做出论述的是德国思想家费丁南德·滕尼斯(Ferdinand Tonnies),他于1887年发表了《社群与社团》"。值得说明的是,梯尼斯现在一般译为"滕尼斯",而俞可平提到的《社群与社团》一书,最终被翻译成《共同体与社会》在中国出版,而费孝通先生正是把这里的"共同体"翻译成"社区"。可见,社区、社群、共同体其实是同一个概念。

滕尼斯在该书中指出:"社群是基于自然意志,如情感、习惯、记忆等,以及基于血缘、地缘和心态而形成的一种社会有机体,包括家庭、邻里、村落和城镇。这些组织的功能,犹如生命有机体,其中的每个人各拥有自己的成员资格,并扮演不同的角色,在这些社群中寻找各自的归属感。"

所以,社群或者共同体的价值,就在于它是一个能给我们归属感的地方。共同体是一个温馨的地方,一个温暖而又舒适的场所。在共同体中,我们彼此了解,也相互依靠。如果我无助了,其他人会向我伸出援手;如果我跌倒了,其他人会来把我搀扶;如果我悲伤了,其他人会愿意倾听我的悲伤,而我也愿意向他们倾诉悲伤。

然而,现代性在砸碎传统,让"一切坚固的化为云烟,一切神圣的全被亵渎"之时,也让共同体成为人们远去的记忆,成为我们失落的天堂。也正是因为失去了与某个社群的联系,现代人找不到归属感;在寂寞、痛苦之时,他们更找不到可以倾诉和分担的对象。于是,他们感到了孤独,一种深入骨髓的孤独。

正如英国利物浦大学心理学教授罗宾·邓巴的观点,"缺乏社会接触和社群意识,可能是当今这个新千禧年最迫切的社会问题"。相应地,与他人重新建立联系,乃至重新回到某个共同体之中,正是治疗"孤独"这个现代社会的痼疾最为有效的方法。

今天的中国,很多房地产企业都号称是在做社区地产,宣称要做社群经济,但恐怕没有几个真正搞懂了社区(社群)这个概念的含义。他们没有认识到,社区营造的标准是要把物理社区变成一个精神的共同体,社区营造的目的是要去对抗孤独这种现代性的顽疾,社区营造的手段是通过对孩子性的强调,以孩子为纽带,去把社区真正变成社群,变成共同体!

4月11日　慢慢走,缓缓归

妹妹会走路了,现在我每天陪她出门去散步都会想起台湾作家张文亮那首著名的诗《牵一只蜗牛去散步》,刚开始作者以为:"上帝给我一个任务,叫我牵一只蜗牛去散步。我不能走太快,蜗牛已经尽力爬,为何每次总是那么一点点?"

后来作者发现,通过陪孩子散步的过程,"我听到鸟叫,我听到虫鸣。我看到满天的星斗多亮丽!咦?我以前怎么没有这般细腻的体会?我忽然想起来了,莫非我错了?是上帝叫一只蜗牛牵我去散步"。

我很清楚,其实不是我牵妹妹去散步,而是妹妹牵我去散步。这也不是上帝给我的任务,而是上帝给我的光荣,让我得以在陪妹妹慢慢行走的过程中,慢慢发现生活的美好,也慢慢享受生活的美好。

这个过程与我当初抱妹妹散步的过程略有不同。妹妹现在对自己的身体拥有了完全的自主权,她真正成为自己的脚的主人,可以根据自己的观察(价值判断)展开自由的行动,可以在任意一个自己觉得有价值的地方驻足,并任意展开她独特的观察。

而作为妹妹整个观察的"协助者"的我,比抱着她做观察时要轻松得多。我只需要在一边,安静地陪伴和观察,既观察妹妹,也观察妹妹之观察。唯一需要做的,就是在妹妹可能遇到危险的时候施以援手,或者在妹妹摔倒时将她扶起即可。

在我看来,妹妹会走路或者说具有自由行动的能力以后,与哥哥的关系发生了质的变化——她对哥哥的正面促进的意义和价值开始体现出来,或者说哥哥在前期为妹妹所做的"牺牲"开始收到"巨大"的回报。

我们一直觉得,哥哥为妹妹的到来做了很大的牺牲,妈妈常常感叹都还没有抱够哥哥就有了妹妹,只好把主要时间放在抱妹妹上。而我则常常感叹,哥哥被我凶甚至被我打,90%的原因都是因为他在"欺负"妹妹(虽然用他的话说,"我只是在逗妹妹玩"),我全然不顾他其实只是个3岁的孩子,本来应该完全生活在父母的宠爱之中。

而现在,妹妹真正成了哥哥的玩伴,能在外面陪哥哥一起挖沙、一起采花、一起滑滑梯,在家里也可以和哥哥玩捉迷藏,甚至去追哥哥,弄得家里鸡飞狗跳。看着哥哥每天被妹妹逗得哈哈大笑,总是说"老妹实在太搞笑了",我们就感叹这样的快乐是我们所无法给予哥哥的。

我抱着她时,最喜欢逗她"哥哥呢?",她就会开心地到处找哥哥。找到后就用她那脆生生的声音,指着哥哥的方向"这""那"。而我们给她好吃的东西的时候,比如一块苹果、一片萝卜,她一定是自己不吃,先去找到正在看电视或者玩耍的哥哥,喂给哥哥吃,然后自己再吃……

现在两个小朋友可以结伴安静地玩耍好半天了,我们两个大人也感觉轻松了很多。

考虑到马上就要离开厦门,4月8日到10日,我们一家人到鼓浪屿去做了一次告别游。不过,这次和过去带兄妹俩所做的任何一次旅游都不同,不需要赶时间,也不需要打卡般完成任务似的追景点。我们就只是想在离开厦门前去鼓浪屿上悠闲地小住几天,尽情地感受一下她的美好,并希望这种美好能留在孩子们的记忆里——虽然家近在咫尺,完全可以不用住在岛上。

3天的时间,除了爬了一次日光岩(用恩之的话说是"征服")以外,主要时间就是让兄妹俩挖沙——除了睡觉吃饭外,他们真的就是在日光岩下的沙滩上疯玩了3天,每天天黑都还舍不得回酒店。

孩子的成长有的时候是惊人的。3天的时间,妹妹从一开始的恐惧,到第二天在边上捣乱,到第三天自己在那里挖沙——这样的成就与我们无关,必须归功于大海。

大海激发妹妹的勇气,也释放哥哥的天性。哥哥的性格相对保守,去海边挖沙,先是不愿意脱鞋,后是不愿意脱袜,好不容易光脚走上沙滩,也是走得扭扭捏捏,但3天下来就挖得乐不思归,外面长裤搞湿了,穿条小内裤继续疯玩。

夜幕降临,我们一家四口挖沙结束,全都赤脚缓缓走在返回宾馆的路上,两旁绿树成荫、繁花似锦,让我突然想起了"陌上花开缓缓归"的名句。

那是在五代十国时期,有个吴越国君叫钱镠,本是豪侠之人。有一年,爱妃返回临安老家省亲,钱镠在杭州料理政事,忽见西湖堤岸已是桃花似火柳如烟的景象,特意给其带去一封书信,"陌上花开,可缓缓归矣"。

清代学者王士禛在他的《渔洋诗话》中记载了这个故事,说:"五代时,吴越文物不及南唐、西蜀之盛,而武肃王寄妃诗云'陌上花开,可缓缓归矣',二语艳称千古。"又在《香祖笔记》中写道:"武肃王不知书,而寄夫人诗云'陌上花开,可缓缓归矣',不过数言,而资致无限!"

　　在这样一个追逐奔忙的时代,我们需要陪孩子慢慢走,也让一家人得以缓缓归,让我们的心灵在恬静的陌上花开中恬静如花。

昆明

◉

2017 年 5 月
—
2017 年 8 月

没有旗帜,
没有金银、彩绸,
但全世界的国王,
也不会比你富有。
你运载着一个天国,
运载着花和梦的气球,
所有纯美的童心,
都是你的港口。

——顾城

5月16日　入园困难

4月20日搬到昆明后,我们在附近的几家幼儿园之间反复比较,最终选择了我们住的小区里的一家幼儿园。一方面是因为幼儿园在小区里方便恩之上学,早上可以让他多睡一会;一方面是因为这家幼儿园算是当地口碑最好的幼儿园,年年政府对其的考核都是优秀。

5月4日是哥哥第一天正式上幼儿园的日子。这一天对哥哥来说是个大日子,用妈妈的话说,在他成长的路上,这是重要的一步,他从此背上了书包,而这个书包一旦背上就再也脱不下来。

这一天对我们全家来说也是个大日子,连妹妹在内,我们都一起早早起来,一起送哥哥去幼儿园。

这一天,我们大家都颇为伤感。对我来说,从今天开始,哥哥就基本不会再有和我一起睡午觉的可能了;对妈妈和妹妹来说,这是哥哥第一次离开她们这么久(我还有偶尔出差不在家的时候,而她们从来就没有离开过恩之)。

所以,不仅是妈妈伤感,连妹妹都明显感觉到今天与往常不同,我们依依不舍地告别哥哥后,妹妹就一路不停地叫着"哥哥、哥哥",她知道哥哥以后再也不能整天陪她一起玩了……

最为伤感的自然是哥哥。哥哥本来就最为敏感,他心里无疑知道上幼儿园对他来说意味着什么。

第一天他的情绪反应就很大,我们和他告别时他大哭不止;第二天反应更大,根本就不愿意去幼儿园,在家里一直哭闹着说,"上两天幼儿园就可以了"。

我本来以为,在依恋育儿法下长大的孩子,应该有足够的安全依附,可以很轻松地度过上幼儿园的分离焦虑。没想到恩之居然有这么大的情绪反应。

后来我想通了,恩之出现这样的情况,并不是因为所谓的没有安全感的分离焦虑,而是因为幼儿园对他来说,吸引力远远没有这个家大。他自然不愿意上幼儿园。

从幼儿园回来的路上，要爬一个长长的台阶，台阶的尽头就是我们现在的家。看着恩之放学回来背着书包、爬坡回家的背影，一方面感叹那个一年多前在惠州西湖沿着台阶一路爬向苏东坡塑像的儿子已然长大；另一方面也再次感叹，在恩之心目中，家始终就是某种文化或者说某种生活方式的代表，而幼儿园虽然是个文化机构，但如果里面的生活方式不能对他产生吸引力，那么现在这个轻轻的书包，就会给他带来重重的负担。

好在第三天就是周六，我们利用周六、周日这两天在家里给他进行上幼儿园的减压训练。其中一方面是降低家对他的吸引力，告诉他现在长大了，家里已经没什么好玩的，我也没有时间陪他玩了；另一方面就是给他讲各种故事、看各种有关幼儿园的绘本，让他知道幼儿园并没有那么可怕，是个很好玩的地方，希望能增强幼儿园生活对他的吸引力。

这样到了周一（8号）上幼儿园的时候，感觉他好了很多，送他上学的时候倒是不再哭闹，但是放学回家却总还是要念叨。8号这天念叨的是，"上三天幼儿园就可以了"，9号回来就老说，"上四天幼儿园就可以了"。我就在心里想，"你这小子还不会数到5，明天应该就无法念叨了吧?!"

没想到10号那天回来，他念叨的内容变成了，"就上今天这一次幼儿园就可以了"；11号早上起来更是不愿意上幼儿园，在家里反复哭闹着喊道，"就上昨天那一次幼儿园就可以了"。

我彻底黔驴技穷，只好换妈妈上阵，晚上由妈妈陪他睡觉，早上由妈妈送他上学。妈妈充分发挥她中学语文老师善于编故事和女性循循善诱的优势，告诉恩之说，他心里有个爱哭的小怪兽，他每天上幼儿园都是去打败这个小怪兽。只要这天能打败怪兽，回家我们就给他奖励。

到了今天，我终于可以放心地写下这篇笔记，宣布恩之打败了这个小怪兽，因为无论是早上上学还是晚上放学，他都没有再哭，回家也没有再哭闹。不知道恩之是真的喜欢上了幼儿园的生活呢，还是仅仅是学会了控制自己的情绪，甚至仅仅是知道哭闹也没有用，干脆就放弃了反抗？

5月23日　情绪爆发

看来我前面的预测还是过于乐观。今天早上是我送恩之去上学，临别时他再次痛哭起来，死死抱着我，不让我走。我强行告别他走出教室后，又走到教室的墙外去听动静，发现他一直在歇斯底里地叫喊要爸爸，弄得我在外面心酸不已。

所幸在老师的安抚下，他总算是慢慢平静下来。上午和下午，我实在忍不住，又悄悄溜过去，在窗外偷偷看了几次。他倒是没有再哭，安安静静地坐在那里。

下午接他放学，老师还夸他进步很大。说上厕所已经会自己脱裤子穿裤子，会自己吃饭，会自己睡觉。

心里甚是欣慰，心想小子你进步神速嘛！可是静下来又有些莫名心酸和感慨。还未完全准备好的孩子就这样被我们成人推着揉着在往前走，人生或许也就是这个样子吧！

然而，放学路上恩之又反复唠叨说他明天不想上幼儿园。我还以为他只是说说，没想到在晚上逛完商场回家的路上他就爆发了，"我要回厦门，我要回厦门！"一直停不下来，一次又一次地哭着喊着说要回厦门。

我和妈妈都开导他说，"厦门只有空房子了，所有东西都搬到昆明了，没有地方睡觉了"，结果还是"我要回厦门，我要回厦门！"。我只好说："好吧、好吧，明天就买机票回厦门。"可就是这样，他还是止不住地哭。

面对这个已经情绪崩溃的孩子，我和妈妈都感觉到黔驴技穷。其实我们都清楚，他只是不想去幼儿园，他单纯地认为回厦门就不用去幼儿园了。可怜的孩子，看来真的是不喜欢幼儿园生活。可是，我们也实在没有办法，因为这一关，他是必须得过，毕竟离上小学还有三年的时间呢，总不能一直在家里待着吧？

原本理想的做法是我们两个大人应该无限度无条件地理解孩子的这种情

绪宣泄，让他尽情吐露爆发出来，可是我们俩都没有做到。

妈妈因为要照顾妹妹，只是简单敷衍他，而我从一开始的安抚到完全失去耐心。最后实在是非常遗憾，我们俩一起粗暴地制止了他的哭闹，从简单地训他"可不可以不哭了！"，到粗暴地吓唬，"不要再说回厦门了，再说把你抱出去！"。

可怜的恩之，他还那么小，最后只得屈服于我们的淫威，从小声哭到后面完全是被吓得噤声。最后，因为哭闹了整整一晚，实在是累坏了，就直接倒在床上睡着了。

这个时候，我也终于冷静，看着恩之那双哭肿的眼睛和那张哭红的小脸，自责不已。

仔细想来，整个过程中，我们希望恩之能控制情绪，可最终我们自己都没有控制住情绪。或者说，我这个 40 多岁的人都不能控制自己的情绪，却去要求一个还不满 4 岁的孩子控制情绪，这实在是有点滑稽，也让我实在是有点惭愧。

但是问题在于，即使我们能充分理解他的情绪爆发，并给他以充分的温柔安抚，造成他情绪爆发的这个幼儿园问题不解决，他也可能很快又会再次出现同样的情绪爆发。

自责不已的我，其实更苦恼不已，我实在不知道该如何防止他再次情绪爆发。

5月30日　如何选择童书

马上就要到六一儿童节了，妈妈给哥哥、妹妹买了很多童书，作为送给他们的儿童节礼物。

每个家庭都会给孩子买童书，这看上去是个很简单的行为，但在我看来，这里面其实并不简单，对家长是很大的挑战。或者说，给孩子选择的童书很大程度上反映出家长本身的文化水平，也反映出家长对幼儿教育的理解。

事实上，恩之在珠海的时候，我们买给他的很多书，现在看来质量都很差。

最近买的童书质量就好了很多，这其实也反映出我们对孩子的理解，对父母角色的理解乃至自己的文化的不断提升。

就像妈妈这次买的书中，《青蛙弗洛格的成长故事》系列、《小兔汤姆成长的烦恼》系列、《可爱的鼠小弟》系列、《不一样的卡梅拉》系列、《小黑鱼》系列这些绘本，我觉得都是很不错的图书。他们很生活、不说教，却在进行真正的生活教育。

童书对孩子是极其重要的。耶鲁大学的文学教授哈罗德·布鲁姆写过一本《如何读，为什么读》的书，里面就讲到给孩子读书特别是读本好书的价值：

"用最冷酷实用的方法来说，阅读好书可以让他们长成对自己对他人而言都更有趣的人。只有通过变成一个对自己对他人而言都更有趣的人，一个人才能真正发展出独立和独特的自我。所以，一个孩子若要成为一个真正的个体，看电视、玩游戏、听摇滚，是办不到的。"

当然，我们不必要求每本童书都承载这么大的让孩子"成人"的意义，但我们在选择童书的时候，确实应该带有某种目的性，应该能清晰地回答出我之所以选择这本童书的理由，而不是为了给孩子买书而买书，甚至是为了应付孩子而买书。

就像我们最近为了解决恩之的幼儿园焦虑问题，买了好几本国外的有关幼儿园生活的绘本，包括《我爱幼儿园》《幼儿园我来啦》《幼儿园的一天》《怪怪园的怪老师》等。书的内容谈不上有多大的"教育意义"，但给恩之读这些书，确实让他对上幼儿园不那么排斥了。

童书的意义还在于，它的读者不仅是孩子，也是父母，读童书的过程其实同样是一次爱的双向教育。

三联曾经出版了一本书，叫作《关于人生，我所知道的一切都来自童书》，里面引用日本儿童文学家柳田邦男的话说，"人的一辈子有三次读童书的机会，第一次是自己是孩子的时候，第二次是自己抚养孩子的时候，第三次是生命即将落幕，面对衰老、疾苦、死亡的时候。我们都会出乎意料地从童书中读到许多可以称之为新发现的深刻意义"。

通过与孩子一起读书,父母获得了第二次阅读童书的机会(甚至是第一次阅读童书的机会),并有可能在这个过程中获得很多新的意义与新的发现。事实上,我在"爱的三次机会"中提到人一生有三次与爱获得连接的机会,这三次机会与我们阅读童书的三次机会完全一致,而其中最为重要的也正是这第二次机会,这是我们与孩子共同阅读童书的机会,也是让我们重新找到"爱"的机会。

就像我给恩之读《小兔汤姆成长的烦恼》中"受到惩罚"这个故事,讲的是汤姆在幼儿园因为调皮捣蛋被老师惩罚,放学回家时担心爸爸再惩罚他。但其实爸爸并没有这么做,仅仅是通过马路上汽车违规被惩罚的例子告诉他要有规则意识,与他分享自己小时候同样因为做错事被爷爷惩罚的例子来告诉他,每个孩子都是这样长大。

读完这个故事我感触良多,这样的教育其实就是对恩之这样大的孩子应该有的"正面管教",而我在这方面做得还很不够。

妈妈这次除了买了很多童书以外,还买了很多教我们如何跟孩子沟通的书,里面就包括《正面管教》和《如何说,孩子才会听;怎么听,孩子才肯说》这两本书,书中指出了今天父母在教育3岁以上的孩子时常常面临的很多问题,比如,认为"孩子只有先受到伤害才能更有收获",认定"若要让孩子做得更好,就要先要让他感觉更糟"(摘自《正面管教》),总之,就是把严厉和惩罚当作很管用的管教方式,却不知道"惩罚孩子,实际上剥夺了他从内心深处对自己错误行为的反省过程;不要把孩子看作麻烦的制造者,要把他们当作解决问题的积极参与者"(摘自《如何说,孩子才会听;怎么听,孩子才肯说》),只有这样,才"不是赢了孩子,而是赢得孩子"(摘自《正面管教》)。

这样的观点与汤姆爸爸的做法完全一致。所以,一本好的童书与一本好的育儿书,看上去读者不同、内容不同,其实有个共同的标准,那就是让父母能从中受到教育。

一本好的儿童教育的书,一定首先是一本教育父母的书。一本好的帮助儿童成长的书,一定首先是一本帮助父母成长的书。就像《遇见孩子,遇见更好的自己》这本书所写,"之所以成为父母,不是要我们去书写孩子的人生,而是为了净化我们的心灵,让我们彻头彻尾地改变自己。只有明白这一点,我们才有机会进步、长大、成熟"。

这正是我在这本笔记中所反复表达的观点。这本书给我刺激最大的是书中引用的一段话:

"亲子关系是世界上最高贵、最令人欣然为之付出的事物,地球上没有什么东西可以与之相比。此外,为人父母也比世界上任何一种角色更加矛盾,它让我们时而充满希望,时而又害怕希望,时而执拗地坚守自己的立场,时而又敞开心扉向他人求助。养儿育女令人全身心投入,充满激情,有些父母可以将美好的人性发挥得淋漓尽致,也可以表现得像个十恶不赦的魔鬼。"

哥哥上幼儿园后明显情绪不稳,动不动就哭,有时一天要哭十几次。首先是喜欢说反话,明明要的非说不要,你真不给他了,他又哭;变得很敏感,妹妹把他摆的玩具碰倒,他说是妹妹嫌弃他摆得丑,哭;他在那唱歌,妈妈在边上笑着夸奖,他说妈妈是在嘲笑他,哭;昨天陪妹妹去医院,想吃冰激凌,售货员只是笑着逗他说,"想吃冰激凌呀?可惜阿姨这里没有",他就在那里哭得稀里哗啦,甚至一路尖叫……

面对现在的恩之,我完全是应对乏术,基本就是先哄,哄不好就吼这两招,而当儿子因为不服我的管教与我大声对吼的时候,妈妈说她在边上看着都觉得我面目狰狞,像个魔鬼……

这里的原因主要在于我知识储备和心理准备的不足。我写作这本笔记之初,因为发现与0—3岁时期相关的儿童教育书籍的缺乏,把主要的精力和研究兴趣都放在这个年龄段上。

我本来的设想是3岁以后孩子的教育问题,就完全交给妈妈去实践和研究,反正市面上也有很多这方面的书籍乃至无数的微信公众号或者育儿论坛的文章可以参考。我当初认为,3岁以后的恩之,已经被我们送到了幼儿园,他的很多教育问题将由幼儿园去负责,我不需要再做太多的思考。

但是,没想到上了幼儿园之后的恩之,表现出的问题更多,也因此暴露出我的问题更多。通过这段时间陪他读童书和自己看书籍,我感觉自己又重新被教育了一次。

我参与孩子的读书、娱乐,似乎自己也长大了一次,因为小时候没有读童书的经历,这算是我人生第一次读童书。更重要的就是,通过这个阅读的过程,我发现自己性格中的很多弱点、缺点,重新认识到自己还有很多的教育知识需要学习,并试着重新调整和学习与这个阶段的恩之的交流方式。

看来,真的是人的一生都需要童书。就像我们需要在孩子成长的不同阶段为其购买不同的童书一样,我们也需要伴随孩子成长的不同阶段去购买不同的育儿书籍,并以此展开对自己的教育。

人的一生也都需要教育。孩子的教育是个终身的过程,因此展开的对父母的教育也是个终身的过程。唯其如此,我们才能培养出更加美好的亲子关系,也才能让自己在这个过程中不断长大,并最终遇到更加美好的自己!

6月9日　游戏的真正目的

我们当初到呈贡,最终选中现在租的这个房子,最大的原因是看中它外面有一个露台,这样小朋友可以在那里种花甚至养小动物,可以有他们自己的活动空间。

为了让孩子有更多的活动空间,虽然房东当时配了不少家具,我们都让他搬走,以租装修房的价钱租了个清水房,然后我们根据自己的要求,对空间进行了重新布置。

其中最大的创新是把客厅变成了书房,把我们的书架全部堆在了客厅。我们还买了个2.2米的大书桌放在中央,方便大人和孩子一起学习。然后,在客厅里放了一个大沙发和两个小沙发,方便孩子在上面学习和玩耍。

不过,孩子们最喜欢的是我们为他们设计的游戏房。

妈妈首先从网上买来跆拳道比赛专用的垫子,把地面铺得满满当当。它们五颜六色,让房间变得很明亮;加上有3厘米厚,孩子们光脚在上面走来走去都很柔软舒适。然后买来很多小书柜，放满给他们买的书和玩具，甚至把白白的墙壁也作为黑板，允许他们兄妹俩随便拿笔在墙上涂鸦。

通过这样的设计，孩子们更开心了，因为他们活动的空间比在厦门200平方米的"豪宅"更多。特别是这个游戏房，兄妹俩都极其喜欢，连露台都几乎不去玩了。

哥哥已经养成习惯，早上起床后一定要先去游戏房待一会，让我们给他读本书，再去上幼儿园；下午放学回家，也是立马就脱鞋到游戏房玩，玩自己的玩具或者自己发明的变形游戏。

而妹妹在家里，只要从床上下来就马上要去"房房"玩（她管游戏房叫"房房"）；如果看见我在外面，就一定会叫"爸爸进去、爸爸进去"，非要拉我进去玩；进去后，就接着说，"爸爸陪、爸爸玩"，非要让我一直在游戏房里陪着她。

有了这个房间，我陪他们游戏、娱乐的方式确实也多了很多。哥哥喜欢我在这个房间里和他一起"打架"，妹妹则喜欢坐在我腿上，让我给她画画；兄妹俩也都喜欢我趴在地上，他们俩在我身上爬来爬去或踩来踩去。

很多家庭其实都会为孩子专门设计儿童房，但那里更多的是给儿童学习、休息的地方，是给孩子自己的独立的起居空间（学习空间）。而我们这个房间是为孩子设计的公共游戏空间，既是他们的游戏空间，也是我们和他们一起的游戏空间。

这样的游戏空间对孩子的成长，对父母和孩子依恋关系的建立都是极为重要的。美国临床心理学家劳伦斯·科伦博士著有《游戏力：笑声，激活孩子天性中的合作与勇气》一书，这是一本依据依恋理论而展开的书，甚至还对依恋理论做了一个有趣的比喻："孩子不断需要关爱和照顾，就好像有一个杯子，不断需要蓄水。当孩子饿了、累了、寂寞、伤心时，他就需要有人照顾、抚慰，就好像他那个水杯空了，需要加水一样。而孩子的父母就是那个大蓄水池，孩子每次探险，都从蓄水池出发；探险结束后，又回到蓄水池休息。"

书中指出，"不断蓄满孩子的杯子，正是亲子连接的根本"。但是，仅仅跟孩子待在一起，并不能建立真正的连接，孩子必须"从与他人的互动中得到心理满足"。由此,游戏的真正目的是为了建立连接,或者说我们应该是为连接而游戏。

这是游戏真正的价值,特别是对很多亲子关系处于断裂的家庭来说,游戏可以让亲子之间重新建立爱的连接。可惜大家并没有认识到这一点,比如我今天正好看到蚂蚁金服首席战略官陈龙发表在《哈佛商业评论》上的文章《重估"游戏力"》,提出"游戏力是一种新的生产力"。

他忽略了游戏力这样一种对断裂的家庭关系、员工关系乃至社会关系重新建立连接的能力。游戏最大的价值,其实不是生产出一种新的力,而是生产出一种新的关系,一种让我们得以重新连接的关系。

6月12日　有趣的性格差异

随着妹妹逐渐长大,兄妹俩表现出巨大的差别:哥哥像女孩,长相像,性格也像;妹妹像男孩,长相像,性格也像。

这样的差别有各自年龄的特点。妹妹现在最喜欢说谢谢,最会说的也是谢谢;哥哥在她这么大的时候也是这么有礼貌,但现在就不再是你让他叫谁就叫谁,让他说什么就说什么了。

这样的差别也有各自性别的因素。妹妹虽然很多地方像男孩子,但是,女孩子那种天生的会照顾人、关心人的特点,还是时时能显露出来。

比如,看见哥哥流眼泪,她立马就会去拿纸巾给哥哥擦;当我站在凳子上修灯泡之类时,她就会过来在下边说,"爸爸小心"。

但我们认为,兄妹俩的差别主要还是性格的差异,也越来越体会到一个人的性格完全是天生的,它与年龄、性别、遗传、环境都没有太大关系。

比如妹妹说话比哥哥要早很多,但是,发音并没有哥哥那么标准,很多时候她说的话,我们并不完全听得懂,或者她的发音按照正常的标准来看并不正确。

这正是她性格中比较自信的体现,就是不管说得对不对,我先说出来再说；哥哥则从来都是完美主义，自尊心强，一定要在心里反复演练，确保自己说出来不会错后才会说话。

哥哥说话很晚，但一开口就已经是句子，而且一开口就没有用错过词和语法，甚至可以用"用词精准"来形容。就像那天在外面玩，有几个年龄比他还大2岁多已经上大班的小朋友在聊变形金刚，对方问他看不看这个电视，他回答说"我只是偶尔看看"。小朋友完全不明白偶尔的含义，嘴巴里不停念叨"偶尔、偶尔"，好像要咂摸出偶尔的意思。

妹妹这种自信的性格慢慢地表现出比较强势的一面，只要她想做什么事情，就绝对没有商量的余地，完全不听招呼。而哥哥相比妹妹显得更理性，可以接受我们的批评，也可以接受我们的商量。

同时，妹妹也比较喜欢争，无论给哥哥吃棒棒糖还是冰激凌，她立马在边上指着自己说，"妹妹、妹妹"，表示要给她吃。

记得哥哥从1岁就开始看《倒霉熊》，看到里面的倒霉熊吃冰激凌，就一直想要吃，但我们给他说，"你还小，还不能吃"，他也就接受了，最终是到了2岁多，才第一次吃上冰激凌。

妹妹因为跟着哥哥，看见哥哥吃什么她就要吃什么，我们也完全拿她没办法，只能给她吃。不过这或许也是好事，她的"争"，使得她人生中很多的第一次都来得比哥哥要早，她的人生经历比同龄的哥哥要丰富得多。妹妹今天已经会骑滑板车了，而哥哥是近2周岁才开始尝试玩滑板车的。

妹妹不但争，很多时候甚至抢，总是和哥哥抢东西。在我看来，她很多时候其实是为了满足她的操控感，也就是从哥哥那里把东西先抢过来，属于自己后，再分享给哥哥。

我和妈妈一直好奇，妹妹每天吃得这么少，哪里来的这么多的能量？

妈妈曾经试着给她断奶，但是断了两天，每天晚上她都大哭大闹怎么安抚都没用。这就是妹妹不听招呼的地方。

哥哥小时候晚上哭，我们只要给他说，不要哭这么大声了，你可以小声地哭，否则吵到楼上的叔叔阿姨了，他们没办法睡觉了，哥哥就小声地哭，到最后完全停止哭泣。妹妹根本不吃这一套,只要你不满足她的要求,她就会一直哭下去,感觉似乎都要哭闭气才会罢休。

最后,实在犟不过妹妹,妈妈又开始重新给她喂奶,而由于有奶的安慰,她每天吃饭就吃得不多了。到现在个子都是小小的,体重都是轻轻的。

6月25日 可怕的肠套叠

昨天到张家界列席一个企业的董事会。张家界大雨,全国很多地方也大雨,很多航班都延误甚至取消。但冥冥之中似有预感,答应妈妈无论如何也要赶回,好在我乘坐的航班延误并不多,终于在晚上10点多的时候赶回了家中。

昨天下午就听妈妈电话里说,妹妹有点发烧,回家后见妹妹状态好了很多,还吃了不少东西,于是放下心来。没想到到了晚上12点多的时候,妹妹突然说她肚子痛,而且痛苦的表情是她长这么大从来没有出现过的,抱她的时候,她因疼痛把双腿用力地蜷缩起来。放她在床上,她用手用力去抓肚脐下方,身体也随着痛苦地扭来扭去。这样的阵势把我们吓坏了。

奇怪的是,痛个两三分钟之后似乎又不痛了,慢慢安静下来。但过一会又开始剧烈疼痛。断断续续折腾了1个多小时,因为已经很晚了,我们怀疑她可能只是有点尿路感染,一直在犹豫是否要送她上医院。

最后终于忍不住了,决定还是由我抱她去呈贡的云大附属医院看看,而妈妈留在家里照顾哥哥。

到了医院后,医生检查的时候也觉得似乎没什么问题,怀疑是尿路感染或者肠痉挛,但为防万一,还是让妹妹抽血、验尿、做B超。

没想到B超结果出来后,医生怀疑妹妹是得了肠套叠。医生说他们医院没有相应的治疗设备,让我马上去昆明市儿童医院确诊并治疗。这下我吓坏了,赶忙叫了个出租车,往30公里外的儿童医院赶去。

这个时候已经是凌晨3点多,我把妹妹抱在怀中,在无边夜色中,汽车飞速而行,突然有一种父女同上战场杀敌,"万里赴戎机,关山度若飞"的感觉,于是不断给妹妹也给自己打气,相信一定是没事的。

到儿童医院后做了 B 超,确诊妹妹是肠套叠,这种病在 12 小时内是黄金治疗期,必须马上实施空气灌肠术。医生说,实施这个操作,必须由两个大人协助,而且由于有辐射,只有亲人才可以。

我只好给妈妈打电话让她过来,又不能将哥哥一个人留在家中,赶忙同时叫上住在我们家附近的保姆,让她到时抱着哥哥在外面等,而我和妈妈可以进去协助医生。

到了早上 7 点,妈妈赶过来后,就开始准备实施空气灌肠术,我这才知道原来是需要用一根管子插到妹妹肛门里,同时在 X 光的照射下,不断充气以让肠子复位。我和妈妈穿上厚厚的防护服,妈妈抓着妹妹的双手,我摁着妹妹的双脚。看着妹妹在空气的冲击下痛苦地扭着身体,小肚皮不断地鼓着包,妈妈心疼得直掉眼泪,而我则是不停念叨"菩萨保佑、菩萨保佑,很快就好、很快就好"。好在一切都很顺利,大概几分钟后,就传来医生的声音"通了"。妹妹明显感觉放松下来。在整个发病及治疗过程中,妹妹都坚强地忍耐着,没有一直哭闹,只在痛得实在忍受不了时才哭几声,我们的"女王"(因为她平日很刁蛮任性,妈妈经常戏称她为"女王"),在最艰难的时候,展现出她最勇敢的一面。

仔细想来,我们家两个孩子,在最关键的时候,总是展现出他们最乖的一面。就像哥哥,今天早上 5 点多就醒来,听妈妈说妹妹在医院,就说自己已经睡好了,要去看妹妹。在来医院的路上,哥哥又晕车呕吐了,但是下车后也是一声没吭,一个人乖乖地在医院外面由保姆抱着等我们。下午妹妹去复查 B 超的时候,妹妹在那里哭闹,哥哥就一直在边上给妹妹大声地唱歌,把所有他会唱的歌,从"一闪一闪亮晶晶"到"happy birthday to you",都给妹妹唱了一遍,好让妹妹安静下来。

现在回头再看,真是冥冥之中自有安排。如果我昨晚出差没有赶回来,那妈妈肯定没法一个人送妹妹去医院,可能就耽搁了;如果我们不是找了个就住在我们小区的保姆,对我们这样在昆明举目无亲的人来说,今天的这种情况不知该如何应对。我们甚至庆幸没给妹妹断奶,因为妹妹将很长一段时间只能吃粥,而这个时候的母乳,就成为对她最好的营养补充和最好的精神慰藉。

7月17日　王父四迁:去西双版纳

昆明这一个多月来一直下雨,据气象部门统计,平均累积降水量194毫米,较常年同期偏多51%;平均日照时数为32小时,较常年同期偏少54.9%,为1961年以来同期第五低温年,第二多雨年,第一少日照年。换句话说,昆明今年的阳光为56年来最少。

这样的天气好的方面是在全国都是三四十摄氏度高温的时候,昆明人民还在"过冬",我们穿的衣服和我们当年在厦门、珠海时冬天穿的衣服差不多。但阴雨绵绵,加上我们住的房子的地板曾经被水泡过,房间里总有一股霉味。

这段时间,我们全家都在遭受病痛的折磨。我患了肛裂,这对我这个常常伏案写作的人来说极其痛苦;妈妈则是从搬到昆明起就犯了鼻炎,鼻涕带血丝;最可怜的是孩子,妹妹到了昆明后鼻涕就没断过,肠套叠复位后又发烧,紧跟着咳嗽到现在都两个星期了也没好;哥哥也是一直流鼻涕,晚上咳嗽、早上咳浓痰,因担心交叉感染,加上他实在不太喜欢幼儿园,接连半个月都没去上学了。

另外,昆明主城区的海拔是1900米,呈贡的海拔更是高达2000米。据说海拔2000米,氧气含量只有平原地区的80%。兄妹俩都是在海边出生、长大,他们最近的疾病频发,也可能是因为难以适应这样的高海拔。

我和妈妈都感觉搬来昆明后的这一两个月,我们就一直在跑医院,觉得昆明和我们不太合,开始考虑搬离昆明的问题。

最重要的是,我越来越发现,恩之并不喜欢他上的幼儿园,而我们在昆明也根本找不到更合适他的幼儿园。

这家幼儿园的优点在于对小朋友的"安全"特别看重,把孩子送到这里也确实不会有什么健康或安全方面的隐患。为了预防流行疾病,幼儿园每天都熏白醋,整个幼儿园长期被一股酸酸的醋味所笼罩。在他们的严格把关下,哪怕在手足口高发季,在邻近的幼儿园都查出多例手足口病的情况下,恩之所在的幼儿园的手足口发病率仍然为零。

但在我看来,这家幼儿园的缺点也是在这个"看重安全"上。由于过于重视"不出事",以至于严重限制了孩子们的自由。幼儿园本身面积就小,全园200多名孩子的活动空间室内室外加起来不足1000平方米,孩子们除了早上课间操以及一周一次的体育课可以到操场上活动一下外,几乎都被限制在那40平方米的教室里活动。

操场上可以玩的器械也少得可怜,只有一个滑滑梯,滑梯还人为地、死板地分成两部分,高的那一边是大班小朋友玩的,稍矮的这边是小班中班玩的,理由是害怕大班小朋友动作太大冲撞到了小班小朋友。如有小朋友越界,换来的一定是老师的一顿批评。此外原本有一个小沙池,但园方认为不安全,也不让小朋友去玩了。还有一个很矮的攀岩墙,但一次也仅仅容纳得下3个孩子同时攀爬。

本来空间和设施都有限,再做各种限制,可想而知,生性好动的孩子在幼儿园怎么能开心得起来。

恩之在厦门的时候玩的滑梯已经比那个长滑梯要长得多,或者说要"危险得多"。这就难怪放学的时候我去接恩之,让他自己去玩滑梯,他走在上面没有任何新鲜感、欢欣喜悦感,一副"生无可恋"的表情。

我们这段时间也尝试让恩之转学去上昆明别的幼儿园,并为此做好了再次搬家的准备。可是,转了一圈下来,都没有看到一家我们心仪的幼儿园。

就好像在我家附近还有两家房地产商开办的幼儿园,建筑都很漂亮,面积也比现在这家幼儿园要大。其中一家因为是新建,基本没有绿化,用恩之的话说是"光秃秃"的。而且把孩子活动空间(特别是沙坑)建在风口上,完全忽略了这个地方位于滇池边上,大风不分季节时段地呼呼刮着,孩子玩沙过程中一定会不可避免地遭受"风沙"之苦。另外一家看上去最气派,但里面的管理被很多人诟病,因为曾出现过孩子食物中毒事件,当地人都不把它当作第一选择。

主城区最知名的一家幼儿园我们也去参观了,但就幼儿园环境来说甚至还不如现在恩之就读的幼儿园呢,加上名额早已挤满,一个学位难求,只好作罢。

我最近常常苦恼的倒不是孩子的生病,而是想到恩之要在幼儿园待3年的时光,而我在昆明却找不到一家幼儿园让我可以很放心、很开心地把孩子交给他们,让我觉得孩子在那里不会生活得憋屈,而我将来也不会因此遗憾。

这个时候,妈妈谈起她在西双版纳的好朋友李老师的儿子所上的幼儿园,那是一所掩映在一个小雨林中的幼儿园。从李老师的微信朋友圈里,我看见那里的孩子在树林中追鸡抓虫,在高大的凤凰树上荡秋千,在一串串的废旧轮胎上攀爬,在花草夹道的鹅卵石上涂鸦,在鸡蛋花树上骑跨……这些都让我羡慕不已。我们拜托李老师与对方联系了下,说是今年秋季还有最后一个入园名额。

西双版纳是妈妈大学毕业后工作过五年的地方。那里与珠海和厦门气候相似,全年温暖湿润,冬天极为暖和。更重要的是,西双版纳海拔很低,是全云南唯一低海拔的地区。如果搬家去西双版纳,想来兄妹俩也不会存在环境不适应的问题。

今天凌晨,当我再次被妹妹的咳嗽声惊醒后,我和妈妈商量决定,马上就搬家去西双版纳,让恩之读那个幼儿园。

古有"孟母三迁"的故事,今天作为王父,从珠海到厦门再到昆明,我已经三迁。而现在,为了孩子的身体,更为了孩子的教育,我决定往西双版纳展开我们的第四迁。

哥哥同意了我们的搬家方案,因为他也实在是被这个咳嗽折磨得不行,昨天晚上一边咳嗽一边就跟我们说"哥哥好可怜"。今天我们问他是否要搬家,他完全同意,不再表现出对昆明和对这个房子的留恋。

很凑巧的是,晚上走到我们家楼下,就听到传来一声"我要去西双版纳",原来楼下的亭子里坐了一对老夫妻,正在讨论要去西双版纳的问题。莫非这就是天意?!

8月2日　孩子是他自己生命的主人

在陪伴妹妹的过程中，我不断欣喜于她生命的成长。

由于我们都是管她叫"妹妹"，所以她从不说"我"，每次要表达自己时，都是说"妹妹"。不过，最近她给自己取了个新名字，叫作"香猪猪"，给哥哥取了个外号，叫作"臭飞机"。哥哥经常欺负她，所以她现在只唤哥哥为"臭飞机"，她则是"香猪猪"，而我是香爸爸，妈妈是香妈妈。

她也已经记得我的名字。我抱着她的时候，她经常直呼我的名字，奶声奶声地叫我"王瑶"。妈妈都从来不叫我的名字，有时跟着孩子们称呼"爸爸"，有时是叫我"王博士"，而妹妹每天"王瑶""王瑶"地这么一叫，倒真的是像个小情人在呼唤我。

她也会说句子了，比如"哥哥走开""爸爸去房房"等等，与我们沟通起来，已经一点没有障碍。

她甚至展现出很强的记忆力。有好几次，家里的东西不见了，我和妈妈找来找去都没找到，而当我们在那里讨论的时候，就看见妹妹噌的一下站起来，奔往一个方向，我们就知道，她一定知道在哪里，往往真的是被她找到——这充分说明，她不但听得懂，而且记得住。

至于运动能力乃至各种"感统能力"，妹妹都比同一年龄时期的哥哥强很多。

妹妹有今天的成长，在我们看来，有经验累积的因素。总的来说，养第二个孩子是要粗糙得多，但恰恰这样的粗糙，可能对她更有利。

我和妈妈一直反思，我们从哥哥新生儿肺炎出院后对他就有些保护过度了，尤其是我自己，总是担心他冻着凉着了。以前我在看见妈妈给他换尿不湿时总要过去把窗户关上，以至于妈妈都批评我说"月嫂都没有这么小心"。在家里更是没有出现过光脚走路的情况，至少也得穿双袜子，以至于让哥哥养成大热天里都要穿着袜子的习惯。而妹妹从来都是打光脚，睡觉光脚，在家里也都是光脚走来走去——但我们现在了解到，其实孩子打光脚对他们的发育是很有利的。每周给恩之做感统训练的老师也建议他要经常打光脚，但是，现在再让哥哥打光脚已经很难了，他最多能接受穿着袜子在家里走，绝对不同意脱掉他的袜子。

这样的成长，最重要的还是生命自己的成长，是基于生命自身并沿着自身轨迹的成长。

就像兄妹俩现在都有了自己的一套独特的审美意识，有了一套自己独特的穿衣风格，而这完全是这两个小生命自己发展出来的一套独特的价值判断。

哥哥穿衬衣，一定把袖扣扣得整整齐齐，他称之为"没有袖子"。我们如果要帮他把扣子解开，把袖子挽起来，他是绝对不答应的。同时，他到了昆明后就只穿长裤，再也不穿短裤，并认为这是"我的特点"。

妹妹则是喜欢上了哥哥那顶蜘蛛侠的帽子，出门一定要戴这顶帽子，而且是很酷地斜着戴。同时，出门一定要带上她自己挑的一个包包，有的时候是斜挎，更多时候则是像淑女一样把它挂在手臂上。

最有意思的是，她不知道是基于一种什么样的审美观念，拎这个包的时候，一定要把本来有个漂亮蝴蝶结的正面朝里，然后把光秃秃的背面朝外。妈妈想给她换过来，她就是不同意，嘴里还说"就是这样的"。

我们当然尊重这两个孩子自己的价值判断，因为这充分说明，这两个小生命已经长大，他们要自己做自己生命的主人。

8月16日　父亲育儿：爱的双向投资

我一个相识多年的大姐，今天带着一个在美国工作十多年的投资银行家来昆明看我。大姐给他讲说，我也是做投资出身，现在辞职在家带孩子，而且为了孩子先是搬到昆明，现在又要搬去西双版纳。

在交流过程中，我谈到准备搬家去西双版纳的理由，包括空气、气候、低海拔等适合两个孩子成长的因素。由于初次见面，他开始没发一言，但最后实在忍不住了，说道："我唯一的担心是孩子去那边，教育怎么办？因为这么一个小地方的教育，显然是没有北京、上海等大城市更好的。"

于是我告诉他，这其实才是我真正下定决心搬家的理由。

因为我在那里发现了一个在雨林中的幼儿园，孩子们可以在那里接受真正的自然教育。更重要的是，它并不仅仅是一个在自然中的幼儿园，这样一个边陲小城的幼儿园，居然做的是纯正的蒙台梭利的教育。

"Montessori?"他的声音一下放大。因为他的孩子在美国上的也是蒙台梭利的幼儿园，他也深深感受到这种教育方式的价值。于是，他立马对我搬家去西双版纳的行动表示了完全的理解与高度的认同。

我一直认为，面对孩子，幼儿园要做的其实就是爱与创造的教育，不仅是幼儿园，所有的教育机构都应该针对教育对象去展开爱与创造的教育。两者相辅相成，其中爱是对整体性或者说一致性的强调，是面向他者；创造是对独立的自我的强调，是完整自我。只有同时强调爱与创造，才可以既提升小我也不忘大我。

蒙台梭利教育最重要的就是对创造力的培养，让孩子在安静的"工作"中发展出独立思考与创造的能力，也让每个孩子可以真正做好自己。而爱的教育一定要在自然中进行，因为自然就是爱的象征，是那个"大我"最完美的体现。

在中国，要找到一个真正的自然中的幼儿园，同时又能实施纯正的蒙台梭利教育，既让孩子在自然中感受爱，也在蒙氏教育中实现创造，这个西双版纳的幼儿园不说是绝无仅有，恐怕也是凤毛麟角。这样的幼儿园难道不值得我们去投奔吗?!

在与这位投资银行家交流的过程中，还有个细节让我们产生了强烈共鸣。他讲到，他其实也在家里陪了孩子十年，并特别讲到他晚上睡觉前给孩子讲故事的事。说是自己常常讲着讲着就困得不行，开始嘴巴不受控制地乱讲，但孩子还清醒得很，总是把他摇醒说"爸爸你讲错了"。

我就大笑说，凭这个故事就说明你是有生活的人，是真正带过孩子的人。同时，我也给他分享了我看过的一个新闻。

一位全球知名的投资银行家辞去管理2万亿美元投资基金的工作,回到家里每天陪女儿吃早餐。因为他的小女儿给他写了一张纸条,上面罗列了他所缺席的22个里程碑式事件,包括缺席了她上学的第一天,她的万圣节游行,她今年的第一场足球赛和许多演出等等。这张纸条深深打动了他,让他觉得陪孩子这件事情比他过去认为的很多重要的事情要重要得多。

关于孩子的话题让我们越聊越近,连这位大姐都情不自禁地说,在家带孩子的男人最帅。

事实上,这已经不是我第一次因为在家陪孩子而收获来自已婚女性(特别是做了妈妈的女性)的赞美,也已经不是我第一次因为在家陪孩子而收获与成功男性(特别是追求精神成功的男性)的谈资。

按照美国南加州大学的公共政策教授伊丽莎白·科瑞德的说法,我们正在进入一个所谓"谈资比名牌包还要贵的社会",因为"炫耀性消费已经结束了,现在都是无形消费"(Conspicuous consumption is over. It's all about intangibles now)。

人们现在是通过无形的消费——把钱花在服务、教育、提升人力资本等方面,以提高自己的文化资本,并让自己成为科瑞德所谓的有抱负阶级(aspirational class)。

这个趋势在中国已经越来越明显,中国越来越多的父母(中产阶层)都愿意把金钱投资在孩子的教育花费上,以提升孩子在未来的文化资本。

在我看来,在家陪孩子比单纯投资孩子去上各种培训班乃至上名校更有价值。因为在家陪孩子,既是爱的双向教育,也是爱的双向投资,这样的投资,不仅能提升孩子的文化资本,同时也提升自己的文化资本。

经济学讲稀缺资源,讲边际效应递减,在这样一个很多母亲在进行"丧偶式育儿"的时代,在母亲带孩子被认为是天经地义,父亲回家带孩子凤毛麟角的时代,如果父亲的队伍中有一部分人能率先把更多的时间放在陪伴孩子上,我相信他因此收获的文化资本比母亲还要大得多。

这里说的文化资本既包括陪伴孩子所带来的对自我的价值提升与生命成

长，也包括回到家庭陪伴孩子带来的夫妻关系、家庭生活的改善，甚至包括我们这种相对稀缺的行为所带来的在社会关系中所收获的，更多的来自女性的赞美和与男性交往的谈资。这些都是极其宝贵、极具价值的。

我 25 岁时就在《中国产经新闻》上发表一整版的《投资失误何时休》，27 岁就在《中国企业报》上连载 1 万多字的《证得投资大智慧》，44 岁的时候却写下这样一本育儿笔记，其实就是要告诉中国的父母特别是父亲，你们可能觉得在家带孩子是亏了，却不知道自己一定是赚了。因为这其实是一项投资，是一项一定会赚，而且回报无比多、无限长，并且双向的投资！

西双版纳

2017年8月
—
2018年1月

大学之道，在明明德、在亲民、在止于至善。
——《大学》

"亲"是人生最大的成功。
——黄维仁

教师总是真正上帝的代言者，真正天国的引路人。
——杜威

幼儿园是最好的教育阵地，不仅是对孩子，更是对成人。
——王瑶

8月24日　森林里有座幼儿园

8月18日抵达西双版纳州府景洪市后,第二天早上我们就迫不及待地带孩子去实地探访我们的目的地——望天树幼儿园,只可惜铁门紧闭,我们只能在外面欣赏下满园绿荫后就返回,但也让儿子对这个幼儿园产生了美好的印象。

我们在李老师的带领下去幼儿园和副园长阿飞见面,因为他需要对我们做个面试交流,我们也因此得以对幼儿园做了番考察。

因还没有正式开学,幼儿园里只有阿飞一个人在。他看上去儒雅亲和,见到恩之,便贴心地蹲下身来和恩之打招呼。这让我很是感动。因为印象里,以前幼儿园里的老师们很少有蹲下身来和孩子说话的时候。

幼儿园里有三座傣式小楼,一栋是门口作为接待和老师办公的小楼,一栋是孩子们的生活区和工作区,里面可以看到各种蒙氏教具,一栋是自然区和美术区,展柜上摆满了美术用品和一些植物、动物的标本。

在我看来,对望天树幼儿园来说,整个幼儿园其实都是自然区和美术区,因为满眼都是生机盎然,到处都是鸟语花香,充满着自然的气息,俨然是美术的天地。

幼儿园的生态呈现出典型的热带雨林特点。高大的凤凰树、红豆树、火烧花、澳洲坚果、芒果树、牛心果等植物遮天蔽日;低矮一些的有桑葚树、橘子树、柠檬树、芭蕉、栀子花等;还有一些藤蔓植物或攀爬于墙头,或攀附于高大的望天树上,有四季皆开的红花西番莲,还有典雅的蒜香藤花、热情的炮仗花。此外还有很多我从来不曾见过也叫不上名字的各类花草。这些让这个幼儿园看起来就像一个小型的公园。

幼儿园里的活动设施看似随意,实际都经过用心地设计和布局。这些让幼儿园看起来又像是一个野外拓展训练场,有悬挂在高大的凤凰树上的双拉手吊环、秋千，有用坚实的铁链串挂在高大的树权上供孩子们攀爬的轮胎，有拴在两棵树之间的溜索，有结实的不锈钢板制成的滑滑梯，有就地取材于倒下的大树制成的独木桥……这么丰富的集游玩与锻炼于一体的设施，让我看得目不暇接，心想好动的孩子们在这样的幼儿园里再也不用担心无处释放旺盛的精力和天性了。

幼儿园里还设置了家禽区，里面真的养着鸡鸭鹅之类的家禽。几只肥胖的大白鹅和大脚鸭子见我们在围栏外参观，就伸长了脖子"鹅鹅鹅""嘎嘎嘎"地叫唤起来。母鸡妈妈就自由得多，它可以领着它的小鸡宝宝们在围栏外的草丛里散步觅食。这些让幼儿园看起来又像是一个小型的农庄。

看得出来，这里的环境已经完全吸引住了恩之。他是这个也想摸摸，那个也想玩玩。他看见李老师的儿子很娴熟地在玩那个用铁链牢固地挂在树权上的吊环，也很想尝试一下。然而未经过锻炼的他，臂力与握力还有技巧都不够，所以刚把手搭上去就掉了下来。阿飞告诉我们："没关系的，很多孩子刚来幼儿园也不会玩这个，但很快就可以玩得很熟练了。"

我突然想起了昆明的那个幼儿园，想起了幼儿园里那个唯一的滑梯，想起了那样的滑梯还仅仅允许恩之去玩其中小的那段。两者的反差是如此巨大，我相信，现在这个幼儿园一定更加能够培养恩之的勇气和胆量，在"文明其精神"的同时，更"野蛮其体魄"。

关于教育的目标，大哲学家罗素曾经明确指出，教育应以培养人类普遍具有的品性为目标。他说："在我看来，以下四种特征的结合便可构成理想品性的依据：活泼、勇敢、敏感和理智。我不是说这几种特征已经足够，但确能使我们趋于完善。"

在我看来，恩之现在具备敏感和理智，但缺乏活泼和勇敢，而这正是我们送他来这里的目的所在，也是让他来这里接受教育的意义所在。

在给恩之报名的时候，我在那个接待的小楼的墙壁上，突然看到有一封信，是一位美国校长的信，上面写道：

亲爱的老师：

我是一名集中营的幸存者，我亲眼看到人所不应该见到的悲剧：毒气室由学有专长的工程师建造；妇女由学识渊博的医生毒死；儿童是由训练有素的护士杀害。

所以，我怀疑教育的意义。我对你们唯一的请求是：请回到教育的根本，帮助学生成为具有人性的人，你们的努力，不应该造就学识渊博的怪物，或者是多才多艺的变态狂，或受过教育的屠夫。

我始终相信，只有孩子具有人性的情况下，读书写字算术的能力才有价值。

吉诺特校长

这给我很大震撼，也让我感觉到这是一个有理念的幼儿园，是一个真正在做教育的幼儿园，这个幼儿园的老师也是真正的教育工作者。

虽然是第一次走进这个幼儿园，但在这里走来走去，看着这里的一草一木，我是如此欢喜。我觉得这才是真正的幼儿园，是真正的"Kindergarten"。

幼儿园的英文是"Kindergarten"，但其实这个单词是德文，也是全世界为数不多的被英文直接借用的德语词汇。这是因为"Kindergarten"是由德国的"世界幼儿教育之父"福禄贝尔所发明。1840年福禄贝尔在德国的布朗肯堡（Blankenburg）创办了"全德幼儿园"，这是全世界第一所幼儿园，而他为幼儿园所发明的"Kindergarten"这个单词（德文原意是"幼儿的花园"）也成为全世界关于幼儿园的共同定义。

中文的幼儿园同样是直接意译自"Kindergarten"，所以说从一开始就是强调，真正的幼儿园应该是幼儿的花园，或者说，必须首先是个花园。这一点正如"中国幼儿教育之父"陈鹤琴在《幼稚教育》1927年第一卷第一期发表的《我们的主张》这篇中国幼儿园教育的纲领性文献中所说：

"幼儿园这个名词的意思本是一个花园，让小孩子在里面自由活动、随意游玩，吸收新鲜的空气、享受天然的美景，不是像大学生一样拘在一间教室里面。但是中国的幼稚园并不是一座花园,简直是几间房子,小孩子从早到晚差不多都是在那里生活。有的幼儿园只有一间房子,没有什么空地可以自由娱乐。这种幼儿园简直是一个监狱,把活泼的小孩子关在里面,过一种机械式的生活;像这种幼儿园,真是还不如不办来得好。"

通过我在厦门、昆明的经历和实地感受,很多幼儿园即便不是幼儿"监狱",至少也不是真正的 Kindergarten。而望天树幼儿园,是真正当得起Kindergarten这个定义的。

更有意思的是,作为"世界幼儿教育之父",福禄贝尔的教育理念很大程度是来自裴斯泰洛齐,也就是我前面提到过的那位卢梭的信徒。而裴斯泰洛奇在《一个隐士的黄昏》中提到他的教育理念是:

"教育孩子其过程就像一棵树的成长一样,种子埋在土里,然后发芽、生枝、开花、结果,直到长成一棵大树,这是一个连续不断、逐步发展的过程。"

所以,望天树幼儿园这个名字真的是很好,我期待着恩之这个小小的种子,能在这个 Kindergarten(花园)里,最终长成一棵望天树!

8月28日 哥哥对妹妹的影响

我们在 8 月 18 日抵达西双版纳州府景洪市后,就一直住在酒店里面。等到 24 日在幼儿园报名后,也终于在 25 日租好了一个还不错的房子。

虽然家里的东西都在昆明还没法搬过来,但租下房子后,我们做的第一件事就是拿个房间来布置成游戏房。因为我们发现,至少对妹妹来说,有个游戏房才算是真正有个家。我们在酒店期间,妹妹天天都说想家,总说要回家,问她"是不是想房房了"(我在前面提到,她管游戏房叫"房房"),她说"是"。于是,26 日那天正式搬到租下的房子后,当天我就去超市给他们买来塑料泡沫板,妈妈马上一番裁剪,给孩子们铺出个游戏房,妹妹果然就再也不提想家了。

妹妹现在语言能力很强,日常的语言交流已经没有任何问题,她已经掌握了很多词语,甚至会准确使用"还要""继续""现在""结束""重新来过"这样的高级词汇。

请她吃东西，会说"谢谢爸爸"；买玩具给她，会说"买玩具好开心呀！"；要喝水，说自己"非常渴"；要吃母乳，居然说"心情不好，要吃奶奶"。

同时，妹妹已经会唱几首儿歌中的一些片段了，比如《祝你生日快乐》《小兔子乖乖》之类。当然，这些歌其实都是哥哥在昆明上幼儿园后学会的歌，哥哥天天在家里唱，妹妹就学会了；或者用哥哥的话说，是被妹妹"偷习"来的。

总之，哥哥发明什么，妹妹就"偷习"什么：

哥哥自己发明了一句歌，叫作"阿捏左左八耶八"，妹妹也一天到晚"阿捏左左八耶八"。

哥哥在家里数数，妹妹也会数数，1、2、3是完全清楚，有天居然从1数到10，把我们都吓了一大跳。

哥哥在家里打枪、练功夫，妹妹也一天到晚拿把枪在家里"哒哒哒"，让她拍照就"嚯哈嚯"地给你比功夫。

哥哥最大的特点是每天都在发明各种功夫，并给自己发明的功夫取名，什么天雷剑、旋风腿之类；妹妹今天也拿着妈妈给他们布置游戏房所裁剪下来的塑料棍子，在那里高高举起大叫"寻龙剑"。

我们最近老是夸哥哥，说他才是最好的老师。爸爸妈妈这两个"知识分子"，天天在家里跟哥哥说话，结果他到2岁还不会说话，3岁还不会唱歌。妹妹现在这么会讲话，很大程度上是受到哥哥的影响的结果。

我在厦门时不惜辞职在家里带哥哥，很重要的原因是认识到父母的陪伴对孩子语言形成的影响，就好像我最近看管理学家克里斯滕森写的《你要如何衡量你的人生》一书，里面也写道：

美国的一项研究表明，人们平均每小时和婴儿说1500个单词。"健谈的"父母（通常接受过大学教育），平均每小时和孩子说2100个单词，相比之下，不爱说话的父母（通常接受教育也少些）平均每天只说600个单词。如果把婴儿出生30个月内听到的那些词加起来，那么，"健谈父母"家庭的孩子就听到了4800万个单词，相比之下，处于劣势的孩子只听到了1300万个单词。

更重要的是,出生头三年里听过4800万个单词的孩子不仅仅比听过1300万单词的孩子在大脑里多3.7倍良好润滑的连接,而且脑细胞成指数倍增长——通过与多达1万个的突触连接,每个脑细胞可以与其他数百个细胞相连接。也就是说,接触大量谈话的孩子几乎拥有不可估量的认知优势。

这就是我过去所坚持的理论:有更高学历的父母应该把最宝贵的时间资源投资在陪伴孩子特别是与孩子多说话上,因为这会带来不可估量的影响。我现在依然坚持这一点,只不过发现对孩子说话影响更大的是他的兄长或姐姐(如果有的话),而且最好年龄相仿。

通过妹妹的案例,我发现,大孩子说的话虽然不多,词汇量不大,但是,对比他(她)小的弟弟妹妹的语言能力的影响比父母要大很多。

这其实就是蒙台梭利讲的混龄教学的原理。蒙台梭利教育法很重要的一个特征是"混龄教学",也就是让大孩子和小孩子在一起上课。而在这样的教室里,教师固然发挥着重要作用,但对小一点的孩子来说,那些大孩子的言传身教影响更大。这些大孩子才是更好的老师,因此教师必须对既作为学生也作为老师的大孩子的言行给予更多的关注。

但是,蒙台梭利教育法中的小孩子,最小的也满了3岁,会说话,上了幼儿园。而我这个旨在关注0—3岁孩子的"依恋育儿法",它的独特的贡献或者说独创的研究,就是发现这个年龄段中年龄相差不大的两个孩子,刚刚学会说话的老大对还在学说话的老二的语言表达的影响。

对于这个问题的研究是很有价值的,但我们看到的研究,基本都是父母(第一抚养人)与子女说话的研究,对此,可能很多专家都忽略了(或者说在中国过去也没法去研究这个问题)。

9月2日　家长是最需要学习的

今天是幼儿园集体报名第一天,不知道是因为紧张还是晕车,恩之到了幼儿园就吐了,而且接连吐了好几次。幼儿园组织的很多促进同学和家长相互认识的节目他都没法参加,只能由我一直抱着他"参观"这些活动。

晚上参加了幼儿园园长组织的新生家长会。这个家长会和其他的家长会完全不同。

首先,它的目的不同。我们知道,一般的家长会往往都是学校向家长通报孩子的表现和介绍学校的动向,而这个家长会,园长一开始就说了,其目的是促进家长的"连接与交流"。

家长会一开始,就是让家长们三人一组、围绕一些有关自己孩子和家庭的问题展开交流,目的是方便大家很快认识,并建立彼此的"连接"。

在我看来,促进家长之间的"连接"还不是园长唯一的目的,利用这个家长会对家长进行"教育"才是园长更大的目的。因为这个家长会,更多的是介绍园长的教育理念,特别是针对家长的教育理念。

而最重要的教育理念就是园长讲到的,孩子要想在未来获得很好的发展,有赖于孩子与父母之间建立高质量的亲密关系,也有赖于父母之间建立高质量的亲密关系。基于这样的理念,家长必须要改变自己与孩子之间的关系,甚至要去改变父母之间的关系,否则,就根本不可能教育好你的孩子。

我也由此感觉到,这次家长会与一般家长会更大的不同就是内容不同。或者说,这是一个有理念的家长会。整个过程中,园长都是在介绍幼儿园所坚持的理念,并介绍整个幼儿园是如何围绕这样一个理念组织的。

园长介绍说,望天树幼儿园是一个致力于打造"亲"的幼儿园。也就是要以幼儿园为平台,构建一个孩子和孩子亲,孩子和老师亲,孩子和老师亲,孩子和家长亲,家长和家长亲,老师和老师亲的平台(园长还特别介绍了,望天树要"让爸爸和孩子亲")。

其中,园长介绍的罗森茨威格的环境试验给我留下了深刻印象。美国学者罗森茨威格通过对老鼠的生存环境的对比研究发现,在丰富环境中的老鼠比在贫乏环境的老鼠,神经突触大50%。由此,他得出一个重要的研究结论,那就是,"大脑构造及化学成分的很多方面可以被环境经验改变",因此"需要给儿童的大脑发育创造丰富的刺激环境,以促进其智力和心理的发展"。

我在前面也介绍过很多生物学家（神经学家）的理论，比如希拉里的《举全村之力》、西尔斯博士的《亲密育儿百科》乃至克里斯滕森的《你要如何衡量你的人生》。这些研究成果其实与我的依恋育儿法相一致，都是在时间或者深度上的强调，也就是强调0—3岁时期对孩子的神经发育极为重要。而在这个时期，父母与孩子的亲密关系对孩子的神经发育又极为重要（所谓"深沟理论"）。

我最近还看到份研究报告，讲的是小宝宝得到的安抚和拥抱，不仅能让他们暖和起来并感受到他人的爱，甚至可以从分子水平影响婴儿。也就是说，得到更多拥抱的宝宝，其基因会发生改变。

这项发表在《发展精神病理学》上的研究，据说是第一个分析人类婴儿表观遗传学改变的研究。它发现常与人接触的婴儿和不经常与人接触的婴儿的5处特定基因的DNA甲基化有所差异，其中两处位于基因内部，一个与免疫系统有关，另外一个与新陈代谢系统有关。这让我再次确认，我们对0—3岁的孩子实施以"抱"为核心的"依恋育儿法"的独特价值。

园长说的这个"罗森茨威格的环境试验"，则是在空间和广度上进行强调，而这样的强调对已经3岁，开始上幼儿园的恩之来说极为重要。所谓环境，如同给我们开家长会（更准确说是给我们培训）的园长所言，包括人际环境与自然环境这样两大环境。而同时给3—6岁，正在上幼儿园的孩子以这样丰富的两大环境刺激，对孩子的神经发育乃至整个人生成长有极为重要的价值。

就望天树幼儿园而言，首先它能给孩子以丰富的自然环境刺激。因为在这样一个大自然中的幼儿园里，每一天的太阳都是新的，每一天的树叶都是新的，甚至早上的幼儿园和下午的幼儿园都完全不同，因为到了下午，可能就有一朵花开花了，有一棵树结果了，有一只母鸡下蛋了，有一只知了唱歌了。

同时，望天树幼儿园所推行的蒙台梭利混龄教育，本身就能给孩子以其他幼儿园或者其他教育方式所没有的丰富的人际环境刺激。这一点我深有体会，因为我正是过去那种标准的教育体制下的牺牲品。

我上小学本来就早（六岁半上小学），加上小学又跳了一个年级（从4年级直接跳到6年级),从小学到中学,在班级里都是最小的。个子最小、年纪也最小。因此,我的视角一直是弟弟视角(上初中都是班上女生帮我系鞋带),到上大学了还是孩子思维,天天在外面看武打片的录像,虽然成绩都是年级第一,但恋爱都没谈过一次,终生遗憾。

幼儿园实行混龄教育的好处是,第一年你是弟弟(妹妹),第二年你就既是弟弟(妹妹),又是哥哥(姐姐),第三年你则是彻底成为哥哥(姐姐)。三年之间你可以体会不同角色,接触到更多的不同角色的同学。

混龄教育的好处还在于,你从幼儿园毕业了,你的同学可能还在上幼儿园。你可以随时返回幼儿园去看你的同学(这是不混龄的幼儿园根本无法做到的)。就像这次家长会,园长播放了几张幼儿园的毕业生带礼物回来看同学的照片,相互之间那个亲哦,让我看了都感动。

而园长在蒙台梭利混龄教学的基础上,致力于打造一个"亲"的幼儿园,无疑又为孩子创造了一个更加丰富的人际环境。园长播放了幼儿园过去组织的很多活动,这些活动不仅是让孩子和孩子亲在一起,孩子和家长亲在一起,也让家长和家长亲在一起,成为好朋友,让家庭和家庭亲在一起,成为密切联系的家庭。

这其实也正是我们选择搬家到西双版纳来的初衷之一。在我们过去的经历中,无论在珠海、厦门、昆明,我们基本都是城市的陌生人,完全没有社交圈。孩子也没有真正的社会交往,虽然和我们亲在一起,但与这个社会并没有什么联系。

而回到西双版纳,是因为妈妈大学毕业就在这里当老师,5年的工作时间里认识了不少同事和朋友。我们这次返回西双版纳,兄妹俩也终于有了真正的社交活动。昨天晚上是他们第一次去别人家做客,我们也因此发现,由于过去没有人际交往,孩子都不知道什么是做客之道,在别人家的沙发上也像在自己家沙发上一样爬来爬去。

我们觉得对今天的恩之来说,是时候需要更为丰富的人际关系的刺激了。正如蒙台梭利所言,"0—3岁是儿童精神的形成阶段,3—6岁则是儿童性格与社会性的形成阶段"。

如果说孩子0—3岁,依靠父母的陪伴来形成其精神的话,3—6岁则需要更多的人际关系的刺激(同学关系、师生关系、熟人关系)来促进其性格与社会性的形成。这是两个完全不同的成长阶段,也因此需要完全不同的培养方式。

满了3岁的孩子确实应该要去上幼儿园,以获得更为丰富的人际环境刺激。但这也意味着,幼儿园必须认识到作为教育机构,它为幼儿所创造的教育环境比它给予幼儿的教育内容更为重要,因为幼儿受到的最多的刺激其实是来自前者。

对幼儿园来说,如果有条件的话,应当推行自然教育,实施混龄教学,打造一个"亲"的人际环境——就像望天树幼儿园现在做的这样。

这是就教育环境而言,而就教育对象来说,我们的幼儿园也应该像望天树幼儿园现在做的这样,把家长而不仅仅是孩子作为教育对象,把"家长会"变成对家长的培训会。

家长是什么?一种称呼?一种天生的权力?这些答案都对,但在我这个经常给企业提供人力资源咨询,特别是为企业打造企业大学的顾问看来,家长其实是一个岗位,是一个需要有满足这个岗位需求的岗位说明书(其中最重要的是任职资格和岗位职责)才能胜任的岗位,而不是一个仅仅因为你做了父母就必然能胜任的岗位。

然而,生活中有不少父母(特别是父亲)是无法满足家长这个岗位的岗位说明书的要求的,这不仅体现在他们没有履行好家长这个岗位的职责,而且体现在他们连这个岗位的任职资格都达不到。

因为这个岗位的任职资格中一定有一条是具备作为家长的相关技能及理念,然而在中国,这个岗位恐怕是最需要知识却最缺乏知识、最需要理念却最缺乏理念、最需要学习却最缺乏学习的一个岗位。

一个很有趣的现象是,中国的童书市场比育儿书市场大很多。父母们往往不读书,但他们会要求自己的孩子读书。所以,他们会买来童书给孩子看,却较少买那些教自己如何育儿的书,更是很少买那些对自己具有教育和启发的书来读。

显然，家长是最需要学习的。就目前而言，家长们主动学习的积极性不够，幼儿园对家长的教育就显得尤为重要。如果说很多企业都在筹建企业大学以展开对企业员工乃至消费者、供应商这些成人的教育的话，幼儿园则同时面向两个教育对象，作为两种教育机构而存在，一个是教育孩子的幼儿园，一个是教育父母特别是教育父亲的家长大学。

当然，从园长的家长会的教育内容来看，望天树幼儿园离打造家长大学还有很远的路要走。比如，套用企业大学的做法，真正的家长大学首先是要建立家长这个岗位的胜任力模型，进而绘制这个岗位的学习地图，以对不同家长展开不同层级、不同类型的理念和知识培训。

不过，我已经亲身体会到望天树这样对家长进行教育的效果——我开完家长会出来，看见一对父母并没有急着回家，而是坐在幼儿园的石凳上反思，尤其是爸爸，他说自己过去给孩子的陪伴不够，对孩子的态度也不够好，必须从现在开始改变。

虽然今天是新生报到入学，望天树对孩子的教育还没有正式展开，但对我们这些家长的培训却已经开始。而无论是我自己还是这位父亲，都已经深深感受到望天树幼儿园对我们这些成人的教育，而这在我看来，才是更有价值的教育！

9月6日　幼儿园的自然教育

从9月4日开学到今天，恩之已经上学三天了，每天都很开心。望天树幼儿园每天带给他的都是巨大的新鲜感，每天幼儿园都组织孩子们进行最为活泼、生动、丰富的自然教育。

整个幼儿园按蒙台梭利的教育理念，一共分成两个儿童之家，分别叫作"小树屋"和"雨林谷"。每个儿童之家的孩子又分成两个区，每个区有30个孩子，都是混龄教育，也就是说，有已经上了一年或两年的孩子，也有恩之这样刚入学的新生。

恩之被编到了"雨林谷"儿童之家。雨林谷的老师为了让我们这些新生家长更好地了解孩子在幼儿园的生活，每天都会在智慧树上发很多孩子生活的照片。从照片来看：

第一天是组织孩子们在幼儿园里挖沙、荡秋千，既让新生熟悉幼儿园，也增加小朋友之间的亲密度。还特别安排大哥哥带小弟弟（妹妹）玩耍。恩之无论吃饭还是荡秋千，全程都有一个班上的小哥哥陪同，既帮助他更快熟悉这里的生活，同时也起到某种保护作用。

第二天老师就组织他们探索自然，捡一片树叶观察它的形状、色泽、触感；采一朵小花，闻一闻它的香气；摘来一个水果，尝一尝它的味道。当看到孩子们围成一圈，等着小兰老师分享他们一起采摘的姜苗果的相片时，这样的氛围、这样的体验让我们两个大人都羡慕不已。

第三天更厉害了，中午组织孩子们在幼儿园里玩烧烤，下午户外互动玩的是撕树皮，孩子们竟然在里面发现了很多小青虫。幼儿园里负责自然教育的阿德老师，趁机找来一片大荷叶，把这些虫子放在上面，鼓励孩子们都去摸摸看。

阿德老师为此还在网上给家长写了这样一段留言：

孩子户外活动也会偶遇新鲜事物，在对的时间对的方式给予适合孩子的自然科普。成人要善于发现和保护幼儿的好奇心，充分利用自然和实际生活的机会，幼儿的思维特点是以具体形象思维为主，应注重引导幼儿通过直接感知、亲身体验和实际操作进行自然科学学习，不应为追求知识和技能的掌握，对幼儿进行灌输和强化训练。

这一点正是我最欣赏的，这样的教学有利于培养孩子的好奇心，而老师也特别注重和擅长培养孩子的好奇心。好奇心对这个年龄的孩子来说是最重要的，是他们将来进一步获取知识和技能的源泉，也是他们创造力和想象力的来源,好奇心正是他们的初心。

苹果公司的乔布斯留给人类最著名的建议是,"Stay Hungry, Stay Foolish"(保持饥饿,保持愚蠢),这句话其实是引自给他留下深刻印象的《全球概览》这本杂志最后一期的告别语。对于这句话,该杂志的创办者也是该句话的始创者斯图尔特在接受德国媒体采访的时候这样阐述:

"Stay Hungry, Stay Foolish 的意思是,你需要用像初学者那样的心态去看待新事物。我们需要自信以及好奇心的结合。我们的知识永远都是不够的,有了这样的心态,你就会打开你的心智,去进行探索。我们需要扩大自己认知的范围。有很多种方式可以做到这一点:例如拥抱互联网,拥抱科学,去旅行,去了解那些跟你不一样的人。假如你能够像一位傻瓜那样看世界的话,你会看到更多。"

望天树幼儿园对孩子的好奇心的培养,依靠的就是让孩子去拥抱大自然,对孩子进行自然教育,这无疑是最适合现在这个阶段的孩子的教育方式。这种教育方式为卢梭所首先倡导——虽然我在前面指出,卢梭教育思想中针对3岁以下孩子的内容无太多可取之处,但针对3岁以上孩子的教育,卢梭的教育思想却充满着真知灼见。阿德老师发的这段话,就体现了卢梭教育思想中最为核心的两个部分:

一是以孩子为中心的教育。卢梭的教育思想中最值得赞赏的就是他认识到儿童就是儿童,而不是微缩的成人,因此必须根据儿童在不同年龄阶段的发展特点展开教育。这被认为是"教育史上最伟大的发现之一"。有评论家甚至指出,"如同哥白尼提出的日心说给天文学带来了巨变一样,卢梭将教育的中心从教师、书本移向了儿童,彻底改变了自古以来的教育观点"。

二是对孩子进行自然教育。卢梭认为,相对于喧嚣浮躁的城市,乡村大自然的宁静生活更适合儿童的教育。儿童应当到大自然中去观察,在自然中进行学习和探索。"教育的目的不在于告诉他一个真理,而在于教他怎样去发现真理。"

我想,望天树幼儿园的老师未必都看过卢梭的著作,但无论是阿德老师的这段话，还是他们这几天的做法，都充分体现了卢梭的以孩子为中心的自然教育思想。这就充分说明，这个幼儿园是在进行着真正的教育，进行着这个年龄段的孩子所真正需要的教育。

我很庆幸，自己在对的时间，以对的方式为孩子重新选择了一个幼儿园，而这样的选择并不是所有人都能做出的。我们本来计划在昆明定居，而且已一次性付了一年的房租。仅仅才过去三个月，我们就为了这个幼儿园搬到了西双版纳，而我们所有的家具、电器、衣服、书籍等到现在还留在昆明的房子里。

9月15日　幼儿园的音乐教育

每天去接哥哥放学的过程都是一段幸福的旅程，这个时候，我们家长被允许进入幼儿园，进入儿童之家去接他们。

通往教学区的路是一条非常美妙的小径，小径两旁各种花草穿插种植，颇有些目不暇接之感。说是移步换景、心旷神怡一点也不夸张。

我一次次感叹，每天生活在这样的环境里的孩子是何等幸福啊！妈妈也无数次跟哥哥说，我真想变成小孩子跟你一起在这里上幼儿园啊！

每天放学后，这里的孩子不会像其他幼儿园的孩子一样着急回家，他们更愿意在这个"家"里再多待一会，有的在那里继续滑滑梯，有的还要在那里荡秋千，还有些小朋友想继续挖挖沙、拉几次吊环。

那些吊在大树上的绳子做的秋千，特别受这里的孩子甚至是女孩子青睐。那些女孩子，一个个穿得很淑女，但荡起这个绳子秋千来，特别豪放，特别洒脱……嗯，特别自由！

看着乐之站在那里，满心羡慕地看着姐姐们在秋千上自由翻飞的样子，我情不自禁地拿起手机，一次次把她们摄入我的镜头之中。

我总觉得，女孩子就应该这样长大，女孩子就应该这样教育。当然，每一个孩子都应该这样长大，这样教育。

这个时候，我想起了幼儿园老师教"恩之们"唱的那首歌（这个幼儿园确实很特别,连教孩子们唱的歌都很特别。每个幼儿园都重视音乐教育,但问题在于,今天的幼儿教育工作者很少有人思考过应该如何根据幼儿园自身所倡导的理念,去选择所教授的歌曲。几十年来,几乎所有的幼儿园都教着同样的那些儿歌):

> 在这山谷里我们要建一个家
> 为这整个世界建一个家
> 在这山谷里没有人孤单
> 有了这个家就没人孤单
> ……
> 蓝蓝的天空绿绿草地上
> 绿绿草地上有座小房子
> 房子里面没有人孤单
> 爱和自由永远伴随你
> 天使带来许多小精灵
> 许多小精灵我们在一起
> 我们这里没有人孤单
> 爱和自由永远伴随你

在这个山谷里,望天树幼儿园确实打造了这样一个家,一个在热带雨林里进行蒙台梭利教育的儿童之家,一个充满着爱与自由的家!

9月22日 逛菜场的乐趣

为了让妹妹养成每天早睡早起的良好习惯,我们现在每天早上7点40分就让妹妹起来,和我们一起送哥哥上学,然后一起在外面吃点东西,再一起去菜场买菜。

关于菜场，古龙有句名言："一个人如果走投无路，心一窄想寻短见，就放他去菜市场。"意思是说，菜场是最好的对成人实施精神治疗的场所。

这是因为就像汪曾祺先生所说："看看生鸡活鸭，鲜鱼水菜，碧绿的黄瓜，通红的辣椒，热热闹闹，挨挨挤挤，让人感到一种生之乐趣。"

实际上，菜场也是对孩子进行生活教育的最好的场所。妹妹天天逛菜场，已经认识很多蔬菜和水果了，什么黄瓜、丝瓜、番茄、菠萝、香蕉之类。和很多同龄的孩子在家里看着图片书认识这些东西不同，妹妹这样的学习方式无疑更有效，或者说这样的环境给她的刺激更大。

我们的家在景洪农贸市场边上，而景洪乃至整个云南的农贸市场无疑是全国最具有多样性的市场，其产品的独特与丰富是其他地区无法企及的。妹妹在这里可以看到各种各样其他地方没有的蔬菜和水果，甚至其他地方没有的土特产。有时她蹲在那里，用小手戳那些串在一起的鱼干，这样新鲜而独特的刺激，显然是其他地方无法给予的。

云南的农贸市场不仅是农贸市场，本身就是一个集市，除了卖农产品，还售碟片、补牙齿、卖衣服，各种各样的商贩在这里摆摊（所以，云南管逛菜场叫逛"菜街（gāi）子"，其实就是过去农村的"赶集"的意思）。各种丰富的商品、各种多样的色彩、各种立体的声音，在这个集贸市场里交织，给妹妹带来极其丰富的环境刺激，以至于现在她最爱讲、动不动冒出来的是这样两句话，"糯米……饭"以及"蟑螂药、老鼠药"。

10月7日　不同的语言能力

这是兄妹俩在西双版纳过的第一个国庆节和中秋节，我们陆续带他们去了景洪城区里的孔雀湖、告庄西双景、花卉园、曼听公园玩，哥哥妹妹都玩得很开心，哥哥更是觉得西双版纳比厦门好玩。

妹妹现在很喜欢到外面去玩了，但不知为什么，她总把去外面玩说成"去昆明"，在家里玩一会无聊了，就吵着要"去昆明"。我就必须抱着她出去，在外面玩一圈回来她才开心。

不过，妹妹在外面观察的专注度显然是不如哥哥的。抱着她在外面走，她很少有让我停下来让她专注观察某个东西的时候。她常常被某种声音吸引，因此最爱问我的是"什么声音"。

但作为女孩子，妹妹显然是比哥哥更善于或者说更愿意表达情感。这段时间我抱着她出去，她常常念叨的就是两句，"爸爸……王瑶"，"我最喜欢爸爸了"，听得我心里暖暖的。而这样的表达，我抱着哥哥从珠海到厦门甚至到昆明，从来没有听到过。

妹妹的语言能力比同龄的哥哥强很多，也可以说两者完全不具有可比性。2岁时的哥哥连话都还不会说，而现在1岁10个月的妹妹已经会说很多复杂的句子了。

她会说被动句，比如跑来告状说，"玩具被臭哥哥拿走了"；会说比较句，在盒子里装满卡片后，对妈妈说，"妈妈请看，我装得多不多？"，教我骑滑板车，还会告诉我"一只脚在上面，一只脚在下面"。

但即便如此，我和妈妈都觉得哥哥的语言能力比妹妹强，哥哥说的话都是比较"高级的话"。

妹妹说的话最多是让我们惊讶，也就是惊讶于她在这么小的年纪会说这么多话，但她说的都是普通的话。但哥哥说的话却常常让我们惊喜，因为哥哥说的话常常是充满灵性的话，那才是李贽"童心说"里描述的我们真正应该向孩子学习的话。

恩之虽然2岁多才说话，但一开口就是"这个石头在睡觉，那棵树在跳舞"；前几天带他用石头往上扔去打树叶，他欢欣雀跃，嘴里大叫的是，"你们从沉睡中醒来吧"。

昨天带他喝了奶茶和可乐，他更喜欢喝奶茶，是因为"奶茶的名字听上去对人类很友好"。

今天他还画了幅画，我感觉比过去好多了，于是问他："为什么画这么好呀？"他说："因为我把《功夫熊猫》里阿宝的师父教他的那招偷学来了。"

我听得糊涂,不明白是哪招,心想习武的招式还可以用在画画上面吗?问他是哪一招,他说是"静下心来"。

此话说得又让我一阵惊喜。因为他画画应该是没有天分的,哪怕今天这幅画,可能比很多同龄孩子画得都不如。但是这句话却说得极有悟性,也极有灵性。

当然,现在最让我欢喜的话,还是兄妹俩一起说的"爸爸,我爱你"。陪哥哥、妹妹玩的时候,哥哥常常就会突然冒出句,"爸爸,我爱你",每当这个时候,妹妹就会跑过来也大声说道,"爸爸,我爱你",而我就会满怀幸福地大声回应道,"爸爸也爱你们"。

10月9日 成长的代价

在国庆放假前,突然得知恩之班上有同学得了手足口病,我们赶忙带着恩之去打手足口病疫苗。但因为时间比较紧急,也来不及事前做详细研究,只是记得好像手足口病疫苗只能防范几种病毒。到了景洪的999社区医疗中心后,得知现在打的手足口病疫苗是EV71型疫苗,问医生这种疫苗可以防范几种病毒,医生说EV71就是防范71种病毒,顿时觉得这种疫苗很强大,放心让儿子打了疫苗。

没想到恩之打完疫苗后回家没多久,就说自己身体不舒服突然发起烧来。我们怀疑是疫苗反应,然后上网一查才发现医生是一派胡言,EV71疫苗只是防范EV71这一种病毒——当然,这种疫苗也确实是需要打,因为它所要防范的EV71病毒是手足口病里最厉害也是真正致命的病毒,只不过这医生的回答让我感觉实在是不专业,甚至像是欺骗。

好在后来发现恩之只是口腔里起了几个疱疹,手上脚上没有任何疱疹,我们知道他得的是疱疹性咽峡炎,心里并不惊慌,他也很快好转。同时也确认他并不是疫苗反应,因为造成疱疹性咽峡炎的是另外一种病毒——柯萨奇病毒。

可恶的是,哥哥病刚好,妹妹又发起高烧来,显然是被哥哥传染了。好在我们知道妹妹是被哥哥的柯萨奇病毒感染后（这就是我们以前很担心哥哥上幼儿园的原因，因为兄妹俩朝夕相处，哥哥在幼儿园被感染，回家往往就会传染给妹妹。好在我们经常安慰自己，妹妹现在被哥哥感染，变相提高了免疫力，等将来上幼儿园就不会被感染了），心里也并不慌张，因为我们知道这种病毒并不可怕，也了解其有自限性，只是在妹妹高烧时给她用些退烧药，她果然也很快好转起来。

带孩子这么久，随着知识和经验的累积，不到万不得已，我们都不再去医院看医生。没想到昨天又出现紧急情况，逼得我只能在晚上12点抱着妹妹去了西双版纳州人民医院。

昨天晚上本来一切都好好的，我给妹妹洗好澡（以前这项工作都是妈妈的，但前段时间妈妈身体不舒服，让我给妹妹洗过一次澡后，她最近都让我给她洗澡，完全不让妈妈洗）后，在床上陪她玩，然后妈妈去给哥哥洗澡。

玩着玩着她先是打嗝，然后就开始不断用力咳痰，似乎喉咙里有什么东西很不舒服一定要把它咳出来似的。随后她咳嗽得越来越难受，甚至开始呕吐，而且不停地咳嗽不停地吐。

我们吓坏了，因为哥哥早上还要上幼儿园，只能是妈妈在家里陪着哥哥睡觉，我抱着妹妹去医院。到医院后按护士的建议挂了儿科，然而儿科医生完全说不出个所以然，让我去耳鼻喉科找医生确认是否有异物，那边医生很坚定地认为，如果吃晚饭时吞食了异物不可能现在才反应，而且这样的反应也不像是有异物。医生判断是肠道功能紊乱，给妹妹开了点益生菌片，在妹妹还在呕吐的情况下就让我喂给妹妹吃，这样的医嘱让我们感觉实在是不专业。

就在妹妹看医生的时候，我们想起来她今天中午吃了很多山药，吃完后下午就有过敏反应，下巴起了红色疹子（可能是西双版纳的山药太好，她在厦门和昆明吃山药就一点问题都没有，但到这边后，这已经是第二次有过敏反应）。

妈妈怀疑她应该是对山药过敏，上网查找的食物过敏的症状表现也证实了这一点。但我让她在电话里与医生交流这个怀疑后，医生还是不相信，认为过敏反应不会这么厉害。后来她见妹妹吐得实在是太厉害了，终于同意妹妹不要吃她前面开的药，而是去打一针盐酸异丙嗪，同时去输两瓶液，免得脱水。

　　这个时候已经是凌晨1点钟，妹妹还一直没有睡。我和妈妈决定打一针后就抱妹妹回家，因为这个针除了止吐，本身也有抗过敏的作用，而我们基于自己的知识判断她绝对就是过敏反应。同时有哥哥过去呕吐的经验，我们相信妹妹也不会因为这样的呕吐而脱水，犯不着在医院输这样两瓶毫无价值，但却可能让妹妹痛苦不堪的液。

　　果然妹妹回家就很快睡着了，也没有再呕吐，我们再一次靠自己的知识而不是盲从医生，让妹妹少受了很多苦。妈妈感叹，很多人说高学历的妈妈在家里当全职主妇没有价值，这个时候就体现出价值了，否则如果什么都不懂，一切都听医生的，让妹妹在那拥挤不堪、充斥着细菌的儿科住院部里输上两瓶纯粹就是补充营养的液体，说不定没病都被传染上病了。

　　一次次在珠海、厦门、昆明、西双版纳与各种医生打交道的经验告诉我们，很多儿科医生确实需要加强学习，他们对儿童疾病知识的掌握，对相关症状的判断有时还不如一个通过努力学习掌握了相关知识的妈妈。

　　虽然妹妹今天又接受了一次磨难，我和妈妈倒是很庆幸，因为判断孩子对什么东西过敏是很难的，往往要采用复杂的排除法。妹妹今天仅仅吃了山药这一种特殊食物，而且下午就出现过敏反应，我们可以判断她对山药过敏。如果将来真的等她上了幼儿园才出现今天的情况，那我们就根本无法判断这是过敏反应，甚至可能会往比如食物中毒方面去怀疑，那就会让妹妹受更多苦了。祸兮福所倚，我们现在知道妹妹将来是不能再吃山药这样东西了，而这个结论不经过这样一次生病是无法得出的，这是成长的代价，也是成长的收获。

10月17日　幼儿园的生活教育

　　恩之今天回来很激动地告诉我们，老师组织他们去摘幼儿园的园子里的火龙果，然后再让他们用火龙果包成汤圆，一起煮来吃了。

　　我再次感叹恩之们的生活真是幸福，好丰富有趣。就好像恩之同学的妈妈在朋友圈里这样写道：

> 多说说宝贝正在上的幼儿园，这是个神奇的地方！
>
> 先说说小朋友可以在幼儿园做什么吧：他们可以登高、爬树、捡鸡蛋（捡不是关键，关键老师带着他们一起煎成荷包蛋给吃了），摘果子（摘了也直接给吃了）、摘椰子（当然这个得喝），菠萝蜜熟透了自己掉（当然还是被孩子们吃了），老师带着孩子一起做火龙果饼（园里自己种的火龙果熟了），一起做三明治、寿司（做好也是进肚子里了），老师们说从他们幼儿园出来的孩子都是吃货，好吧，幸福的吃货们！他们还可以抓虫、捡蜗牛、喂鸡、养狗、采蘑菇、种菜、摘菜（有时带回家，有时老师带着做好吃了），还可以做太多太多！
>
> 我有点想不出他们不允许干什么！他们带孩子收衣服、叠被子、打扫卫生、动手做美食、户外探险、雨天穿上小雨衣出去踩水、捡蜗牛！孩子们没有学会很多生字，却个个都是生活小能手，擅长发现美，更热爱生活！

正如这位妈妈的文章所说的，这个幼儿园的孩子们不仅仅是"吃货"，"吃"其实只是个结果，孩子们参与的是从原料采摘到制作食物的全过程。他们所吃即所摘，所吃即所见。

中国人过去爱说，"没吃过猪肉，但见过猪跑"，而今天的孩子，吃过猪肉的很多，见过猪跑的却很少。恩之他们幼儿园每周都会有一道菜，是"清炖大鹅"，我相信，吃过鹅肉的小朋友很多，但真的见过鹅，喂过鹅的可不多。而恩之他们吃的这个鹅是幼儿园自己养的鹅，去喂这些鸡呀鹅呀，也是恩之他们常常要完成的功课。

现在看来，这个幼儿园进行的不仅是自然教育，也是生活教育。

在中国幼儿教育的开山祖师中，有所谓南陈北张的说法。

陈是指陈鹤琴先生。陈鹤琴推崇的是"活教育"，认为"大自然、大社会都是活教材"，要求以社会生活中的活材料、活方法，来培养"活学生"。

张是指张雪门先生。张雪门对行为课程的提倡，可谓开时代之先，他认为幼儿园"首先应注意的是实际行为，凡扫地、抹桌、熬糖、炒米花以及养鸡、养蚕、种玉米和各种小花，能够实在行动的，都应让他们（儿童）实际去行动"。

在我看来两者并无区别，就像望天树现在在进行的教育，不正是真正的"活教育"，真正的"行为课程"吗？

真正的生活教育，是"从生活中来，到生活中去"的教育，是比给孩子们单纯灌输某些知识更生动、更活泼、更有价值的教育。

10月20日　幼儿园的教师角色

幼儿园的老师每天都会站在幼儿园的门口迎接孩子入园，这是很多幼儿园都会有的标准动作。不同的是，望天树幼儿园的老师站在这里不仅仅是迎接，很多时候会给孩子一个热情的拥抱，或者一次亲密的互动，让孩子从此刻开始踏上一天幸福的生活之旅。

恩之昨天看见幼儿园的一个孩子吊着阿德老师的腿进的校门，羡慕了一整天。今天一到幼儿园门口，就央求阿德也这样送自己进去。于是身高有1.8米的阿德，让恩之坐在他的一只大脚上、双手抱住他的腿，然后抬起这只载有恩之的脚一步一步地把恩之"抬"进了幼儿园，可把恩之给乐坏了！

记得我第一次进入望天树幼儿园，就被他们贴在办公区的那封吉诺特校长的信给震撼了。后来我又看到这位吉诺特校长一段关于教师的名言：

> 在经历了若干年的教师工作之后，我得到了一个令人惶恐的结论：教育的成功和失败，"我"是决定性因素。我个人采用的方法和每天的情绪是造成学习气氛和情境的主因。身为老师，我具有极大的力量，能够让孩子们活得愉快或悲惨，我可以是制造痛苦的工具也可以是启发灵感的媒介，我能让人丢脸也能叫人开心，能伤人也能救人。无论在任何情况下，一场危机的恶化或解除，儿童是否受到感化全部决定在我。

当孩子进入一个幼儿园以后,他每天活得愉快或悲惨,很大程度上取决于教师。就像杜威所说:"教师总是真正上帝的代言者,真正天国的引路人。"如果教师没有认识到自己身上承担着这么重要的责任,就可能无法把孩子带往一个幸福的天国,反倒有可能将孩子带到一个悲惨的炼狱。

做好一个幼儿园教师实在是不易。这需要你掌握沟通方法,需要你懂得控制情绪,需要你与孩子温柔相处,真正成为孩子的朋友。望天树幼儿园的老师们并不觉得自己是高高在上的老师,他们把自己当成孩子的朋友,并统称自己为"大朋友"。他们从来不让孩子叫他们老师,而是让孩子"阿德、阿黎、小兰、小玉、颖儿、欧阳、香香、小雪……"这样地直呼其名。

当然,最重要的是需要老师真正懂得以孩子为主体,或者说要具备孩子性。其实教师是否有孩子性,看看老师和孩子说话的方式就知道了。

在这个幼儿园中,老师看到小朋友时,都是蹲下来和他们说话。一个小小的肢体语言,说明他们是真正把孩子作为主体,在与孩子平等交流。

我此生恐怕永远都忘不了的是这样两个画面:

一个是文文弱弱的小兰,像个妈妈一样,举着一根长长的树枝,去打树上的果实下来给孩子们分享。

一个是高高壮壮的阿德,像个爸爸一样,抱着不肯睡午觉的孩子,直到最后把孩子哄睡着。

现代管理学之父德鲁克说,"孩子们其实都能辨认出老师的好坏",他们虽然很小,但心里是完全能感受到老师对他们是否有爱。恩之给我说,昆明幼儿园的老师比较"凶猛",而望天树幼儿园的老师都很"温柔"。

教育是要以生命唤醒生命,但首先是需要以爱赢得爱。对幼儿园的孩子来说,只有你温柔的爱,才能赢得孩子同样温柔的爱!

10月27日　幼儿园与社区教育

今天是周五,但恩之所在的雨林谷儿童之家的小兰老师又利用晚上的时间,在雨林谷家长的微信交流群里为大家做了一个多小时关于《正面管教》的读书分享。这已经是她第二次做分享,上一次是带病分享《关键期关键帮助》。

而望天树幼儿园的园长,在开学还不到三个月的时间,已经利用周末时间免费开设了两次(每次两天)家长学堂,一次是关于黄维仁博士《亲密之旅》的读书分享,一次是关于DICS行为模式与沟通的家长教育。

这让我感觉到这个幼儿园的老师真的是一群有理念的老师。从园长到老师,从他们平时在读的书、做的事情就能看出来。而我不知道,现在的老师特别是幼儿园老师,面对这样一个看上去不需要多少知识,其实却需要更多理念的岗位,有多少人业余时间还在读书,读那些有关教育理念的书?

这样的担心绝非空穴来风。我们家里现在请的保姆阿姨,她的女儿大学毕业在西双版纳的县上一家重点小学当老师,但听阿姨讲,她女儿家里一本书也没有,只是在办公室里放了些教材和教案。

我们现在都在批判教育的工具化,这首先表现在老师的工具化。我们的很多老师,除了阅读一些工具化的教材和书籍外,已经丧失了对目的价值(理念价值)的不断追求。

工具化、手段化是整个时代的顽疾,如马克思·韦伯所说,"从强调实质理性以求实现最高价值,到强调工具理性即注重实现目标的有效手段,现世中意识形态的整体衰落是社会内部时代变换的必然结果"。

如果从事教育这项全世界最伟大的事业的老师也变得工具化,以一种没有理念的方式在传播没有理念的知识,这样的教育很可怕了。

换个角度,如果有一群有理念的老师(特别是园长),能够以幼儿园为平台,不仅向幼儿传播理念,还向家长乃至向社区传播理念,那我们的教育就还有得救。

这是我通过参加望天树幼儿园的家长读书会,突然感悟到的"幼儿园"这个教育机构的独特地位与巨大价值。对于这一点,我相信这个幼儿园的老师也未必认识到,未必认识到他们做的小小读书会背后昭示着一个巨大的幼儿园发展方向和一个可行的社会进步方向。

幼儿园作为一个教育机构，与中小学、大学等其他教育机构不同，有个最本质特点是它与家庭的连接最为紧密。

幼儿教育家张宗麟先生是陈鹤琴先生的助手，也是我国男大学生当幼儿教师的第一人。他在1926年著的《幼稚教育概论》中论述"幼稚教育与家庭之关系"，就这样写道："幼稚园与家庭之关系最为明显。为家庭托付儿童之第一个场所，最能与父母接触之第一种教育事业，而学生之成绩，最有待于家庭辅助。"

在这样的连接基础上，其实有两种连接方式：

第一种是幼儿园教育与家庭教育相结合，来对幼儿展开教育。这就是张宗麟先生所说，"幼稚园若不与家庭合作，则效果甚少，此就幼稚园待助于家庭者也"。这一点很多人都认识到了，光绪二十九年制定的《奏定蒙养院章程及家庭教育法》第一条就写道："蒙养家教合一之宗旨，在于以蒙养院辅助家庭教育。"

还有第二种连接方式，那就是幼儿园通过幼儿与家庭建立连接后，去展开对家庭的教育。这就是张宗麟先生所言之"幼稚园辅助家庭者"，他提到幼儿园之所以可以这样做，是因为"父母因学识关系，对于子女之教育，有时爱而不知教者甚多，幼稚园有专门人才，可以随时输入教育方法于父母，使儿童教养得宜"。

他甚至提到幼儿园组织的家长会（母亲会）的价值："母亲会之功效，不仅幼稚园受其利益，即母亲间获益亦甚多，且可因此增进母亲间之感情，而母亲会之组成，以幼稚园发起而组织者，最为适宜。"

这是张宗麟先生在90年前发表的观点，今天看来仍是适用的。当然，我相信，今天也有很多幼儿园（包括望天树幼儿园）认识到，在幼儿园教育与家庭教育之间，应该以幼儿园为核心，不仅对幼儿展开教育，还对家庭展开教育。

但是，今天的情况和张宗麟先生当时的情况还不同，与幼儿教育紧密联系的是幼儿园教育、家庭教育和社区教育这三方。那么，在这三方的合作教育中，以谁为核心，由谁来对谁进行教育，恐怕就没有多少人思考过了。

2005年1月,日本中央教育审议会向文部科学大臣提交了一个《幼儿教育的发展方向》的咨询报告。这份报告指出,家庭、社区、幼儿园三方协作促进幼儿教育的发展,是今后幼儿教育发展的一个方向。这个合作教育的方向,已经成为今天幼教界的共识。不过大家在讨论合作教育的时候,只是以幼儿为对象,认识到我们要依靠幼儿园、社区、家庭这三方的力量来合作对幼儿展开教育。

事实上,当三者连接在一起以后,随着针对的对象不同,可以发挥作用的领域还有很多。比如,国内比较热门的瑞吉欧幼儿教育体系,在我看来,其特殊之处并不在于以幼儿为对象,对幼儿有多么全新的认知(所谓发现"孩子有一百种语言,一百双手,一百个想法,一百种思考、游戏、说话的方式,一百种倾听、惊奇、爱的方式,一百种歌唱与了解的喜悦",这是名为《儿童的一百种语言》这本专门介绍瑞吉欧教育的书籍所表达的核心),而是在于以幼儿园为对象,创造了一种家长、社区、幼儿园乃至政府、教育专家等来合作管理幼儿园的"社区管理模式"。

这一点正如华东师范大学学前教育专题研究中心主任朱家雄教授在《应该向瑞吉欧学习什么》一文中所写:"瑞吉欧幼儿园的中心理念之一,也许是最为核心的理念,就是学校员工与社区合作基础上的办学模式。家长和整个社区对学校活动的参与至关重要,并且持续不断。"

一种是幼儿园、社区、家庭三者合作以作用于幼儿,一种是幼儿园、社区、家庭三者合作以作用于幼儿园,但在我看来,在"合作教育"中,最有价值的其实是第三种方式,就是幼儿园(投资者、经营者、管理者)以幼儿园为核心去作用于家庭和社区,也就是以幼儿园为平台,不仅对幼儿,更要对家庭、对社区展开教育。

这是因为,社区是社会的基础,家庭又是社区的基础。在整个社会价值观念衰落的今天,对社会的教育只能是从社区开始,而对社区的教育本质上就是对家庭的教育。另一方面,幼儿园是所有教育机构中,与家庭联系最为紧密的,也是与社区联系最为紧密者,或者说,是"最能与家庭(与社区)接触之第一种教育事业"。

幼儿园以读书会的方式,展开对家长的教育,往往会得到家长的积极响应。很多家长在这个时候,都会感觉到自己在幼儿教育上的不足,并认识到如果不提高自己对幼儿教育的相关理念的认知,很难教育好孩子、处理好与孩子的关系。而这样的针对家长的理念教育在其他教育阶段就很难展开。中小学的老师可能也会组织微信家长群,但那样的家长群往往只是发挥相互交流的作用,而绝没有教育家长的作用。

另一方面,正如我在"如何选择童书"这篇笔记中所感悟到的,幼儿园以读书会的方式来组织家长学习各种幼儿教育的书籍,看上去大家学习的都是如何对幼儿进行更好教育的书籍,但所有好的育儿书籍本质上都是对家长的教育书籍,家长们将在这样的学习中一次次受到理念教育并得到文化提升。

关于育儿这个词,中国人说到育儿,往往指的就是教育孩子;而育儿这个词在英语中是 parenting,重点是放在对父母(parents)的教育上。所以,育儿首先是育父母,或者进一步地,比教育孩子更重要的就是教育成人。

在 0—3 岁的笔记中,我认识到教育成人最有效的方式就是让成人去陪伴孩子,去实施依恋育儿法,因为在这样的过程中,成人就可以从孩子那里得到最好的教育。

而当孩子长大,到了需要上幼儿园的年纪,这个时候应该是幼儿园来接过这根教育的接力棒——不是从家长手中接过教育孩子的接力棒,而是从孩子手中接过教育父母的接力棒。通过给家长讲述育儿的知识特别是理念,来对家长展开进一步的教育。这样的幼儿园才不仅仅是一个单纯育儿的幼儿园,而且是一个在做"parenting"的幼儿园,是一个既育儿,又育家长的幼儿园。

如果幼儿园能认识到你真正教育的不是幼儿,而是家长(或者说不教育好家长,就无法教育好幼儿),甚至认识到,今天的社会比教育孩子更重要的是教育成人,那么,就应该像望天树幼儿园这样,充分运用好家长读书会、家长课堂等形式来展开对家长的教育。而比望天树幼儿园更进一步的做法,就是不仅对幼儿园的家长展开教育,还通过幼儿园家长与社区内其他家长的联系,通过幼儿园本身与社区的联系，去展开对社区内更多家长、更多成人的教育，推动幼儿园所在的整个社区的教育。

这是幼儿园相较于小学、中学这些传统的学校教育，更大的特点所在、价值所在、作用所在，也是更大的使命所在、潜力所在、方向所在！

11月18日　亲子活动让人与人更亲密

望天树幼儿园的亲子活动真是又多又好玩又有意义。半个月前刚组织家长和孩子在幼儿园里烧烤露营，大家一起动手一起烧烤，一起围着篝火跳舞，一起在幼儿园里露营。

今天，幼儿园又组织大家去一个原始的热带雨林远足。这是恩之人生第一次远足和登山，他从头到尾没有让爸妈抱过，表现相当勇敢。更重要也更让我感动的是，我看到了他和幼儿园同学之间的那种"亲"，以及"亲"带给他的巨大价值。

我们本来很担心他会晕车，后来他同学亚修宇的妈妈，也就是那位介绍我们来到望天树幼儿园的李老师邀请我们坐他们家的车。恩之在车上和亚修宇一路说笑，一个多小时的车程下来，居然没有任何晕车的迹象。在登山过程中，正是由于很多同学的鼓励或者示范，他才一个人坚持着走了下来。中午大家一起聚餐的时候，孩子们都把自己带来的食物在那里分享，也让他终于走出了拿着自己带来的面包去跟人分享的第一步。我们返回后，又特别邀请亚修宇一家去吃冰激凌，看见两个孩子，你喂我一口、我喂你一口，亲得不得了的样子，我感觉到心里真是暖暖的。

今天晚上在望天树幼儿园的读书群里，小兰特别邀请我分享下自己的感受，我在群里写下了这样一番话：

记得开学报名第一天，参加园长组织的家长会，园长谈到望天树幼儿园的主旨是教大家"亲"，包括孩子和孩子亲、孩子和家长亲、孩子和老师亲、家长和家长亲、家长和老师亲，给我留下极深刻的印象。

从这个角度上说，我觉得望天树这次组织的活动特别有意义，因为让家长带着孩子到自然中去，正是最好的培养"亲"的方式。我前几天在从北京回版纳的飞机上，正好看到机上杂志中有篇文章是讲自然教育的，讲的是一个成都妈妈通过搭建自然工作室，组织孩子和家长去深入大自然，感受大自然的故事。

在这篇文章里面，有这样一段话：

"相互陪伴的过程，让我们确确实实感受到自然教育带来的人和人之间关系的改善，无论是孩子和孩子之间，孩子和家长之间，我们和孩子之间，还是我们和家长之间，家长和家长之间，我们在自然中全都变得放松、友好、信任、互助、协作。这是让人舒服的一种人际关系状态。"

这段话和园长在家长会时所讲的如出一辙，那种舒服的人际关系状态，正是我在这次幼儿园组织的活动（包括之前组织的诸如露营活动）中所深刻感受到的，而这种人际关系状态是在很多地方都难以感受到的。

真的是很感谢望天树幼儿园，让我们一家人能在这里跟大家相识。更感谢幼儿园组织的各种活动，感谢参加活动的所有孩子和家长，让我们能通过这些活动，体会到那种放松、友好、信任、互助、协作的美好感觉，体会到一种"big family"的感觉。

虽然我的工作是企业咨询顾问，经常给人培训、讲课，但我并不是一个喜欢说话或者喜欢发言的人。为什么今天一定要在这里发个言，是我真的对借由望天树幼儿园所获得的这种感觉特别感恩。

我和恩之妈妈都是独来独往、不爱交际的人，我们两个浪迹天涯的人在苏州相遇，然后一起到珠海生活并有了儿子王恩之，后来又一家人到了厦门，并有了女儿王乐之。但无论在珠海还是厦门，我们都是真正的举目无亲，没有一个亲人甚至没有一个朋友。我们对这两个城市其实只是一个陌生人或者旁观者。

虽然这两个地方都是很多人公认的中国最美的城市，但对我们来说在那样的环境里，对两个孩子的成长并不是很有利。正如园长在那次家长会时所讲，孩子的良好发育有赖于丰富的环境刺激，这样的刺激除了自然环境的刺激,也包括人际环境的刺激。

而他们在那两个地方,虽然面朝大海、春暖花开,但从人际关系来看,只是天天和我们在一起,连去别人家做客的机会都没有过一次,连和别的家庭一起出去玩耍的机会都没有过一次,甚至连和别的孩子一起吃餐饭的机会都没有过一次。

我们最终决定搬家回版纳,就是希望在恩之妈妈曾经工作过的这个地方,既给孩子以美丽的自然环境,也给孩子以丰富的人际关系刺激。然而,我们骨子里依旧是在人际交往上比较被动的人,并不喜欢也并不善于与人打交道,很多时候依旧像独行侠一样,来往于家与幼儿园之间。

因此特别感谢望天树幼儿园组织的这么多活动,让我们在参与的过程中得以与很多家长相识,甚至和一些家长成为朋友。而我们的小孩更是在这里找到了很多朋友,以至于觉得幼儿园比家还好,甚至嫌周末两天在家的时间太长,总想早点回到幼儿园去看他的朋友。

说到这里,我想大家就能理解为什么我对这次活动所找到的这种感觉特别感恩,为什么会主动要求在这个读书群里来做下分享。总之,就像我们给孩子起名叫"恩之"一样,今天我们真的是带着一颗感恩之心,在这里分享,也在这里感恩,感恩老师,也感恩各位家长、各位恩之的同学,谢谢大家!

这段话打动了很多人。小兰也有感而发,做了这样的分享:

> 要是以前在这样大的群里,或者当面发言啥的,我肯定是有多远躲多远。就像以前上课,老师请大家回答问题时,我一定是把头埋的最低的那个。现在就是想着带动下内心的小小孩,让她有更多不同的体验,所以决定让大小孩多学习多参与。后来也发现,我的小小孩也来越主动和积极了。所以我想着有了爸爸妈妈的积极主动,孩子们一定也会受影响,积极主动,然后变得自信。

这让我再次有所感触,因为我们确实是在望天树幼儿园组织的活动的推动下,变得相对更积极、更主动。

我再次回应了这样一段话:

"是的,我和恩之妈妈本来都是很被动的人,也正是如小兰所说,我们认识到必须要有自己的主动,才能迎来孩子的主动,所以,才开始学习和尝试主动。我相信,教育,是用生命撞击生命,是用灵魂唤醒灵魂,但首先需要用积极唤起积极,主动带来主动!"

11月26日　育儿没有经验只有遗憾

妹妹渐渐长大,开始自带游戏模式,可以作为哥哥的玩伴很投入地与哥哥玩在一起。遗憾的是,当初我们对玩具这块没有研究,哥哥妹妹在游戏房里玩的那些玩具,现在看来,基本上都是些用很劣质的材质做的变形金刚、奥特曼之类的玩具。

但现在我们要想改变已经很难。虽然我们在网上也给他们买了些益智类的玩具,但是,哥哥妹妹对他们的兴趣并不大,或者说已很难再培养出他们的兴趣,兄妹俩还是习惯拿着刀呀枪呀气球呀在家里打来打去。

哥哥现在每周去上两天英文课,已经会说些简单的英语单词。晚上回家没事时,妈妈也给他读读英文读物,妹妹也在旁边跟着听。

于是,妹妹现在也会偶尔冒出点英语单词。就好像那天妈妈抱着她出去玩,她突然就冒出来一句"oh,my god";那天看着黑色,又突然冒出个"black"。

但总的说来,我们对兄妹俩的英语启蒙还是太晚。那天我们送恩之去上英语课的时候,亚修宇的妈妈给我们看了个视频,是她一个亲戚的孩子,现在才3岁,已经可以字正腔圆、声情并茂地讲英文故事了。问其原因,说是天天在家看英文动画片,耳濡目染的。

听了后,妈妈就特后悔当年没给哥哥看英文版的《小猪佩奇》和《狗狗汪汪队》。好在我们还有机会,妹妹现在还小,还可以在妹妹身上弥补这个遗憾。从现在开始,妹妹再说看电视,我们都尽量给她看英文版的动画片,试了几次,妹妹也接受了,也看得很开心的样子,至于她最终能吸收到什么,天知道,但或许有奇迹发生呢!

说到遗憾,我和妈妈最近常常回忆发生在我们育儿过程中的种种遗憾。特别是通过带妹妹的过程,我们发现,在带哥哥的过程中实在是留下了太多的遗憾:

如果不迷信公立医院,让妈妈去民营医院待产就好了,哥哥或许就不会早产,妈妈生育的过程也不会那么无助甚至没有尊严;

如果哥哥出生的时候,坚持让哥哥吃上第一口母乳,而不是医院讲的混合喂养,一出生就喂哥哥吃了牛奶,那哥哥的肠胃或许就不会那么弱;

如果哥哥刚生下来就多抱抱他,而不是躺在那种又是产妇和新生儿,又是待产的孕妇和家属的混乱环境里,或许哥哥就不会得肺炎了;

如果当时有个蓝光照射仪在家里照,而不是按医生指示,天天抱他去晒太阳,哥哥就不会那么黑了,更不会因为长期黄疸而影响神经系统发育了;

如果早点让哥哥做感统训练甚至带他去做康复理疗,就不会到现在还下肢力量不足,身体的柔韧性和协调性都很差了;

如果在珠海就请个单餐保姆,或许哥哥就会得到更多高质量的陪伴;

如果在厦门找个好点的保姆,哥哥的身体乃至心理发育就会好很多;

如果早点给哥哥大胆使用开塞露,或许就不会被便秘困扰这么久;

如果早点知道他是牛奶不耐受,不喂他喝牛奶,他就不会呕吐那么多次了;

如果早点让哥哥打个轮状病毒疫苗,就不会好几次被感染了;

如果早点给哥哥买更好的童书、玩具就好了;

如果早点让哥哥不穿袜子就好了;

……

越回忆就越觉得我们在哥哥身上有说不尽的遗憾。这是一种让自己永远无法原谅自己,甚至每当念及,就让我们自责不已、心痛不已的遗憾。好在妹妹的出生让我们或多或少弥补了这些遗憾,但是,这些遗憾毕竟成为我们终生无法弥补,永远对他充满愧疚的遗憾。

我和孩子的母亲都算是高学历人士,也在孩子身上倾注了可能比很多家长都要多的时间和心血。即使如此,在孩子特别是在恩之那里,依旧留下了那么多遗憾。这些遗憾很多并不是知识不足,而是经验不足,既包括面对孩子的各种特殊情况,书上或网上也找不到解答时的经验的不足,也包括面对代表知识与权威的医生(专家)需要做权衡和决定时经验的不足。

很多人看到这里,或许会觉得,为什么不在一开始,就找个有经验的保姆或者有经验的老人来帮我们带孩子,或许就没有这些遗憾了。

事实上,在我看来,很多人都爱标榜自己有过育儿的经验,却不知道育儿经验有极大的时效性。这个时效性往往还不是体现在当时的育儿经验在今天用不上,而是当时的经验如果没有及时把它记录下来,固化下来,等过个2年,其实很多经验是想不起来的。

就像妹妹现在才2岁多,妈妈都记不起第一年是怎么带她的了。所以,妈妈现在都不敢去给别人分享当时的育儿经验,很多所谓的经验乃至教训,哪怕才过去一年多,你已经不记得了。

当然,这或许就是人类的特殊的遗忘机制,特别是专属于妈妈们的遗忘机制。哪怕生育的过程再痛苦,抚养孩子的过程再艰辛,过个2年、3年,再问她前面的过程有什么苦、什么累,她都不记得了。这样一来,这些妈妈们才会愿意再生二胎、三胎,人类也因此得以繁衍。

但是,如果让这些早就忘记抚养孩子过程的妈妈们,再去告诉新妈妈们应当如何抚养孩子,恐怕就是以其昏昏,使人昭昭了。

很多外婆、奶奶在带孩子过程中,常用"我都带过几个孩子了""你们都是我带大的"之类的口头禅,来标榜自己经验的可靠,这就更加有点荒谬甚至可笑了。

这首先在于,她们当时的经验在今天并不适用,毕竟时代不同了,环境不同了,几十年前抚养孩子的方式和知识,在今天绝对没有什么价值。更重要的是,几十年过去了,她们脑海中早就没有留下什么真实的育儿经验,她们现在讲的经验其实不过是她们在当下为了证明自己的权威而想象出来的知识而已。

我很庆幸我们家有这样一本笔记,在母亲根本没有时间记录这些经验的时候,由我这个父亲及时记录下了抚养两个孩子过程中的很多体会,这是最真实的经验的最及时的记录。

这或许也是我的天赋使命。育儿的经验自然是母亲最多,但绝大多数的母亲特别是还在为 0—2 岁孩子哺乳的母亲,没有时间与精力去记录这些经验。而我作为一个父亲,有幸承担了这样的天命也最终不负这样的天命,完成了这样一个我们在育儿过程中的经验(其实更多的是教训甚至是遗憾)的记录。

我把这视为某种天赋使命,也视作某种天赐机缘。既然命运让我记下这样一本笔记,我自然不敢藏私,必须把这本书献给所有的父母和准父母,希望和我们一样同样爱孩子的你们,通过了解我们的这些遗憾,来让自己尽量不留下遗憾!

11月28日　幼儿园与社会治理

最近几天,手机完全被发生在北京的红黄蓝幼儿园的教师虐童事件刷屏。但在众多的评论文章中,并没有人从幼儿园与社会的关系角度展开深入分析,也因此没有人注意到,"红黄蓝"事件或许可以成为我们重新认知幼儿园的价值,乃至重新设立一门"幼儿园管理学"的引爆点。

首先,幼儿园不仅是一个教育机构,更是一个社会机构。今天的现状是,幼儿园这个教育机构在很多人心目中仅仅是个经济机构。这是整个社会物化的必然结果。很多人投资或经营幼儿园,仅仅是把它当成一个赚钱的手段。市面上的各种幼儿园管理的书籍、各种幼儿园管理的论坛,充斥着的也都是一些管理的工具。

另一方面,对幼儿园的系统改造,可以推动更多社会问题的解决。比如,二胎问题是今天一个典型的社会问题。全国妇联今年发布的《实施全面两孩政策对家庭教育的影响》报告显示,高达 53.3% 受调查家庭明确表示不想生育二孩,还有 26.2% 家庭对此不确定。

而在影响父母生育二孩意愿的因素中，排名第一的是"孩子入园、入学、升学"的情况。高达83.7%认为这是最重要的因素，超越了诸如经济、医疗、精力等其他因素。这充分说明，如果幼儿园的问题处理得好，很多社会问题将会得到改善。而当今社会，阶层分化的无序和文化认同的缺失带来的社会矛盾日渐突出，带来就业、住房、教育、医疗、社会保障、收入分配、安全生产、社会治安等等方面的社会问题。

我国现在提出了社会治理的概念。它与过去讲的由政府直接面向社会进行管理的社会管理不同，而是强调发挥比如企业、社区、协会、NGO等组织的共同治理作用，以推动整个社会重新整合在一起。

在推动社会整合的过程中，社区建设被公认为可以在其中发挥极为重要的关键性与基础性作用。现在的问题在于，社区建设到底以谁为抓手？

在我看来，如果大家认识到社区建设需要依靠社区教育的话，就会发现，我们可能是极大地忽略了幼儿园在其中可以发挥的作用。这一点正如我在《幼儿园与社区教育》这篇笔记中所言，我们要想推动社区教育，可以将幼儿园作为载体或者说核心。

这就意味着，我们必须在整个社会中去认知幼儿园，我们对幼儿园的改造也应该是为了推动整个社会发展而进行的改造。我们从一个个小小的幼儿园开始改造，是为了改造这些幼儿园所在的一个个社区，而对这一个个社区的改造将推动整个社会的改造，推动整个社会重新被整合在一起。在这样的一场改造中，幼儿园是我们的起点，社会才是我们的目的或者归宿。

可惜的是，对这样的一种幼儿园社会学，或者说基于幼儿园与社会关系来思考的幼儿园管理学，在今天的中国还没有人去深入思考。在这一点上，我们还不如一百年前的"南陈北张"，或者说，中国的幼教从业者需要去阅读"南陈北张"这两位中国幼教事业开拓者的著作。

他们一开始从国外引进幼稚教育理论的时候，就深刻认识到幼儿园与社会是紧密联系在一起的，而他们的目的正是要在这个认识基础上，开出一派新的"以改革中华民族为目标的幼稚教育"。张雪门先生在《幼稚教育新论》中提到,幼稚教育的派别可以分成四派,一类是以培植士大夫为目标的幼稚教育;二类是以宗教本位的幼稚教育,主要是根据福禄贝尔而来;三类是以儿童本位的幼稚教育,主要是蒙台梭利的教育;四类是以改革中华民族为目标的幼稚教育。

张雪门先生认为:"教育是不能离开了社会,但是,中国的社会是怎样的社会呢?是不是要改造?这是担任教育的人先要解决的问题。"而这第四派比以上三派不同的地方,就是在"对中国社会实际的情形特别注重"。

特别要指出的是,我在前面反复提到蒙台梭利的教育思想,这是笔者极为推崇的教育理念,我所反复表达的孩子性也正是基于蒙台梭利儿童本位的思想。但是,当我们讨论幼儿园时,就必须认识到,它的对象虽然是儿童,但落点却在社会。而这样的认知,在蒙台梭利的教育法中是没有的。

张雪门先生在他1930年著的《幼稚园研究集》的自序中,就坦率地介绍了自己观点的改变。他说:"起初我仅承认儿童为一切的本位,我的意思好像什么全可以不必管,只要能够指导儿童的身心发展,将来社会的建设就包含在现时的教育中了。近一年来我的心,从我的文字上渐有社会一面的倾向,似乎说抛弃了社会而空谈儿童的身心,教育总是要落空的。其结果恐怕和抛开了儿童专注意将来的社会,以致毁坏了儿童现实的生活有一样的危险。"

为此,张雪门重新编写了《新幼稚教育》及《幼稚教育新论》等书,并明确指出,"幼稚教育的对象是儿童,目的却是根据于社会,作用于社会,促进社会的建设与发展"。

所以,任何一门幼儿教育学特别是幼儿园管理学,一定是根据于当时之社会,并为了作用于当时之社会而展开。或者说,一门真正的幼儿园管理学必须是针对当时社会问题,从幼儿园这个独特的社会机构角度所给出的当时的答案。

陈鹤琴、张雪门、张宗麟等诸先生在100年前的中国所开创的"幼稚教育理论",都是他们根据当时社会问题所给出的答案。遗憾的是,今天的幼教从业者或许因为这些答案已经不适应今天的社会而把这些先生的所有教诲均置之脑后，却忽视了他们给我们留下的最为重要的是这样一个"从问题中寻找答案"的方法论。

所以，虽然"以改革中华民族为目标的幼稚教育"的这一派在今天已经没有什么影响，但我希望能有一些有志于从事幼儿教育的有识之士，从问题中寻找答案，去探索出适合今天中国社会，甚至能引领今天中国社会的幼儿园管理学。正如张雪门先生所言："如何从理论而成为现实，固尚有待于试验；但环境逼迫，大势所趋，我们诚欲替中华民族在教育上打出一条出路，也只有从这一点上去努力了！"

一个月前，马云在阿里巴巴成立达摩院的演讲中提到，"二十一世纪的公司，只有解决社会问题才能活下来，不解决问题活不下来的"，"我们要孕育的是一个社会，而不是一个Company"。

我想，这两句话同样适用于二十一世纪的幼儿园。我向那些怀抱理想来从事幼儿园投资与管理的有识之士再进一言："我们要孕育的是一个社会，而不仅仅是一个幼儿园。要有这样伟大的理想，才可以办出伟大的幼儿园！"

12月2日 妹妹的"生日节"：陪伴不会太长

今天是妹妹2周岁的生日。妹妹期待这天很久了，她甚至为这一天发明了一个词，叫作"生日节"——因为她前段时间总是听到我们在说过国庆节、感恩节之类。那天说到她的生日快到了，她自己就发明了"生日节"这个词，常常念叨要过"生日节"。

为了给妹妹过好这个节，我本来是在北京出差，特地跟对方说好，无论如何要赶回去给妹妹过节，终于在今天凌晨1点多回到版纳。而妈妈则提前给妹妹买了一身红色的公主裙，然后今天又用很多彩色的气球，把家里的游戏房好好布置了一下。

今天一大早，我们就带她们兄妹俩去万达游乐场玩了一圈，然后又按照我们家的惯例，去给妹妹单独拍了生日照以及全家福。下午就在妈妈精心布置的游戏房里,爸爸、妈妈和哥哥给妹妹送上了满满的生日祝福,也和妹妹一起分享了一个大大的"hello kitty"生日蛋糕。

吃完蛋糕后,妈妈情不自禁地感叹,妹妹的两次生日加上哥哥的三次生日,这次生日算是兄妹俩最隆重、最有仪式感或者说最像节日的一次。

这在我看来才是正常,因为这才是二胎的价值所在。如果说一胎是我们让生命得以延续的话,二胎则是让生命得以进步,让我们看到自己可以让孩子过得更好,也可以让自己做得更好。

就好像我在前面写的《福州游》这篇笔记中感悟,"人生其实就是这样,一代站在一代的肩膀上,把上一代很多的第一次在自己身上提早实现"。而现在还没有等到下一代,妹妹就已经站在哥哥的肩膀上,把哥哥很多的第一次在自己身上提早实现。这是我们的进步,更是生命本身的进步。

今天晚上,我们还带兄妹俩去看了他们人生的第一场电影。这同样意味着,妹妹的这个第一次比哥哥的第一次来得要早得多。

这也是一部关于生命延续的电影,名叫《寻梦环游记》。这是一部评价很高的电影,很多人从不同的方面做过解读。我看这部电影特别有感触,因为我在心中已经明确,等下个月哥哥过完生日后,这本笔记就将正式结束。

这将是我在这里记录的妹妹最后一个生日,而我在妹妹生日这天看的这部电影,很重要的一个部分正是描述父亲与女儿的关系。特别是里面那首主题歌《请记住我》,正如主人公所说,这首歌不是唱给世界的,是唱给他的女儿的:

"请记住我,虽然再见必须说;请记住我,眼泪不要坠落;我虽然要离你远去,你住在我心底;请记住我,虽然我要去远方……"

人生一场,我和妹妹终将分离。特别是对我这个比她大 42 岁的父亲来说,可以陪妹妹走过的人生不会太长。但我希望通过这本书,让她明白,她永远住在我心底,也请她永远记住我。最重要的是,"要不停地爱""不停地爱,爱就永不会流逝"。

12月8日　哥哥"恋爱"：爱的连接与成长

四天前，妈妈突然发起高烧，然后生了我认识她以来最严重的一次病。她得的是急性扁桃腺炎，此病来势汹汹，让她几天时间都处于高烧和迷糊状态之中。

这样一来，妹妹只能和我一起睡，我们也只能给妹妹断奶了。没想到妹妹的断奶在这样的背景下突然来到，更没想到妹妹在这个过程中是如此之乖，她几乎是没有任何抗拒，就让我轻松地帮她把奶断了，也很开心地和我一起睡觉。

这首先是因为妹妹长大了，她完全看得懂现在发生的情况。当我告诉她说妈妈生病了，妈妈的奶有病毒不能再吃了以后，她就点头答应，很自然地就接受了这个结果。

在我看来，更重要的是我们父女俩这两年的感情积累，让她在知道不但要断奶，而且最近要和爸爸一起睡（这是她2年来，第一次没有和母亲一起睡）以后，不但没有任何不愿意，似乎还有点欢欣雀跃的感觉。

这几天晚上我陪她睡觉，基本上是搂着她，给她胡乱讲个故事后，她就睡着了，感觉比当初陪哥哥睡觉还要来得轻松和容易得多。

当然，以她这么小的年龄，还是要随时确认到来自亲人的安全感，或者说要随时确认与亲人的连接之后才可以安然入睡。我常常发现她在迷糊中醒来，总是要摸摸我的脸或者手，甚至直接要我抱抱，确认和我重新连接后，才能继续睡去。

更搞笑的是，她毕竟2年来习惯了喝着奶睡觉，还常常在迷糊中娴熟地把手从我的领口伸进去，如过去抓妈妈的胸部一样去抓我。但有意思的是，这个动作做完后，她并没有因此就失望醒来，而是继续沉沉睡去——在我看来，她做这个动作的目的，仅仅是和我确认关系的连接，或者说是爱的连接，而不再是过去的为了吃奶，为了某种物质的需求。

爱就是一种关系，是一种连接在一起的关系。哥哥现在和他们幼儿园也有了更多的连接,甚至有了一种男生与女生之间的那种爱的连接。

我们一直觉得哥哥是个有爱、懂爱的孩子,而这次他似乎真的是"恋爱"了。这种爱和当初他在昆明的幼儿园,总是回家说某个女生是他女朋友完全不同,因为明显他对现在这个女生更倾心,这一点我和妈妈都很明显地发现了。

我虽然早就发现他喜欢那个小女孩,但从来没有发现那个女生对他有什么表示(因为他是红卡,女生是蓝卡。如果按照传统幼儿园的分班标准,对方是比他高两级,马上就要毕业的大班的学生——他喜欢对方很重要的原因是他们吃饭的时候在一桌,或许这就是日久生情吧!仔细想来,这也是混龄教育的好处,它让恩之这样的低年级男生可以和高年级女生有机会亲密接触),所以就一直拿这点来逗他,认为他这个根本不算是恋爱——双方之间并没有任何连接。

那天在幼儿园集体烧烤的时候,女生主动过来和他打了下招呼,然后和他一起玩,于是儿子像他们的关系终于得到证明了一样,很癫狂地冲过来跟我讲(真的是可以用癫狂这个词,因为我第一次看见他的脸是那样的表情,是一种兴奋、狂喜进而到了癫狂的表情):"爸爸看到了吗,这就是我女朋友。她对我好吧?是我女朋友吧?"

那天我去幼儿园接他放学,他明明在一边自己玩耍,而他的"女朋友"正好在边上荡秋千。对方叫他过去玩一下,于是我看到了他在自己的女神面前一脸害羞的表情。从这样的表情来看,这应该确实就是爱了——当然,这仅仅是他对对方的爱,并不是真正地把双方连接在一起的爱。

不过,哪怕是这样的爱,恩之还是缺乏完全的认知。今天晚上回来,我和他有这样一段对话,让我更加确认他是真的爱着她,但他也是真的还不了解这样的人间之爱与其他的爱有着什么不同。

那是我们在游戏房一起玩的时候,他突然很伤心地跟我说:"我的女朋友今天被某某某抢走了,我的心一阵一阵地痛!"

"一阵一阵地痛",这样的表达方式从一个4岁孩子的嘴里说出来,让我相信,他确实是体验到一种爱的感觉了,甚至让我听了后,都因为他的"失恋"而觉得心里一阵一阵地痛。

但我从某某某这个名字来看,总觉得有些不对。于是我问他,某某某是男生还是女生呢?他说是女生。于是,我终于释然,赶忙安慰他说:"那不叫抢走,那是女生和女生之间的友谊,与你和你女朋友之间的关系完全不同。"

孩子虽然是带着爱而生,天生是爱的具足。但这样的爱是大爱,是那种与世界本体连接在一起的爱。而当他们长大了,要去体会和感受人间之爱的时候,同样需要一个很长的不断经历、不断犯错的过程。这个过程,一点不比我们要从他们身上去获得那种宇宙大爱来得轻松,甚至可能会更为痛苦。

看来,在爱的双向教育之旅上,无论是成人还是孩子,都还有很长的路要走。

12月12日　幼儿园的生活方式

哥哥昨天有点发烧,我们给他请了一天假(这也是他上望天树幼儿园来第一次请假),带他去澜沧江边玩。兄妹俩在江边捡石头、丢石头,玩得很是开心、尽兴。

但是,玩着玩着,哥哥就冒出一句:"我想去上幼儿园,我明天能不能去上幼儿园?"于是今天早上,虽然他还有一点点低烧,我们还是把他送到幼儿园去了,因为用他的话说,"到了幼儿园我就不发烧了"。

联想到他在昆明上幼儿园的时候,别说是有病,哪怕是没病的时候,都不想去上幼儿园,说自己这里不舒服那里不舒服。我由此想到,判断一个幼儿园好不好,其实标准很简单,就是看孩子是否想去上幼儿园。一个孩子早上很困还是愿意起床去、哪怕生病了都不想请假的幼儿园,一定是一个好幼儿园。

现在判断幼儿园好坏的标准很多,教育部门每年也要组织幼儿园考核,自然是也有一套自己的评价标准。但在我看来,其实就这一个标准就够了,或者说,应该让这个标准成为判断幼儿园好坏的金标准。

这个标准看上去简单,其实并不简单;这个标准看上去单一,其实也不单一。因为在这个标准背后，衡量的其实是幼儿园所创造的一种整体的生活方式是否对幼儿有足够的吸引力，而这种整体的生活方式包括学习、玩耍、餐食、游戏、器材、空间乃至幼儿与幼儿的关系、幼儿与老师的关系等幼儿在幼儿园生活的方方面面。

也正因为这个标准背后是对幼儿园所创造的一种整体的生活方式的系统衡量，所以要实现这个标准其实很难。即便很多幼儿园看上去名气很大、硬件很好，甚至软件也很好。对幼儿来说，早上要起床是个很痛苦的过程，如果幼儿园没有足够吸引力就很难把孩子叫起来。我在珠海就亲眼看见，隔壁邻居用被子抱着不想起床的孩子去上幼儿园，说是孩子不想去，只能这样抱着他去。

而如果孩子生病的时候，还愿意去上幼儿园，那这个幼儿园对他没有莫大的吸引力是绝无可能的。我的堂弟是北京的大学教授，有一对双胞胎儿子，也是在北京的幼儿园刚读小班。听他讲来，这学期两个孩子就没怎么上学，一方面是不喜欢上学，一方面也是到幼儿园后常常生病。

堂弟告诉我，以前人们讲"三天打鱼两天晒网"，而两兄弟的幼儿园生活基本就是"两天打鱼三天晒网"！他们班上三十多个孩子，由于总是有孩子生病，现在每天在上学的就十多个。我相信，这样的情况，在全国绝大多数幼儿园都是常态。

恩之的情况应该就是最好的例子。

他在厦门，交了三个月的钱，只去那个社区幼儿园上了三天。

他在昆明，交了一学期的钱，只上了一个月。

他在西双版纳，一学期就请了这一天假，还请得很不情愿，病还没彻底好就去幼儿园了。

至于早上上学，他每天需要在7点20分就起床，哪怕睡得再熟，只要我说"宝宝该起床上幼儿园了哦"，他也绝无哭闹，乖乖起床让我把他抱到马桶上，然后洗完脸、刷完牙就出发去上幼儿园了。

恩之之所以每天能快乐地去上学，就是因为他确实喜欢幼儿园的生活，这样的生活是一个他身处其中，同时深深喜欢着的完整的生活。

这样的生活包括幼儿园里有很多滑梯、秋千、吊环、滑索,而且都很有挑战;包括幼儿园每天的早餐,有豆浆、有绿豆粥,特别是对我这个爱吃甜食的儿子来说,更有吸引他的白糖包、豆沙包、蜂蜜。

　　这样的生活还包括集体的走线,包括安静的工作,包括喂鸡,包括爬树,包括他的同学(特别是他自己界定的几个队友),也包括他的"女朋友"(虽然是一段他想象的爱情)。总之,幼儿园的生活是一套完整的系统,而这样的一种生活方式对他来说,吸引力比他现在在家的生活有趣多了,他自然就愿意去上学。

　　越是思考,就觉得我似乎触及了一个很少被人思考的问题:今天很多人在批评中国教育,探讨教育改革,基本都是围绕比如教育体制、教育理念、教育课程、教育方法等内容,但几乎没有人思考学校所营造的生活方式这个问题。

　　当然,这个问题对中小学、大学来说关系不大,对幼儿园来说却极为重要,甚至超越了其他的方面。或者说,对这个方面的强调与营造,才是幼儿园教育与后面的中小学的基础教育和大学的高等教育的核心区别。

　　因为这是幼儿真正关心的问题,是真正决定幼儿园能否对幼儿产生吸引力,能否让他们每天快乐去上学的问题。

　　在家庭教育中,我们知道,孩子抗拒的往往不是教育内容,而是教育方式。由此有了所谓的正面管教,强调转变教育的方式。

　　而在学校教育,特别是在幼儿园教育中,孩子抗拒的也不是教育内容,而是生活方式,是幼儿园所营造的生活方式对他们没有吸引力。

　　之所以指出这一点,是因为幼儿园教育有一个极大的特殊性,就是在这种教育方式背后,是幼儿人生中极为重要的一次生活方式转型。也就是说,他需要走出他过去已经习惯甚至很享受的家庭生活方式,去进入到一种对他来说全新的幼儿园的生活方式之中。大家现在往往只注意到,3岁以后的幼儿园教育是紧接着0—3岁的家庭教育来展开的,因此强调这是教育方式在时间上的一个延续,强调要"一体化教育",却往往忽略了3岁以后的幼儿园教育是对0—3岁的家庭教育在空间上的一次巨大转换,而背后是孩子生活方式的一次巨大变革,也忽略了这种变革在孩子身上所产生的巨大阻力。

每个幼儿园老师乃至幼儿家长都知道新生入学有所谓"入园焦虑",但往往仅仅把它视为幼儿对幼儿园生活的不适应,并强调每个幼儿都会面临这个过程,一般只要一周、两周最多一个月就能适应。却不知道这背后其实根本不是适不适应的问题,而是幼儿园所营造的生活方式的吸引力有没有孩子过去在家庭里的生活方式的吸引力大的问题。

即使很多幼儿在一周或者一个月后不哭不闹了,也不是他们适应了,而是他们屈服了。他们内心里或许还是根本不喜欢幼儿园的生活方式,至少是觉得没有家里的生活方式好,才会出现早上不愿意上学,或者一生病就不去的情况。

这一点对那些在家里生活得很幸福的孩子来说更为困难。越是喜欢0—3岁时家里那种生活方式的孩子,在上幼儿园的时候面临的阻力就越大。恩之就是这种情况。我在前面无数次描述过他对"家"(home)这种生活方式的喜欢甚至是捍卫。所以当他在昆明正式上幼儿园的时候,才表现出如此抗拒,何况那个幼儿园的生活对他并没有吸引力。直到上了望天树幼儿园,这里的生活方式的吸引力才彻底打败了"家"这种生活方式的吸引力。

如果说大学的关键是在大师,所谓"大学之大,非大楼之大,而在大师"的话,幼儿园的关键其实就在这个"园",一个是从物理空间来说,这个园应该是真正的 Kindergarten,让孩子真正在花园之中;一个是从生活方式来说,这个园应该是一个"家园",而且是一个比孩子心目中那个"家"更有吸引力的"家园"才行。

然而,我们的幼儿园经营管理者并没有认识到这一点。他们没有认识到,幼儿园首先要解决的或者首先要满足的,就是能否让孩子愿意高高兴兴地来上学的问题,其他的课程设计,设施添置都是其次的,或者说应该放在这个问题之中去讨论。

进一步地,我觉得比幼儿园缺乏对这个问题的认知更严重的是家长缺乏对这个问题的认知,这可能会给孩子造成严重的精神问题。

在我身边就有这样两个案例:

一个是恩之幼儿园的同学，他本来上学期也在望天树幼儿园上学，但是孩子的爷爷奶奶总是觉得孩子应该还是在公办幼儿园接受传统的教育更好，所以这学期就转学到了西双版纳最好的公立幼儿园。

但是，孩子去了之后就是不开心，天天在家里闹腾，根本就不想去上学。发展到后来，这个还不到5岁的孩子居然以跳楼相逼，最后妈妈没办法，又重新把他转回望天树幼儿园。

一个是我在杭州的一个朋友，她的孩子就读的是杭州最好的幼儿园。孩子也是不喜欢幼儿园的生活，去了幼儿园就闷闷不乐，常常一个人在那里发呆甚至把自己关在房子里，发展到现在已被确认有自闭症倾向，到了要看心理医生的地步。

很多家长现在并没有认识到孩子不愿意上幼儿园这个问题的严重性，总是觉得好像孩子不想上幼儿园是很常见的事情，最多是孩子不想上就让他在家里休息几天再说了。因为在他们看来，"反正幼儿园的学习也不重要，不存在休息几天跟不上所谓学习进度的事情。"

事实上，如果孩子真的不喜欢上幼儿园，甚至到了反感上幼儿园的时候，很可能是这家幼儿园的生活方式对孩子来说缺乏吸引力，就必须要采取办法进行调整。否则，可能不仅是耽搁孩子几年的时光，甚至还会给孩子的心理留下巨大的创伤。当然这并不是说某个幼儿园的生活方式一定是不好的，而是我们要根据孩子特点及0—3岁的家庭生活方式具体选择，不能一概而论。

为了发展孩子甚至是为了救救孩子，我们是到了必须关注幼儿园的生活方式的时候了！

12月23日　幼儿园的价值系统

关于文化，千百年来定义甚多，莫衷一是。

最为重要的无非是这样两个定义：

一个定义是"文化是生活方式，而且是一种整体的生活方式"。龙应台先生就坚持这样的定义,她曾明确提出"文化是市民生活方式的整体呈现",也就是说,"文化即生活"。

一个定义是"文化是价值系统,而且是一套完整的价值系统"。余英时先生就坚持这样的定义,他在《从价值系统看中国文化的现代意义》一文中就提到,"30年前,克罗伯和克拉孔两位人类学家检讨了160多个关于'文化'的界说。他们最后的结论是把文化看作成套的行为系统,而文化的核心则由一套传统观念,尤其是价值系统所构成"。

不过我认为,这两个定义其实没有什么区别,针对的是同样一个事物,只不过出发的角度不同。

就像我在上一篇笔记中提出"判断幼儿园好坏的金标准",这是从孩子的角度出发,把文化视作一种整体的生活方式,希望幼儿园能营造出一个让孩子觉得开心愿意离开家来这里上学的整体的生活方式,也因此让自己的幼儿园真正有文化。

从幼儿园的角度出发,也可以把文化视作一个完整的价值系统,也就是说,幼儿园应该定义出一套属于自己的价值或理念,然后在幼儿园的所有业务中,无论是教师、教室、教具、教材、教法,还是音乐、美术、手工、游戏、活动等等,都基于这套价值(这种理念)去组织、展开,并最终建构出一套完整的内在统一的价值系统。

这样一来,从文化是生活方式的角度出发,我们可以说幼儿园之争是生活方式之争,也就是看哪家幼儿园能提供一个更吸引孩子的生活方式;而从文化是价值系统的角度出发,我们也可以说幼儿园之争是价值系统之争,首先是看哪些幼儿园能建构出一套属于自己的完整的价值系统,然后再看这些价值系统之间的优劣与高下。

陈鹤琴先生1927年在《幼稚教育发刊词》中讲到,"幼稚教育,在我国幼稚极了",没想到90年过去了,这句话依然实用。不得不指出的是,今天我们的幼儿园,别说建构一套自己的价值系统,能够在理念层面而不是工具层面,在价值层面而不是在价格层面展开思考,能够把幼儿园当成目的而不是手段,把幼儿园当成事业而不是生意的恐怕都是凤毛麟角。

今天我参加了望天树幼儿园组织的运动会，再次感受到它超过很多幼儿园的地方。它有一个清晰的价值理念，那就是"亲"，它所有的活动都是围绕这个理念在组织，无论是组织的家长会，让孩子学习的音乐，展开的家长培训，举行的露营野餐，乃至这次的运动会，都是如此。由此它建构出一个完整的内在统一的价值系统，确实称得上是一个有文化的幼儿园。

和一般幼儿园或者学校只是组织春季运动会、冬季运动会或者第几届运动会不同，望天树幼儿园组织的运动会是有标题或者说有主旨的，而这个主旨自然是围绕幼儿园"亲"的理念了，叫作"亲在一起，运动快乐"。

而整个运动会的活动设置也围绕这样的主题来，包括孩子们亲在一起的跳舞表演，家长们亲在一起的跳舞表演，孩子和孩子的走平衡木接力，妈妈和妈妈的跳绳接力，爸爸和爸爸的拔河比赛，家长背孩子的爬行接力，孩子和家长一起跑步的小小马拉松，家长和家长的呼啦圈接力，所有孩子和所有家长一起的呼啦圈接力。

这样的运动会与传统的运动会完全不同，没有任何名次之说（每个孩子最终都得到一块运动会的奖章），只是创造这样一个平台或者说这样一个机会，让所有的家长、孩子乃至老师再次亲在一起。

望天树幼儿园之所以建构出这样一套以"亲"为核心的价值系统，与这个幼儿园从园长到教师，都参加过黄维仁博士"亲密之旅"培训课程有莫大关系。我也曾买来黄维仁博士的《亲在人生路上》等相关书籍加以学习，深深感受到"亲密之旅"中倡导的很多观念和具体做法对促进亲子关系、夫妻关系乃至人际交往都有很大帮助。

不过，黄维仁博士所推广的"亲"主要是在今天的人际交往领域，并不涉及"亲"这个概念在中国传统文化和传统社会形成中的特殊价值。而望天树幼儿园也没有注意到他们在幼儿园所做的这样一个"亲"的探索，既是对幼儿园在今天的社会整合中可以发挥的作用的重大探索，也是对幼儿园在今天的文化发展中可以发挥的作用的重大探索。

孙隆基在《中国文化的深层结构》中"中国人的代际关系"这部分论述"杀子文化"，其目的是要指出在"杀子文化"这一中国传统文化的深层结构的背后，是中国的"家长式统治"。中国人在家庭里搞"家长式统治"，"在政治生活方面也搞家长式的统治——在上者必须像亲子一般地去'亲民'，在下者对在上者'抚养'之恩则必须心怀感激，把心也交给他。"

我在前面的笔记中反复谈到，"恩"是中国传统文化的核心概念。其实，"恩"和"亲"是作为一个对子而存在的，共同构成中国人的代际关系乃至上下级关系的核心要求，也共同构成中国传统文化最深层的二元结构——"在上者要亲民、在下者要感恩"。

关于"亲民"，这个概念是出自儒家经典"四书"中《大学》之开篇第一句："大学之道，在明明德，在亲民，在止于至善。"

我们都知道国学经典有四书五经的说法，四书是指《大学》《论语》《孟子》《中庸》，"五经"是指《诗经》《尚书》《礼记》《易经》《春秋》五部。"四书"排名还在"五经"之前，而且从元朝开始，科举考试都是以"四书"为教材。这充分说明，"四书"是中华传统文化的核心。

而正如提出"四书"概念的朱熹所言："四书"的阅读顺序是不能乱的，是"先读《大学》，以定其规模；次读《论语》，以立其根本；次读《孟子》，以观其发越；次读《中庸》，以求古人之微妙处。"可见，《大学》乃是"四书"中的第一本书，而"大学之道，在明明德，在亲民，在止于至善"又是《大学》中的第一句话。这样来看，"亲民"这个概念又是中华传统文化核心之核心。

这里要指出的是，"大学之道"中的"大学"并不是我们现在讲的大学的概念，而是"大人之学"，也就是"成人之道"。而在"明明德""亲民""止于至善"这三大"成人之道"中，"明明德"和"止于至善"的含义，自古没有太大争议。恰恰就在"亲民"这两个字的理解上，一直存在巨大的分歧，而如果对其含义缺乏认知，这个"成人之道"可能就会变成章太炎先生所说的"杀人之本"（章太炎先生在《国学之统宗》中说到，"今按《大学》之言，实无所不包。若一误解，适足为杀人之本"）。

儒学在中国主要有程朱理学和阳明心学两大派系,两派的分歧主要就在对《大学》的理解上,首先就在对"亲民"这个概念的理解上。

朱熹认为,"亲民"应该是"使民新"的"新民";与之相对,王阳明在他的《传习录》中,开篇就讲,"说'亲民'便是兼教养意,说'新民'便觉偏了",意思是说,"亲"就是"亲",并不是"新"。

到底是"新"还是"亲",背后是两种截然不同的看待人的视角。沟口雄三在他的《中国思想史:宋代至近代》一书就讲到,朱熹讲"新民",是站在士大夫官僚的视角,把庶民作为道德实践的直接对象,是"要自上而下从道德上鼓舞和领导民众"。而王阳明讲"亲民",是"与民众站在同一地平线上","把庶民看成道学的实践主体,想要让他们担当起道德实践的责任"。

由此,我们就明白,千百年来科举考试为什么都是用朱熹注的"四书"作为教材,千百年来也为什么一直把"亲民"做"新民"理解(孙隆基这里讲的"亲民"正是"新民"的意思),只因为这样的上对下的"新民"背后期待的是下对上的"报恩"。父(上)做"新民者"的同时,是子(下)要做"报恩者",这样的父子关系(上下关系)由此构成中国千百年来的家长式统治的基本格局。

而王阳明则认为,"亲民"就是亲民,就是要使民亲在一起,或者说使民团结在一起。在这个团结的过程中,没有代表上下尊卑的父与子,而是一个个平等的主体。这就是望天树幼儿园所倡导的"亲",也是今天我们的社会真正所需要的"亲"。

首先,从对社会的作用来看,这是幼儿园可以发挥的更大的力量,也就是通过"亲"来发挥团结家庭、团结社区,乃至团结社会的力量。

我在前面的笔记曾经提到,孩子天然地具有团结的力量,也就是"促成真正的社区形成的力量"。那里是针对0—3岁的孩子在社区空间里的活动,建议相关机构要加强社区空间的设计和营造,让社区居民可以通过孩子团结在一起。

而当孩子上幼儿园以后,应该以幼儿园为核心,来推动家庭教育和社区教育。其中的关键就是幼儿园通过"亲"的价值系统创造更大的"团结的力量",可以把孩子、家长、老师团结在一起，更可以把幼儿园、家庭、社区更好地团结在一起，进而推动整个社会的团结。

在这样的团结背后，最重要的目的是去对抗孤独这种时代的疾病。前面我们说到，现代人的孤独感很大程度上来自于失去了与某个社群（共同体）的联系。而要解决这个问题，核心就是要把个体所在的那个空间意义的社区变成真正的社会学意义的社区，也就是变成真正的共同体（社群）。

社区完全能够关注孩子性，通过孩子去打造共同体。同时，我们还可以通过幼儿园对"亲"的价值系统的营造，进一步去推动社区变成共同体——让孩子、家长、老师乃至社区里的成人"亲"在一起的同时，也让所有的人都变得不再孤独！

第二，从文化的发展来看，这样的"亲"与我在依恋育儿法中所倡导的"爱"合在一起，构成生命的自然的流动，从而打破过去那种家长式统治下的亲（新民）与恩（报恩）的封闭循环。我们是以时间上依次展开的"爱"与"亲"，共同去对抗过去在时间上同时并存的"亲"与"恩"，从而真正形成对中国文化深层结构的颠覆。

为此，我把这样的"爱"与"亲"的结合定义为"亲·爱育儿法"，强调要让孩子从0—3岁实施爱的双向教育的家庭环境，进入到3—6岁建构"亲"的价值系统的幼儿园环境，并在这个过程中，一方面让孩子得到更好的教育，一方面对幼儿园家长乃至更多的成人展开更好的教育（育更多的人，更多的既有爱又独立的人）。

12月28日 幼儿园的教育理念

今天晚上，幼儿园的阿飞副园长组织家长们到幼儿园，给我们介绍幼儿园所使用的蒙台梭利教具，这也算是再一次对家长进行的教育。

这让我对蒙台梭利教具有了进一步的了解。特别是了解到，这些教具对培养孩子的观察能力、理解能力、想象能力乃至创造能力确实有着巨大的帮助。

我知道蒙台梭利教学法,是在阅读《第二次机器革命》这本经济管理的著作时,书中提到 google 的创始人拉里·佩奇和谢尔盖·布林,亚马逊的创始人杰夫·贝佐斯,以及维基百科的创始人吉米·威尔士这些创造界的天才都是在蒙台梭利学校就读。

书中还引用了彼得·西姆斯在《华尔街日报》的一篇博客文章,"蒙台梭利教学法可能是加入创造精英俱乐部的必由之路,这种教学法培养出来的毕业生遍布各地,甚至有人怀疑这简直就是蒙台梭利黑手党行为。"

我由此才展开对蒙台梭利教学法的研究,发现培养孩子的创造力确实是蒙台梭利女士很重要的教育理念。在这样的教育理念下,她发明了很多的"教具";这也意味着,这些"教具"其实是承载她的教育理念的工具。

也正是在这样的教育理念下,蒙台梭利根本不管这些工具叫"教具"。对"教具"一词,蒙氏本人曾公开地表示,她不喜欢这个名词,认为它们正确的名称应该是"工作材料"。它们的主要作用是供给幼儿做成长"工作"时所用的"材料",兼具增进智力和改善性格的目的。

而如果讲教具,就感觉是老师教学生的工具,是辅助老师教课的物品,背后就意味着是以老师为中心。而在蒙台梭利的"工作材料"中,孩子才是主体,它是让孩子在其中"自我教育""自我启发""自我创造"的媒介物。

蒙台梭利把上课定义为工作,是孩子的工作。工作是人性的一种体现,孩子跟成人一样,没有工作心中不安。而孩子的工作,就是去选取感兴趣的材料,去亲自动手操作,在摆弄过程中,自我探索、自我学习、自我发现、自我构建、自我发展。

这就是蒙台梭利所说:"孩子们想要达到其预期目标的信念,引导着他不断地进行自我纠正。不是哪个老师让他注意到自己的错误,而是孩子自己的才智的发展产生了这样的结果。"所以,是孩子自己通过这些工作材料,在自我的学习中创造出一个独立的不同的自我。

这也再次说明,幼儿园必须建构一套属于自己的内在统一的价值系统。无论是教具、教材,还是游戏、运动,背后都承载着价值,都必须要与你所倡导的价值,所传播的理念相一致。

就好像蒙台梭利从她倡导的教育理念出发,把"教具"叫作"工作材料",是要以此培养孩子的创造力,福禄贝尔从他倡导的教育理念出发,把"教具"叫作"恩物",是因为他要孩子从这些教具中感沐圣恩。

福禄贝尔是世界幼儿教育之父,建立了世界上第一个幼儿园,他在这个幼儿园中也发明了世界第一套教具。但是,他在这个幼儿园里进行的教育本质是宗教教育,所以,他把这些教具称为"恩物"(德语:Spielgabe,英语:Froebel Gifts)。

福禄贝尔基于他的哲学宗教理念,认为上帝创造的一切美好事物中蕴含着至高的善与和谐,儿童需要通过接触美好的事物,以游戏的方式理解和感悟上帝创造的美,而这些教具正是"上帝设计恩赐给儿童进行自主活动的材料"。

可见,在蒙台梭利的教具和福禄贝尔的教具背后,承载着完全不同的价值理念。当然,这都是很好的价值理念,无论是蒙台梭利教具背后蕴含的"创造",还是福禄贝尔教具背后所蕴含的"恩"。因为创造就是对独立或者自由的人的推崇,代表的是现代价值。梁启超先生早在1922年著的《什么是文化》一文中就提到,"创造者,人类以自己的自由意志选定一个一个自己所想要到达的地位,便用自己的'心能'闯进那地位去"。

也正是这样的创造,把人和其他生命区别开来。这就是尼采所说,"人的本质意义是人是尚未定型的动物",或者如歌德的观点,"创造是人的天性的最内在的性质"。总之,创造就是人最本质的存在方式,对创造的培养就是对人的培养。

而"恩"在这里,无疑就是爱而且是大爱,与自然或生命相联系。福禄贝尔发明"恩物",正是要让幼儿通过这些恩物得以与上帝、与自然连接在一起。恩物中有宗教价值,更有生命价值。

事实上,在福禄贝尔那里,上帝和自然是一样的,都有着共同的神性。或者说,自然界的万物统一于神性之中,只是它们在发展中又显出外在的差异性,构成了自然界的多样性。

福禄贝尔认为:"儿童的心灵能力在此时尚未发展健全,所以面对复杂多变的大千世界,竟一时间茫然不知所措,无法清楚认识事物内在的联系和统一性。"

而恩物在这里就成了自然的象征,如球是整个世界的象征,圆形体表示动物的形体,方形体表示矿物的形体,圆柱体表示植物的形体等等。儿童通过这些恩物,就能由简及繁、由易到难、循序渐进地认识自然,进而洞察神性。

现在我们就可以理解,为什么福禄贝尔认为幼儿园一定要是Kindergarten,也就是在自然中的花园,因为这可以让孩子更容易接触到爱。而蒙台梭利教育法,起源于对智障儿童的治疗,最早的蒙台梭利儿童之家更是在贫民区里面,对幼儿园的自然环境就不可能有太高的要求,与自然相关的生命价值也因此不是蒙台梭利教学法的重点。

但是,无论是现代价值还是生命价值,如果我们只单纯强调其中一点,某种程度上都是专制,都是我前面提到的逻各斯中心主义。

幼儿园作为一个理念传播的机构,应将这两种价值结合起来,既传播生命价值,也传播现代价值。或者说,既传播爱,也传播创造,去做一场爱与创造的教育。

所以,必须总结下,虽然我在前面的笔记中无数次表达我对蒙台梭利教育理念的推崇,但在最近的几篇笔记中,我陆续写出这种教育法的一些缺陷,包括作为儿童本位的教育对解决社会问题的不足,以及作为人的教育却忽略生命教育等。

这正是我推崇望天树幼儿园这种模式的地方,因为它是在一个大自然中的幼儿园,却采用蒙台梭利的教学法。这样既以大自然中的生命教育去济蒙台梭利教学法之穷,也以蒙台梭利教学法去补单纯自然教育之弊,最终成为一种把爱与创造结合在一起的教育。

但另一方面,如果仅仅是在大自然中做生命教育,无疑也是某种逻各斯中心主义。这里就必须提到另外一个幼儿教育体系,那就是从德国引进到中国的"华德福教育"。

在我看来,这种教育和福禄贝尔的教育一样,本质上是种宗教教育或者说属灵教育。虽然说自己是以人为本,但主要还是生命教育(自然教育),很多的华德福学校都选在大自然之中。

但是,这样的单纯的生命教育,必须要以某种人的教育或者说创造教育去弥补其不完整之处,否则同样有爱的专制之嫌。

1923年,创造社的《创造周报》创刊,发刊词是郭沫若写的一首诗《创世工程之第七日》。诗中写道:"我们自我创造的工程,便从你贪懒好闲的第七天上做起。"

1943年陶行知先生发表著名的《创造宣言》,写道:"创造主未完成之工作,让我们接过来,继续创造。"

可见,创造就是要在生命所赋予我们的爱的底色基础上去创造出一个独立的、自由的、大写的人。

作为一个人,需要爱,也需要创造;作为一个人的教育机构,我们的幼儿园应当传播爱,也传播创造,并且同时传播爱与创造。

这样的教育也才是真正的"人·生"教育,是既基于人,也基于生命,并把人置于生命中的教育;是既高扬"人"的价值,也高扬"生命"的价值,并在生命中彰显人的价值的教育。

这样的"人·生"教育不仅是幼儿园需要进行的教育,也是其他的教育机构所需要进行的教育,甚至是全社会都需要展开的教育。

在传统的家长式统治的中国社会中,只有父与子,要在这样的社会土壤中展开"人·生"教育,自然很不易。更何况文化的改造,本来就绝非一日之功,只能是文火慢熬——但一定要慢而不熄!

幼儿园应该致力打造一个"亲"的系统,然后对孩子,更对家长,对社区展开教育。这样的工作现在就可以展开,而我们应当在教育内容中同时注入爱与创造的价值——我们不要期望于这样的注入马上就能改变今天的教育生态,我们只是在为明天的文化发展注入新的价值。

1月2日　亲·爱育儿法：育儿就是育己

今天终于迎来了恩之人生中一个很重要的日子，那就是他的4周岁生日。

按照望天树幼儿园的惯例，在这个特殊的日子里，我们被允许带着生日蛋糕，进入恩之他们平时的生活区，在全体小朋友和老师的祝福中，一起给恩之庆祝生日。

这是一个很棒的设计。这样的方式，可以让恩之和其他小朋友更加"亲"——所有的小朋友，会按照红卡、黄卡、蓝卡的不同顺序，上来和我们合影，并送上他们对恩之的祝福。这也让我们和这些小朋友更加熟悉——正是通过合影和吃蛋糕过程中很多的互动，我又认识了他们班上的几个小朋友。而且在整个过程中，老师还安排一些小朋友来分蛋糕、分叉子、为我们拍照，也让小朋友得到了更多的锻炼。

今天也终于迎来了我人生中一个很重要的日子，那就是我这本笔记结束的日子。

这是一个很早就确定的日子。我在厦门开始思考依恋育儿法的时候，就已经明确这本书是写到恩之4岁、妹妹2岁的时候结束，目的是希望再用1年的时间，对年满3岁的哥哥实施依恋育儿法后的效果做一观察，也根据妹妹在这个过程中实施依恋育儿法的情况，再对这个理论做些补充。

但没想到这个过程中，发生了很多意料之外的事情。包括我们去了昆明，然后又到了西双版纳；哥哥在昆明上了幼儿园，然后又退学到西双版纳上了幼儿园；妹妹在昆明得了肠套叠，在西双版纳则发生了食物过敏……

这或许正是人生的奇妙之处，也是人生的真谛所在。因为只有人生充满着不确定性，我们才会对人生充满好奇，也才会渴望去经历。

也正是这样的人生，让我感觉这本笔记就好像一部电视剧，而且是没有剧本的电视剧。不仅是读者，我们这些演员，都不知道下一集会发生什么。

希望有机会看到它的读者，读完以后能觉得这样一个笔记很有趣。在阅读的过程中，和我们一样充满好奇，不断好奇明天会发生些什么故事，不断好奇下一篇笔记中这位父亲又将受到些什么启发。

而在这个笔记即将于今天告一段落的时候，我想我可以做个自我小结，它讲的就是两个孩子、两段经历、两种教育、两类价值、两大问题。

"两个孩子"是恩之和乐之。在当初我们给孩子取下这两个名字的时候，没想到这两个名字如此有内涵，甚至没想到他们背后的逻辑和两个孩子出生的顺序都是一样。

那就是说，应该先有恩、才有乐，感恩才是通往快乐的入口。这正如耶鲁大学教授威廉·里昂·菲尔普斯曾经写下的名句："感恩带来幸福，给予越多，得到的就越多。"

我想在这里对两个孩子说，你们一定要感恩，要对亲人感恩，对同学感恩，对老师感恩；要对人生感恩，对社会感恩，对世界感恩。还有，你们要彼此感恩，因为这会让你们更快乐。

妹妹自然要向哥哥感恩。除了因为哥哥给妹妹带来的快乐，也因为哥哥为妹妹所做出的牺牲。这样的牺牲大到常常让我们感叹，如果妹妹再晚个两三年来或许更好。因为恩之在还是个2岁的孩子的时候，就开始要承担作为哥哥的责任，也不可避免地失去了很多本应独享的来自父母的关怀，以至于妈妈到现在都常常感觉对哥哥充满了歉疚。

哥哥也要向妹妹感恩。除了因为妹妹给哥哥带来的快乐，也因为妹妹给哥哥带来的机缘。正是妹妹的"及时"赶来，使得妈妈根本无法照顾哥哥，最终成就了我和哥哥的这段父子亲密之旅，也让哥哥比绝大多数孩子多了更多的父亲的陪伴——否则的话，我最多就是每天下班回来抱抱他而已，就不会有这么多的陪他玩、陪他睡，甚至给他洗澡、陪他拉屎的快乐时光。

我想特别说给哥哥听：

就好像那天你和同学一起比爸爸，回来告诉我说，对方夸他爸爸力气大到可以把一根铁棍掰弯。你告诉我说："他一定是在吹牛。"然后，我问你："你怎么说爸爸呢？"

我以为你一定也是夸我功夫很高,因为我常常和你一起"切磋功夫",但没想到,你告诉我说,你给同学讲,"我的爸爸超级爱我"。这话你讲得是如此自信,我也听得是如此自豪。然而,你有这样一个让你感觉"超级爱我"的爸爸,又何尝不是妹妹早早到来才带来的机缘呢?

"两段经历"是说在这四年时间,我们一家四口在珠海、厦门、昆明、西双版纳这四个城市的经历,简单说来,可以分成"爱在手上抱"和"亲从园中找"这样两个阶段。

"爱在手上抱"是兄妹俩更多的在家庭里生活,也因此更多的被我"抱"在手上的时期。这个时期,我感悟出依恋育儿法,更接受了爱的双向教育。

"亲从园中找"更多的是反映哥哥上幼儿园的生活。在这个过程中,我感悟出幼儿园应当致力打造一个"亲"的价值系统,并因此推动对孩子的教育,更推动对家长乃至更多的成人的教育。

这就是我在自序中所写:"教育成人最好的方式就是让成人去陪伴孩子,并在这个过程中接受孩子的教育。"这段话其实包括两个层面的意思:

"让成人去陪伴孩子",首先是因为"育儿就是育己",或者说,"教育孩子,就是为了遇见更美好的自己"。这一点已经成为很多育儿专家的共识,也有很多文章乃至书籍加以讨论。

但大家可能忽略了,正因为育儿就是育己,反过来,育己就是育儿,或者说育己要靠育儿。

这不是简单的同义反复。背后蕴含的背景是,要改变今天的社会或文化,靠教育孩子是没有用的,也是来不及的。因此,"比教育孩子更为重要的是教育成人"。

如果成人的观念(文化)不改变,即便你把最好的观念教给孩子,哪怕是教给中学生、大学生,他们进入这个社会以后,比如进入企业或其他机构,一样会被那里的文化所改变。他们甚至会因为发现自己在学校里所获得的文化与社会上的文化不同,而陷入巨大的文化冲突之中。

那么,当如何对成人进行教育呢?我一直在从事的企业教育(面向企业里的员工或者说生产者)和生活教育(面向企业产品的消费者或用户,这是把教育的对象从企业扩展到社会,扩展到更多的成人)应该算是一种方式。

但通过这本笔记所描述的两个阶段,我认识到,我们还有一种全新的甚至是更好的教育成人的方式,也就是"让成人去陪伴孩子",其背后的理念正是"育己要靠育儿"。

所以,讲"育儿就是育己",其目的是为了教育好孩子,而讲"育己要靠育儿",其目的则是为了教育好成人。

认识到"育儿就是育己",那仅仅是在幼儿教育领域的探讨,这样的知识(理念)只能算是育儿知识(育儿理念)。但如果认识到"育己要靠育儿",那就把这个小小的幼儿教育问题与大大的文化发展问题结合起来。

在所有教育机构中,幼儿园是唯一的从事育儿的机构,它也因此成为唯一的或者说是最好的可以对成人进行教育的机构。教育的方法很简单,就是以幼儿园为平台,组织家长乃至更多的成人来学习育儿知识,但一定要是好的育儿知识或者说有理念的育儿知识。这样的育儿知识一定讲授的都是育己知识,幼儿园也因此最终完成了对成人的教育。

而在0—3岁的阶段,围绕对成人的教育问题,我最大的感悟是发现了前面那段话的下半句,"成人要去接受孩子的教育"。这就是笔者讲的"爱的双向教育"中,由孩子来对成人进行教育的部分。

这也意味着,如果说在孩子3—6岁时期,对父母的教育更多是需要依靠幼儿园来进行的话,在孩子0—3岁的时期,对父母的教育则是直接依靠孩子来进行的,孩子就是我们最好的老师。

这就是蒙台梭利所谓的"孩子是成人之师","孩子是成人之父"。只可惜,蒙台梭利女士虽然提出了这个伟大的理念,但是在她的书中并没有任何一个案例介绍孩子如何教育成人。对于"孩子是成人之师","孩子是成人之父"这两句话的理解,在今天依旧是众说纷纭。特别是"孩子是成人之父"这一句,其实并没有人真正相信。

"儿子其实才是父亲的父亲",这句话听上去是那么不可思议,但恰恰是我在0—3岁时期最重要的发现,甚至可以说是从来没有人做过的发现。这一点我自然要感恩两个孩子,特别是感恩恩之对我的教育。

我在0—3岁时期的笔记中无数次介绍了他对我的文化教育与生活教育(事实上,这样的教育到现在还在进行,比如他最近都还在教育我,说我每次回家都不把鞋子放好),也因此让我深深体会到,恩之真的是我的老师,是我的父亲。

本书的副标题叫作"一个父亲的育儿笔记",它其实更是"一个儿子的育父笔记",是恩之作为父亲的老师甚至作为父亲的父亲,去教育他的父亲的笔记。

本书由此探讨的正是"两种教育"。也就是说,这本书既是介绍我对孩子的教育,更是介绍孩子对我的教育,这是在这四年时间中同时展开的两种教育。我这四年的人生历程完全围绕这两种教育而展开,我也因此从前者感悟出我们当如何教育孩子的"亲·爱育儿法",从后者感悟出我们当如何教育成人的"亲·爱教育法"。

这两种教育方法与前面的两个阶段相适应:

所谓"亲·爱育儿法",讲的是孩子0—3岁的时候,应该在一个有父母陪伴的爱的环境下长大,而3—6岁,应该在一个"亲"的幼儿园长大,因为这会给他更丰富的人际环境乃至自然环境刺激,给他更多的爱的教育。

所谓"亲·爱教育法",讲的就是成年人应该抓住养育孩子这第二次爱的机会,回到孩子身边去陪伴孩子,并在这个过程中接受孩子的教育,或通过(through)孩子去接受幼儿园的教育。

其中,在0—3岁的时候是直接接受孩子"爱"的教育,而在3—6岁的时候,则是去接受幼儿园的教育。当然,这样的幼儿园必须是打造"亲"的价值系统的幼儿园,因为只有如此,幼儿园才可能与家长乃至社区有更多的亲密的连接,才可以在这样的连接中,通过传播育儿知识来展开对成人的教育。

要指出的是,成人能获得这样独特的来自幼儿园的教育,仍然需要通过孩子,仍然需要通过育儿。

我在开篇的"读《先知》之《论孩子篇》"中讲到,孩子并不是我们的孩子,他们仅仅是通过我们而来，甚至我们的孩子可能都不是通过我们而来。

但只要他们来到我们身边，我们就可以通过孩子去获得教育。这样的教育可能是直接通过孩子去获得爱的教育（0—3岁阶段）或者通过孩子去获得幼儿园的教育（3—6岁阶段）。无论如何，我们都要感恩孩子，都要向我们身边的孩子感恩。

至于"两类价值"则是从文化层面的思考。正如爱默生所说："上帝派遣每一个幼小的生命来到人间，都使他怀有某种愿望，去实践某种神意。"在这个文化衰落的时代，我以"文化托命之人"自居，把"绵续文化而求其进步"视为自己的"天命"。

老天把两个孩子送到我身边，正是要告诉我文化的真谛，告诉我在哪里可以找到真正的文化，当以什么样的方式去找回、去发展这样的文化。

事实上，文化的改变只能是自下而上，只能是从一个个的人开始。而且，这样的拯救只能是先救成人，后救孩子。正如我前面所言，成人的文化不改变，我们要去向孩子传播文化就很难；成人的文化越坏，我们要向孩子传播好的文化就越难。

要拯救孩子，必先拯救成人，而要拯救成人，需依靠孩子。这就是我在"爱的双向教育"这篇笔记中所言："我们的孩子真的是为了拯救我们而来。现在很多教育家在为中国教育鼓与呼，希望能救救孩子，这无疑仅仅是看到孩子需要被拯救的一面，却没有看到孩子可以拯救我们的另一面。事实上，如果我们能实施'爱的双向教育'，那么，我们每生一个孩子，就同时救了两个大人。通过这样的方式，才可以真正去救这个孩子，或者说，才不需要我们去救这个孩子！"

所以，这是一本育儿笔记，更是一本教育笔记；这是一本人生笔记，更是一本文化笔记。里面最重要的人生思考，其实都是关于文化的思考，是关于文化"是什么""为什么"的思考，也是关于文化"做什么""救什么"的思考。

其中很重要的人生思考就是认识到文化里面的价值或者说文化应该致力传播的价值是"人·生"价值，也就是既有主张人格独立的现代价值，也有连接世界本体的生命价值。

总之，文化的价值绝对不能单一，人生最应该追求的价值就是这两种价值的统一。这样的"人·生"价值可以叫作爱与创造，也可以叫作甜蜜与光明。

甜蜜与光明（Sweetness and Light）这个概念最早由18世纪英国散文家斯威夫特提出。他在《书籍之战》这部著作中讲了一个蜜蜂和蜘蛛辩论的寓言故事。蜜蜂制造蜂蜜和蜂蜡，前者给人以甜蜜的快感，后者用来制作蜡烛，给人以光明和智慧，而蜘蛛的肚子里充满了毒液和污物，对人无益而且有害。

不得不指出，我们今天的文化中有很多假文化和恶文化，里面充斥着的都是蜘蛛的毒液和污物。而无论是面对成人还是儿童，我们向他们传播的文化，都必须是甜蜜与光明。就好像今天庆祝恩之生日的这个蛋糕，既有蛋糕的甜蜜，给我们以生命的感性的美感享受，也有点燃的蜡烛，像理性的知识，也像自由的火把，给这里的每一个人乃至更多的人以光明的未来！

这是人生的真谛，也是文化的真谛。这正是英国诗人阿诺德所言：

"文化最大的热衷就是热衷于甜蜜与光明。文化甚至还有比这个更大的热衷——促使甜蜜与光明得以盛行。在我们所有的人都达到完美人格的境界以前，文化是不会感到满足的；文化懂得这一点，即在人类未开化和未觉悟的广大群众还未能感到甜蜜与光明的教化以前，少数人所享受的甜蜜与光明必然是不完美的。"

从"两个孩子"和"两段经历"来看，这是一本育儿书，因为它描述的是我这四年在四个城市陪伴两个孩子的独特经历。但从"两种教育"和"两类价值"来看，这又绝非一本普通的育儿书，因为它关注的是更高层面的教育问题和文化问题——事实上，它还关注社会问题，更致力于解决社会问题。

这就是本书还涉及的"两大问题"。在我看来，今天社会最为典型的两大问题，或者说现代人最为核心的两大精神问题，就是"孤独"和"焦虑"，而本书针对这两大问题，分别提出了自己独特的解决之道。

就焦虑来说，今天社会的焦虑主要体现为中产的焦虑，其中最为明显的又体现为母亲的焦虑。通过这本笔记，我发现母亲的种种焦虑在深层次上往往都归结于父亲没能更多地给予孩子高质量的陪伴，也因此没能对母亲的工作形成有效的分担。

　　解决这一问题的关键在于，让父亲真正认识到更多地参与到育儿过程中的价值所在。我在孩子0—3岁的阶段提出依恋育儿法，强调爱的双向教育、爱的双向投资、爱的三方共赢以及种种关于父亲在育儿中的独特价值的论述，都是以自己的亲身体会，去告诉父亲其中的巨大收获，并以此去解决母亲们的焦虑问题。

　　至于孤独，这更是时代的疾病，甚至是现代性所必然伴随的痼疾。对于这一点，这本笔记依次提出了三种解决之道：一是通过实施依恋育儿法，在抱孩子中获得独处的能力，从而不惧孤独甚至享受孤独；二是依靠社区空间乃至社区活动中孩子性的营造，通过孩子去把空间意义的社区变成社会学意义的社区（共同体）；三是通过在幼儿园营造"亲"的价值系统，通过幼儿园去把更多的家庭乃至整个社区团结起来，变成一个更加亲密的共同体。

　　这大概是世界上第一本描述一个父亲如何被孩子所教育的育父笔记，它最终希望推动的是这样一场教育的革命——这是一场从孩子发起的，针对整个社会的问题，以全新的教育方式展开的深层的革命。

　　这样一场革命，这样一场从孩子一出生就展开的教育革命，将最大地改变孩子，也将最大地改变成人；将最大地发挥孩子的价值，也将最大地发展成人的价值，从而最大地推动社会的进步、创造人类的未来。

　　这样一场革命，正如蒙台梭利女士在她的封笔之作《有吸收力的心灵》中所说：

　　"它虽然开始于人降生的那一刻，却引发了一场和平的革命。它将所有事物吸引、聚集于一个共同目标上，儿童依靠他们的特殊潜力推动着这场革命。社会和家庭必须尊重和参与这场革命，促使其获得最终的胜利。我们从中看到了人类的光明未来，而上天给我们儿童的巨大潜力将得到最大的挖掘！"

　　至于其他，我更希望这本笔记留给所有的父亲和即将成为父亲的人，希望你们从中读到你们所需要的，也希望你们能提笔为你的孩子写下一本笔记。

代后记:清迈游学记

1955年,史学大家钱穆先生在中华文化存亡绝续之时,于香港新亚书院发表《中国思想通俗讲话》的长篇讲演,并在最后谈道:

"我们今天的使命,是一个文化的使命,是一个思想的使命。文化思想是社会大众之共业,我们该认识社会,接近大众,承继传统,把握现实。我们该全盘计划,我们该从根救起,该迎头赶上。"

半个世纪过去了,越来越多的人已经认识到,我们今天的使命确实是一个文化的使命,是一个思想的使命,或者说是一个教育的使命。

也有越来越多的人和机构投身到教育事业中,包括幼儿早教、K12教育、高等教育、职业教育、留学教育、在线教育这样的传统意义上的教育,也包括家庭教育、社区教育、企业教育、生活教育、营地教育、游学教育等非传统意义的教育。

其中游学教育就是一个很火热的市场。在携程、途牛等很多旅游网站上,都可以看到各种游学项目的广告,我们也很容易搜索到很多描述游学的意义、游学的价值的文章。

但是,就游学项目而言,海外游学有何价值?特别是幼儿的海外游学有何价值?而幼儿园在第一次出国的幼儿的海外游学活动中有何价值?

当问题细化到这个程度,我们就会发现这个问题在网上根本找不到答案了。而在我写作这本笔记的后记的时候,我们于2018年1月12日到22日,参加了望天树幼儿园组织的清迈游学之旅,让兄妹俩得以完成了他们人生的第一次出国之旅,而我作为孩子的父亲也对游学有了自己的一些思考,并决定以此来作为本书的后记。

我们家是一个喜爱旅游的家庭，老大王恩之虽然刚满四岁，已在国内旅游过很多地方，光名字中带有"州"的城市，就有惠州、广州、福州、潮州、泉州，以至于他常常问我："爸爸，我们下一次去什么州旅游？"

然而，他的所有这些旅游都是在国内，所以他的认知体系都局限在中国这个范围。这次游学是他第一次出国，我们非常支持幼儿园的这次游学活动，就是相信这次的经历可以让他了解到世界上不止有中国，还有着其他的国家，而这些国家与我们的国家有着很多的不一样。

比如，刚离开清迈机场坐上出租车，我们就引导他发现，泰国的汽车是靠左行驶，司机则是坐在车辆的右边。随着在清迈的时间的增长，他自己也发现了很多的不一样。比如泰国的出租车与国内很不一样，除了标准的出租车，还有双条车，还有"tu-tu"——兄妹俩最喜欢坐的是双条车，连2岁的妹妹走在清迈街上都知道招手叫"双条车"。

孩子观察"不一样"的角度与成人常常不同，或者说，他们对"不一样"的判断与我们完全不同。在清迈期间，给恩之最大的"不一样"冲击是清迈最有名的契迪龙寺。

然而，这个"不一样"并不是因为他感受到泰国寺庙与中国寺庙不一样的佛像雕塑或建筑风格，他对这些完全无感。但等我带他去上厕所的时候，他突然发现这个寺庙里的厕所是需要先脱鞋，再换上寺庙提供的拖鞋后才能进去。这下把他激动坏了，不停地念叨，要回去告诉幼儿园的小朋友，泰国上厕所是要穿拖鞋的……

我想，这段如厕经历应该是让他感受到了一次很大的"跨文化冲击"，而这样的文化冲击，正是我们带孩子到国外旅游的意义所在，可以让他们改变很多固有的思维模式，为他们打开一个完全不同的认知世界。

比如，他最喜欢的商场是万达，在西双版纳的时候每周都要去万达玩一次，以至于"万达"成了他心目中商场的代名词，到泰国之前老是问我泰国有没有万达。

我们在清迈的酒店住下后，带他去边上的MAYA商场逛，都只能给他说是去逛泰国万达。慢慢地，等他先发现 MAYA 比万达还好，后来发现 Central Festival 这个商场比 MAYA 更好后，他再说去商场，就不再说是去万达了，而是把 MAYA 称为小 MAYA，把 Central Festival 叫作大 MAYA。

用 MAYA 来替代万达作为商场的代名词，这个小小的词汇转变背后，是他大大的认知转移。当他蹲在 MAYA 的顶楼，呆呆地看着外面他去过的素贴山（双龙寺），他去过的清迈大学，他去过的宁曼路时，虽然我不知道他心里在想什么，但我想他肯定已经认识到，这是个不一样的世界，是一个和中国不一样的世界。就好像韩寒电影《后会无期》中的台词："你连世界都没观过，哪来的世界观？"对孩子来说，走出中国，看看世界，对还没有形成世界观的他们来说，确实意义重大。

即使不上升到这样的理念高度，我觉得，对现在已经开始在学习英语的幼儿来说，让他们先展开一次海外游学之旅，对他们学习英语来说，具有极重要的价值。否则的话，他们对为什么要学英语，学英语到底有什么用，心里一定是懵懂无知的，他们学英语一定就是"要我学"而不是"我要学"的状态。

只有走出国门、耳濡目染，知道我们需要用英语与外国人交流，住酒店、买东西、点餐、坐车都要用到，他们才会发现英语的价值，才会产生我也要说英语，我要学英语的冲动。

就像恩之默默观察了我们用英语跟人交流很多天后，在离开泰国的最后一天，当我们在机场边上的 Central Plaza 吃饭的时候，就突然产生了说英语的冲动。他主动要求自己点单，然后拿着菜谱指着一份面条的照片说，"this one"，当我们去给他买果汁的时候，他也主动跟服务员说"strawberry"。

爱尔兰诗人叶芝有句名言："教育不是注满一桶水，而是点燃一把火。"对恩之这个年龄的幼儿来说，如果有条件，让他们到国外去旅游，去置身于英语的生活环境之中；如果更有机会，让他们到国外去游学，去置身于英语的教育环境之中，我想，是很容易点燃他们心中那把英语学习之火的。

由此，我们对望天树幼儿园充满感激，感谢他们给了孩子到清迈 ABS 幼儿园游学的机会。虽然时间很短（只有 5 天时间，其中还有一天是泰国老师放假，实际只上了4天课），虽然内容很难（恩之在幼儿园的这4天课，听老师讲来，基本是个"蒙圈"的状态，很多时候根本就不知道老师在讲什么，作业也根本不会写），但我觉得，把他们置身于这样一个英语教学的环境之中，让他们知道这就是英语，这就是在外国必须使用的英语，这一点就足够有价值了！

要实现这一点，孩子现在所上学的幼儿园在其中具备，同时也需要发挥巨大的价值。别的孩子情况我不了解，就恩之来说，他是个很敏感的人，又是个很保守的人，对新事物常常首先是一种抗拒的心态。他第一天去望天树幼儿园报名上学，居然紧张得晚上睡不着，到了幼儿园更不停呕吐，那天我是全程抱着他完成了入学手续。

而当我们告诉他要去泰国游学，他立马就紧张得不行，不时在家里哭泣，说自己不去泰国。其他孩子都是要14号晚上才到清迈，而我们家之所以提前到12号就坐飞机过去，也正是担心他万一有什么身体不适，可以有个提前适应的过程。

在这个过程中，我们最终能说服他愉快展开清迈之行，很重要的原因就是我们反复告诉他，你不是一个人去泰国，幼儿园的阿飞、小兰、小雪这些老师也会去，幼儿园的很多同学都会去。对这些老师和同学的期待，也成了他提前到达清迈那几天最大的动力——他在那段时间的旅游过程中，常常向我探询，更是让我确认："我的老师和同学是不是很快就要来了？"

这些熟悉的老师和同学给孩子在异国他乡所带来的那种安全感，绝对不是那些网站或旅行社组织的海外游学活动可以提供的。

就好像他们的上学之旅，每天都是由望天树幼儿园的老师带他们从宾馆出发，集体坐车去；一直陪着他们在教室上课，给他们翻译；放学的时候又牵着他们的手离开，交到家长手中。在这个过程中，孩子们自然就很容易克服对陌生环境的恐惧。

可见，望天树幼儿园不仅是策划、组织了一次海外游学活动，更是给第一次走出国门，第一次到海外读书的孩子们提供了一种巨大的安全感的加持。这种加持不仅来自老师对同学的加持，也来自同学对同学的加持。

代后记:清迈游学记

就好像恩之,对游泳充满恐惧,无数次问他要不要游泳,他都坚决不答应。没想到他人生第一次游泳(婴儿时的游泳不算)居然是在清迈我们入住的酒店完成。他看见同学们都在游泳,突然就克服了内心的恐惧,非要下水游泳。游泳圈、游泳裤之类,我们根本都没有准备,只能是让他穿着小内裤,请同学的爸爸抱着他完成了人生第一次游泳。

也是因为同学的加持,恩之才能在清迈动物园克服对动物的恐惧,近距离与这些动物展开亲密接触。

同样是因为同学的加持,恩之才能在清迈的三兄弟餐厅的有机农场上,和同学们一起放肆奔跑、开心嬉戏。

这样"巨大的加持",不仅是老师的加持、同学的加持,还有来自一个系统的加持。望天树是一个强调"亲"的幼儿园,致力打造的是一个"亲"的系统。在我看来,它组织的清迈游学之旅,与其他游学之旅最大的不同,就在于它带着这样一个"亲"的小系统植入到清迈这个陌生的大系统中。

孩子们虽然身处异国他乡,他们并不会觉得孤单,因为他们始终与自己的父母亲在一起,与自己的老师亲在一起,与自己的同学亲在一起,而这些老师、同学、家长也始终亲在一起。

也正是因为大家亲在一起,所以我们在清迈可以一起遇见美好,一起创造美好。这次的清迈游学之旅,是一个由孩子、孩子的老师、孩子的父母甚至是孩子的爷爷、外婆、姨妈、妹妹等组织在一起的几十人的庞大队伍,大家一起陪孩子上学,一起逛商场、游景点、尝美食,甚至一起聚集在美丽的黑森林餐厅,为其中的一位小朋友过了一个美好的生日。

列奥·施特劳斯在《什么是自由教育》中写道:"希腊人对庸俗有一个绝妙的词;他们称之为'apeirokalia',形容其缺乏对美好事物的经历。而自由教育将赠予我们这样的经历,在美好之中。"这次清迈游学活动,正是让我们享受了一场"自由教育"。

我在这本笔记中,琐琐碎碎地记录下我带着两个孩子从珠海到厦门再到昆明再到西双版纳的经历,也记录下我带着两个孩子到惠州、福州、泉州、潮汕乃至这次到清迈的经历，同样是希望在孩子的幼年时期，就能以各种美好的经历给他们，也给我自己以某种教育。

这样的教育可以叫自由教育，也可以叫游学教育，或者其他什么教育。总之，都是来自生活的教育。这本笔记，记录的正是我和孩子（特别是我）在这四年辗转四地的过程中，如何被生活一次次地教育的过程。现在我把它整理出来，献给世人，也是希望能以这样的生活经历给大家以某种启迪。

这正如汉娜·阿伦特所说："我们有权利期待某种光明。这种光明与其说来自理论和概念，不如说来自一些男男女女在其生活和工作中，在几乎各种环境中点燃的不确定的、忽隐忽现的，通常是微弱的灯光，它照亮了尘世的时光距离。"

这就是"人（个人）生（生活）"的力量，也是"微（微小如幼儿园）弱（柔弱如孩子）"的价值。由此，我提醒一切希望从事文化或教育事业的人和机构，在钱穆先生《中国思想通俗讲话》中还有这样一段话：

"我们先得能看破此世界，识透此世界，才能来运转此世界，改造此世界。我们得从极微处，人人不注意、不着眼处，在暗地里用力。人家看不见，但惊天动地的大事业、大变化，全从此看不见处开始。"

以此作为本书的结束！